Ernst Apeltauer

Grundlagen des Erst- und Fremdsprachenerwerbs

Eine Einführung

Fernstudieneinheit 15

Fernstudienprojekt
zur Fort- und Weiterbildung
im Bereich Germanistik
und Deutsch als Fremdsprache

Teilbereich Deutsch als Fremdsprache

Kassel · München · Tübingen

Langenscheidt

Berlin · München · Wien · Zürich · New York

Fernstudienprojekt des DIFF, der Universität Kassel und des GI
allgemeiner Herausgeber: Prof. Dr. Gerhard Neuner

Herausgeber dieser Fernstudieneinheit:
Dr. Volker Kilian, Dr. Swantje Ehlers

unter Mitarbeit von:
Astrid Neuhaus, Daniel Hofmann

Das Fernstudienangebot „Deutsch als Fremdsprache und Germanistik“ ist ein gemeinsames Projekt der Universität Kassel und des Goethe-Instituts, München (GI), bis 2005 auch des Deutschen Instituts für Fernstudien an der Universität Tübingen (DIFF) unter Beteiligung des Deutschen Akademischen Austauschdienstes (DAAD) und der Zentralstelle für das Auslandsschulwesen (ZfA).

Das Projekt wurde vom Bundesminister für Bildung und Wissenschaft (BMBW), dem Auswärtigen Amt (AA) und der Europäischen Kommission (LINGUA/SOKRATES) gefördert.

⟸ Dieses Symbol bedeutet „Verweis auf andere Fernstudieneinheiten“

* Mit diesem Zeichen versehene Begriffe werden im Glossar erklärt

Verlagsredaktion: Manuela Beisswenger, Mechthild Gerdes

Satz und Gestaltung (DTP): Uli Olschweski
Druck und Bindung: Stürtz GmbH, Würzburg

ISBN 978-3-468-49616-5

12010

Inhalt

Weiterbildender Fernstudienkurs
Fremdsprachlicher Deutschunterricht in Theorie und Praxis

Studieninhalte

Das Studium im weiterbildenden Fernstudienkurs zur Erlangung des Hochschulzertifikats „Fremdsprachlicher Deutschunterricht in Theorie und Praxis" erfolgt durch die Bearbeitung von Fernstudieneinheiten aus dem Fachgebiet Deutsch als Fremdsprache des Fernstudienprojekts Germanistik / Deutsch als Fremdsprache der UNIK, des GI und des DIFF.

Zu bearbeiten sind insgesamt acht Studieneinheiten.

Je eine Studieneinheit wird aus den im Folgenden näher bezeichneten vier Pflichtbereichen ausgewählt, vier weitere aus dem Wahlpflichtbereich:

I. Pflichtbereich

1. Grundlagen/Bezugswissenschaften des fremdsprachlichen Deutschunterrichts
- ➤ Methoden des fremdsprachlichen Deutschunterrichts
- ➤ Grundlagen des Erst- und Fremdsprachenerwerbs
- ➤ Angewandte Linguistik für den fremdsprachlichen Deutschunterricht

2. Sprachsysteme
- ➤ Grammatik lehren und lernen
- ➤ Wortschatzarbeit und Bedeutungsvermittlung
- ➤ Probleme der Wortschatzarbeit
- ➤ Phonetik lehren und lernen

3. Sprachliche Fertigkeiten
- ➤ Fertigkeit Hören
- ➤ Fertigkeit Lesen
- ➤ Fertigkeit Sprechen
- ➤ Fertigkeit Schreiben

4. Unterrichtsplanung, -durchführung und -evaluation
- ➤ Unterrichtsbeobachtung und Lehrerverhalten
- ➤ Deutschunterricht planen
- ➤ Fehler und Fehlerkorrektur
- ➤ Testen und Prüfen in der Grundstufe
- ➤ Probleme der Leistungsmessung

II. Wahlpflichtbereich

Medieneinsatz
- ➤ Video im Deutschunterricht

Landeskunde und ihre Didaktik
- ➤ Didaktik der Landeskunde
- ➤ Routinen und Rituale in der Alltagskommunikation
- ➤ Landeskunde und Literaturdidaktik
- ➤ Bilder in der Landeskunde

Unterrichtskommunikation und Sozialformen
- ➤ Gruppenarbeit und innere Differenzierung
- ➤ Lernautonomie und Lernstrategien

Einzelfragen der Unterrichtspraxis / Sprachliche Systeme und Fertigkeiten und ihre Übungsformen
- ➤ Lesen als Verstehen
- ➤ Spiele im Deutschunterricht
- ➤ Bilder in der Landeskunde

Stufenbezogene Aspekte des Deutschunterrichts
- ➤ Deutsch im Primarbereich
- ➤ Deutsch als zweite Fremdsprache

Der Prüfungsausschuss legt die Auswahl der vier Ferndstudieneinheiten des Pflichtbereichs und der vier Fernstudieneinheiten des Wahlpflichtbereichs fest. Es muss aus den Pflichtbereichen 1–4 jeweils eine Fernstudieneinheit ausgewählt werden. Titel, die dem Pflichtbereich zugeordnet sind, aber vom Prüfungsausschuss nicht im Rahmen des Pflichtbereichs als Studieneinheit ausgewählt werden, können auch im Wahlpflichtbereich Berücksichtigung finden. Solange noch nicht alle Fernstudieneinheiten gedruckt vorliegen, entscheidet der jeweilige Prüfungsausschuss über die ersatzweise zu verwendenden Materialien. Dies können insbesondere Erprobungsfassungen der Fernstudieneinheiten sein.

Es ist davon auszugehen, dass aufgrund von regionalen Anforderungen bzw. der Weiterentwicklung dieses Projekts weitere Fernstudieneinheiten entwickelt werden.

Vorwort

Die vorliegende Fernstudieneinheit zum Spracherwerb entstand auf Anregungen von Herrn Neuner und Frau Ehlers. Frau Ehlers hat das Entstehen des Bandes begleitet. Sie war eine geduldige Leserin und verständnisvolle Kritikerin. Nach ihrem Ausscheiden aus dem Projekt übernahm Herr Kilian ihre Aufgaben.

Kritische Leser waren auch Kolleginnen und Kollegen sowie einige meiner Studentinnen und Studenten. Dank gebührt besonders Ingelore Oomen-Welke, Hartwig Eckert sowie Eberhard Ockel. Sie haben das Manuskript nicht nur gründlich gelesen, sondern mir auch durch Kritik und Anregungen weitergeholfen. Große Teile des Manuskripts wurden von mir in meinen Veranstaltungen erprobt. Zusätzlich haben einzelne Studierende (Britta Hansen, Ute Schmid, Thomas Ide und Daniel Arne Meier sowie Hakan Altinok, Andrzej Kurzinowski und Maxim Jakuschek) das Manuskript auf Verständlichkeit hin gelesen und Verbesserungsvorschläge gemacht. Es ist zu hoffen, daß eine brauchbare Einführung in die Thematik entstanden ist.

Einleitung

Wer kleine Kinder beim Spracherwerb beobachtet, gerät immer wieder ins Staunen über ihre Experimentier- und Entdeckerfreude. Mit zunehmendem Lebensalter und fortschreitender Entwicklung verändert sich ihr Verhalten. Vorangegangene Sprachlernerfahrungen beeinflussen nun zunehmend ihre Vorgehensweisen.

Bei der Aneignung einer fremden Sprache spielt die Lerngeschichte eines Menschen natürlich auch eine Rolle. Hinzu kommen die Distanz zwischen Erstsprache und fremder Sprache (bzw. Zweitsprache) sowie zwischen Herkunfts- und Zielkultur. Handelt es sich bei der fremden Sprache um eine verwandte Sprache, so kann ein Lerner unter Umständen Äußerungen erraten (vgl. z. B. *Haus* und *house*). Dadurch wird er motiviert und die Aneignung der Sprache insgesamt wird erleichtert. Bei entfernteren (nichtverwandten) Sprachen fehlen solche Anhaltspunkte. Sie müssen deshalb fast wie Erstsprachen erarbeitet werden.

Adressaten

Wenn Sie Sprachunterricht erteilen wollen – sei es nun muttersprachlichen in Gruppen, in denen auch Lerner mit anderen Erstsprachen sitzen, sei es zweit- oder fremdsprachlichen – sollten Sie etwas über solche Zusammenhänge wissen. Aber auch wenn Sie eine fremde Sprache lernen wollen oder Kinder mehrsprachig, also mit zwei oder drei Sprachen, aufwachsen lassen wollen, werden Sie in dieser in die Thematik einführenden Studieneinheit wichtige Informationen finden.

Inhalte und Aufbau

Wir wollen Grundwissen über Faktoren und über Prozesse vermitteln, die die Aneignung von ersten und fremden Sprachen beeinflussen. Dazu wird im ersten Teil der Studieneinheit der Erwerb der Muttersprache (Erstsprache) behandelt (Kap. 1 – 3), im zweiten Teil die Aneignung einer fremden Sprache (Kap. 4 – 6).

Ziele

Nach der Durcharbeitung des folgenden Textes werden die Aneignungsprozesse von Sprache für Sie sicher besser durchschaubar und Einzelphänomene leichter erfaßbar sein. Dadurch sollen Ihnen unterrichtliche Planungen, aber auch angemessene Reaktionen im Unterricht erleichtert werden. Außerdem lassen sich auf der Grundlage dieses Wissens Lehrmaterialien für den fremdsprachlichen Deutschunterricht sowie Lernprozesse, die in diesem Unterricht ablaufen, angemessener beurteilen.

Die Darstellung orientiert sich an Forschungsergebnissen und versucht, diese zu beschreiben und auf Alltagsbeobachtungen und Ihre Eigenerfahrungen als Lehrender oder Studierender zu beziehen. Da es primär um die Beschreibung von Entwicklungsphänomenen (z. B. bei der Produktion sprachlicher Laute, von Wortbedeutungen oder grammatischer Strukturen) und Einflußfaktoren geht, werden Theorien über den Erwerb von ersten und weiteren Sprachen erst jeweils am Ende von Teil I und Teil II skizziert.

Sie werden sicher aber auch schon beim Durcharbeiten der einzelnen Kapitel Gedanken und Vorstellungen wiedererkennen, die Ihnen aus der Diskussion um Erwerbsmodelle bekannt sind. Da Sie wahrscheinlich Studierende der Anfangssemester sind oder Lehrer, die sich nach Feierabend weiterbilden wollen, wurden theoriegebundene Vorüberlegungen und Spekulationen (z. B. aus dem Bereich sprachlicher Universalien) vernachlässigt, zumal ihr Nutzen für konkrete unterrichtliche Arbeit gegenwärtig noch unklar ist.

Kapitelaufbau

Jedes Kapitel enthält am Ende eine Zusammenfassung. Sie kann von Neugierigen auch zuerst gelesen werden. Im Anschluß an die Zusammenfassung finden Sie Fragen, die sich zum größten Teil auf den durchgearbeiteten Text beziehen, zuweilen aber auch darüber hinausführen. Die weiterführenden Fragen sollen zur Beobachtung in Alltagssituationen oder auch zu Selbstbeobachtungen beim Sprachenlernen anregen. Lösungsvorschläge finden Sie im Lösungsschlüssel. Allerdings werden dort zu den weiterführenden Fragen keine Lösungsvorschläge gegeben, da die Antworten von Ihren ganz spezifischen Voraussetzungen abhängen.

Literaturhinweise

In den meisten Kapiteln finden Sie Literaturangaben und Hinweise auf weiterführende Literatur, die Ihnen bei der Vertiefung der Thematik helfen sollen. Eine solche zusätzliche Lektüre ist dringend anzuraten, weil Einführungen zwangsläufig vereinfachen müssen. Die weiterführende Literatur kann Ihnen dabei helfen, diese Vereinfachungen abzubauen bzw. erste Informationen zu differenzieren. Die Empfehlungen für weiterführende Literatur am Ende der Kapitel enthalten in der Regel nur deutschsprachige Titel, weil Sie als Adressaten wahrscheinlich in erster Linie Studierende oder Lehrer des Deutschen als Fremd- oder Zweitsprache sein werden. Wer des Englischen mächtig ist, kann sich natürlich zusätzlich in den beiden Bibliographien zu Teil I und Teil II kundig machen.

Teil I: Aneignung von Sprachen / Der Erstspracherwerb

1 Zur Aneignung von Sprachen

„Es war oft von Sprachen die Rede, sieben bis acht verschiedene wurden allein in unserer Stadt gesprochen, etwas davon verstand jeder, nur die kleinen Mädchen, die von den Dörfern kamen, konnten Bulgarisch allein und galten deshalb als dumm."

Elias Canetti: *Die gerettete Zunge*

Im folgenden sollen die Begriffe *Erstspracherwerb, Zweit-, Fremd-* und *Mehrspracherwerb* sowie *Aneignung fremder Sprachen* vorläufig bestimmt werden.

1.1 Der Erstspracherwerb

Jedes Kind, das unter normalen Bedingungen aufwächst, eignet sich im Verlaufe weniger Jahre die Sprache seiner Umgebung an. Man sagt auch: Es erwirbt eine erste Sprache. Der natürliche Prozeß dieses Erwerbs kann jedoch gestört werden, wenn niemand mit dem Kind spricht bzw. wenn es keine Gelegenheit hat, andere Menschen reden zu hören. Denn so, wie kleine Vögel sich am Gesang ihrer Artgenossen orientieren (vgl. Marler 1970), lernen Kinder, wenn sie angesprochen werden oder beobachten und zuhören können. Fehlen solche Anregungen, wird das Kind keine sprachlichen Fertigkeiten entwickeln (vgl. Curtiss 1977; Sachs/Johnson 1981). Man hat in diesem Zusammenhang auch vom Mutterspracherwerb gesprochen. Ursprünglich wurde „das Wort (Muttersprache) (...) von katholischen Mönchen verwendet, um eine bestimmte Sprache zu bezeichnen, deren sie sich an Stelle des Lateinischen bedienten, wenn sie von der Kanzel sprachen" (Illich 1982, 33ff.). Später wurde diese Bezeichnung von Herder und Humboldt aufgegriffen und begrifflich differenziert. „Die Muttersprache wurde als Gegensatz zu den ‚erlernten Sprachen' gesehen (...)" (vgl. Porsché 1983, 28ff.), die mit Hilfe von Unterricht bzw. Grammatik vermittelt werden.

Aufgabe 1

Halten Sie die Bezeichnung „Muttersprache" für angemessen? Was spricht für, was gegen ihre Verwendung?

Muttersprache

Der Ausdruck „Muttersprache" ist aus verschiedenen Gründen problematisch, denn:

„Die Sprache, die ein Kind auf natürliche Weise erwirbt, ist nicht immer die Sprache seiner Mutter. Selbst wenn eine Mutter beispielsweise die Familiensprache mit ausländischem Akzent oder mit dialektaler Lautung spricht, werden ihre Kinder diese ‚Muttersprache' meist genauso korrekt beherrschen, wie andere Kinder auch. (...) Ich habe das in vielen dänischen Familien beobachten können, in welchen die Mutter z. B. ihr Leben lang einen norwegischen Akzent bewahrt hatte, in welchen die Kinder aber dennoch lautreines Dänisch sprachen."

Jespersen 1921, 146

Erstsprache

Welche Sprache gelernt und bevorzugt wird, hängt letztlich von den Lebensumständen ab. Sie können sich z. B. durch Migration verändern, so daß die zuerst gelernte Sprache nicht mehr gebraucht und darum vergessen wird. So wird beispielsweise von Kolumbus berichtet, daß seine erste Sprache Genuesisch war,

„ein Dialekt, der noch heute nicht standardisiert ist. Er lernte Geschäftsbriefe in Latein zu schreiben, (...) heiratete eine Portugiesin und vergaß wahrscheinlich das Italienische fast ganz. Er sprach Portugiesisch, schrieb aber nie ein Wort in dieser Sprache. Während seiner neun Jahre in Lissabon gewöhnte er sich an, in Spanisch zu schreiben. (...) Kolumbus schrieb also zwei Sprachen, die er nicht sprach, und er sprach mehrere andere. Dergleichen schien für ihn und seine Zeitgenossen nicht weiter problematisch."

Illich 1982, 19/20

Nun könnte man aufgrund formaler Kriterien sagen, daß Genuesisch die Muttersprache von Kolumbus war. Aber ist eine Sprache, die nicht gebraucht, vielleicht sogar vergessen wurde, eine Muttersprache? Die Antwort wird von unserem Verständnis von Muttersprache abhängen. Formal betrachtet ist die „Muttersprache" die Sprache, die die Mutter spricht und die das Kind folglich als erste lernt. Also könnte man die Frage mit *ja* beantworten. Verbindet man mit Muttersprache jedoch die Sprache, in der sich ein Mensch am besten auszudrücken vermag, in der er sich zu Hause fühlt, müßte diese Frage (in bezug auf Kolumbus) wahrscheinlich mit einem *Nein* beantwortet werden.

Um Mißverständnisse zu vermeiden, werden wir den Ausdruck *Muttersprache* daher zurückhaltend verwenden und häufiger die Bezeichnung *Erstsprache** gebrauchen.

1.2 Der gleichzeitige Erwerb zweier Sprachen

Aufgabe 2

Stellen Sie bitte Vermutungen an, was passiert, wenn ein Kind in einer Familie aufwächst, in der die Mutter eine andere Sprache spricht als der Vater, in der das Kind also gleichzeitig mit zwei Sprachen konfrontiert wird? Vielleicht haben Sie selbst diese Erfahrung gemacht oder in Ihrem Bekanntenkreis beobachtet.

primärer Bilingualismus

Eine Voraussetzung, wie die in Aufgabe 2 genannte, begünstigt den gleichzeitigen Erwerb zweier Sprachen (primärer Bilingualismus*). Theoretisch könnte ein solches Kind zwei Erstsprachen erwerben. Tatsächlich ist es jedoch meist so, daß am Ende eine der beiden Sprachen besser beherrscht wird, daß z. B. in einer der beiden Sprachen mehr Wörter gewußt werden als in der anderen.

starke und schwache Sprache

„Wir wollen die dominierende Sprache die ‚starke Sprache' nennen, die weniger ausgeprägte ist demnach die ‚schwache Sprache' "(Kielhöfer/Jonekeit 1983, 12).

Der gleichzeitige Erwerb zweier Sprachen ist z. B. in Grenzregionen eine natürliche Erscheinung. So gibt es in der deutsch-dänischen Grenzregion viele Menschen, die sowohl Deutsch als auch Dänisch beherrschen.

Bewertung von Sprachen

Normalerweise werden Kinder auch in Familien zweisprachig aufwachsen, wenn ein Elternteil eine fremde, aber hochbewertete Sprache wie Englisch spricht. Eine „künstliche Zweisprachigkeit" wird in einem solchen Falle von der Bevölkerung akzeptiert (vgl. Porsché 1983, 81). Daß dies bei nicht hochbewerteten Sprachen (z. B. Finnisch in Dänemark) nicht immer der Fall ist, wissen wir aus Einzelfallstudien (vgl. Sondergaard 1981).

Kinder, die bereits im Alter von drei oder vier Jahren mit einer fremden Sprache konfrontiert werden, befinden sich in einer ähnlichen Situation wie Kinder, die gleichzeitig zwei Sprachen lernen. Je jünger die Kinder sind und je weniger sie von ihrer Erstsprache bereits erworben haben, desto eher wird die Lernsituation der Ausgangssituation beim gleichzeitigen Erwerb zweier Sprachen gleichen.

1.3 Die nachzeitige Aneignung

Aneignungsprozesse verändern sich

Sind einmal Grundbegriffe in einer Erstsprache erworben, verändern sich die Lernprozesse grundlegend. Wenn ein Kind z. B. schon über einige Farbwörter verfügt, also schon weiß, was eine Farbe ist, wird es Farbwörter in einer fremden Sprache rascher erlernen, als wenn es den Farbbegriff erst noch entwickeln muß (vgl. Carey/Bartlett 1978). Je mehr Begriffe erlernt wurden, ehe mit einer fremden Sprache begonnen wird, desto deutlicher wird sich die Aneignung vom Erwerb der Erstsprache unterscheiden.

Weltwissen

kognitive Fähigkeiten

Je mehr ein Lerner über das Funktionieren der Sprache weiß, je besser er Alltagsphänomene kennt und versteht, desto leichter wird es ihm fallen, seine Erfahrungen und sein Wissen über die Welt (auch „Weltwissen") bei der Aneignung einer Sprache zu nutzen. Ältere Lerner können in der Regel Dinge schneller einordnen (d. h. klassifizieren) als jüngere Lerner. Sie vermögen besser zu abstrahieren und zu folgern. Dies kann bei der Aneignung einer fremden Sprache von Vorteil sein. Denn ihr Weltwissen erleichtert ihnen das Erraten von Zusammenhängen und ihre kognitiven Fähigkeiten erleichtern das Erfassen von regelhaften Aspekten der fremden Sprache. Dies unterscheidet die nachzeitige (oder sekundäre) Aneignung einer fremden Sprache vom gleichzeitigen Erwerb zweier Sprachen.

1.3.1 Frühe und späte nachzeitige Aneignung

Aufgabe 3

Glauben Sie, daß Kinder eine fremde Sprache leichter und schneller erlernen als Jugendliche oder Erwachsene? Für welche sprachlichen Aspekte bzw. Fähigkeiten gilt dies nach Ihrer Meinung im besonderen?

Kinder: Aussprache und Intonation

ältere Lerner: morphologische und syntaktische Aspekte

Alltagserfahrungen scheinen die Auffassung, daß Kinder fremde Sprachen besser lernen, zu bestätigen: Kleine Kinder sprechen eine fremde Sprache bereits nach kurzer Zeit akzentfrei, während Jugendlichen, insbesondere aber Erwachsenen die Aussprache zunehmend Schwierigkeiten bereitet. Ähnliches gilt für die Wort- und Satzbetonung. Kinder scheinen also für das Lernen der Aussprache besonders begabt zu sein (vgl. dazu Asher/Garcia 1969; Oyama 1976). Allerdings haben neuere Untersuchungen gezeigt, daß das nicht so sein muß. Wir werden später darauf zurückkommen. In einer Reihe von Untersuchungen konnte gezeigt werden, daß sich Jugendliche morphologische und syntaktische Aspekte einer fremden Sprache rascher aneignen als Kinder. Insbesondere unter vergleichbaren formellen (d. h. unterrichtlichen) Bedingungen sind Jugendliche und Erwachsene offenbar bessere Zweitsprachlerner als Kinder (vgl. Apeltauer 1987a, 23f.). Es wird vermutet, daß die Entwicklung kognitiver Fähigkeiten dafür verantwortlich ist.

Obwohl solche Untersuchungsergebnisse inzwischen als gesichert gelten können, widersprechen sie doch unseren Alltagserfahrungen. Wodurch entsteht ein solcher Eindruck?

Wir wollen uns dazu einmal einige Bedingungen genauer ansehen, unter denen sich jüngere und ältere Lerner eine fremde Sprache aneignen.

Kinder: einfache Lernsituationen

Wenn Kinder eine neue Sprache z. B. beim Spielen hören, so befinden sie sich in einer klar strukturierten Situation. Da sie mitspielen wollen, sind sie hoch motiviert und bereit, sich anzupassen. Sie versuchen, irgendwie mitzumachen, imitieren, gestikulieren und setzen sich notfalls auch einmal nonverbal* durch. Ein solches Verhalten würde einem Jugendlichen schwerfallen, einem Erwachsenen kaum mehr gelingen. Er käme sich vermutlich lächerlich vor.

Während die Lernsituationen von Kindern zumeist leicht durchschaubar sind und sich viele Handlungen wiederholen, sind Alltagssituationen, mit denen Jugendliche oder Erwachsene konfrontiert werden, komplexer. Sie verlangen vielfach Stellungnahmen, Erzählungen, Berichte oder Kommentare. Auch wenn manches davon ritualisiert ist, so erfordert es doch die Beherrschung längerer Äußerungen, die sich häufig nicht – wie in Spielsituationen – durch einfache Handlungen substituieren lassen. Mit anderen Worten: Ältere Lerner müssen sich von Anfang an mit komplexeren Situationen und Sprachformen auseinandersetzen, die schwerer zu erfassen und zu verarbeiten sind.

ältere Lerner: komplexe Lernsituationen

Kinder haben gewöhnlich mehr Zeit als Erwachsene. Sie lernen gegenwartsbezogen, um mitspielen zu können. Erwachsene lernen häufig, weil sie die Sprache später einmal brauchen. Sie haben einen Beruf und daher höchstens im Urlaub oder nach Feierabend Zeit zum Lernen. Folglich können sie sich auch nicht auf ihr volles geistiges Potential stützen: Es fehlt ihnen (nach der Arbeit) vielfach an Energie, Wachheit und Konzentrationsvermögen. Jugendliche sind da meist in einer günstigeren Situation als Erwachsene. Aber auch sie sind an Neuem interessiert und würden sich höchstens vorübergehend auf einfache „Kinderspiele“ einlassen.

Zeit

Energie

Aufgrund solcher Voraussetzungen sind vor allem Erwachsene häufig tatsächlich schlechtere Sprachenlerner. Allerdings sollte man bedenken, daß sie unter ungleich schwierigeren Bedingungen als Kinder lernen müssen (vgl. Lebensalter S. 71ff.).

Zusammenfassend kann man sagen, daß der frühe Zweitspracherwerb noch viele Parallelen zum Erstspracherwerb aufweist. Mit zunehmendem Alter und fortschreitender kognitiver Entwicklung wandeln sich jedoch Lern- und Kommunikationsstrategien, Interessen, Motive und die Anpassungsbereitschaft. Einerseits stehen älteren Lernern andere, effektivere Möglichkeiten beim Wahrnehmen und Verarbeiten zur Verfügung, so daß Lernprozesse rascher bewältigt werden können. Andererseits gewinnen aber auch Verhaltensgewohnheiten und die mit ihnen verbundenen Erwartungen und Gefühle zunehmend an Bedeutung, so daß ältere Lerner gegen diese „Macht der Gewohnheit“ immer stärker ankämpfen müssen. Zudem erschweren die Lebensbedingungen älterer Lerner meist die Aneignung einer fremden Sprache, so daß Kinder am Ende fremde Sprachen häufig tatsächlich besser beherrschen als Erwachsene.

<u>Zusammenfassung</u>

1.3.2 Ungesteuerter Erwerb und gesteuertes Lernen

Die meisten Menschen können fremde Sprachen in Alltagssituationen „aufschnappen“ (ungesteuerter Erwerb oder inzidentelles Lernen). Man sagt dann auch: Sie erwerben eine fremde Sprache und meint damit, daß sie sich die fremde Sprache ohne formalen Unterricht aneignen. In jüngster Zeit wird auch die Bezeichnung „natürlicher Erwerb“ gebraucht. Eine solche Bezeichnung ist jedoch problematisch, da sie impliziert, daß Lernen unter formellen Bedingungen „unnatürlich“ sei (vgl. zu dieser Kontroverse Bausch/Königs 1983; Hüllen 1984; Felix/Hahn 1985).

Aneignung ohne Unterricht: ungesteuert

Aneignung im Unterricht: gesteuert

Das wohlklingende Beiwort *natürlich* ist zwar dekorativ (und gegenwärtig auch modern!), zugleich aber ungenau und irreführend. Man bedenke: Was „natürlich“ für die eine Altersgruppe ist, ist nicht unbedingt „natürlich“ für die andere (vgl. Ausubel 1963, 420). Und weiter: Wenn man vom „natürlichen Spracherwerb“ spricht, so denkt man vor allem an den Ablauf des Erstspracherwerbs, d. h. an einen „naturwüchsigen Prozeß“ (Klein 1984, 9), der biologisch determiniert zu sein scheint. Wir wissen jedoch, daß dieser naturwüchsige Prozeß mit zunehmendem Alter immer leichter störbar wird. Es kommt noch etwas hinzu: Kinder erwerben ihre Erstsprache, indem sie in kulturspezifische Praktiken und Interaktionsformen (z. B. Essen, Baden oder Erzählen) eingeführt werden (vgl. Bruner 1974/75). Sind solche Erziehungspraktiken nun „natürlich“ oder „unnatürlich“ ?

Was ist natürlich?

Sind Erziehungspraktiken unnatürlich?

Nicht ganz zu Unrecht hat man den Vertretern des „Natürlichen Zweitspracherwerbs“ vorgeworfen, daß sie sich primär an Probanden ihrer eigenen sozialen Schicht (z. B.

Brown 1973) oder gar an ihren eigenen Kindern (wie Wode 1976) orientieren, so daß nur bestimmte Lernwege, soziale Beziehungen, Situationen und dadurch bedingte funktionale Sprachvarianten ins Blickfeld geraten (vgl. Bourn 1988, 86ff.). Kurz: Die metaphorische Verwendung von „natürlich", mit dessen Hilfe gegen Sprachunterricht als „unnatürlich" polemisiert wird, ist – wie viele Metaphern – unklar und irreführend.

metaphorischer Gebrauch von *natürlich*

Wir werden deshalb künftig von informellen (bzw. ungesteuerten) Aneignungsprozessen sprechen, wenn wir uns auf Alltagssituationen beziehen, und von gesteuerten Aneignungsprozessen, wenn die dazugehörigen Lernkontexte formellen (unterrichtlichen) Charakter haben. Mit *Aneignung* verweisen wir also auf beides, Erwerbs- und Lernprozesse, wobei je nach Bedarf spezifiziert werden wird.

• Exkurs: Erwerben* und Lernen

beiläufiges oder inzidentelles Aneignen

bewußtes oder intentionales Lernen

Bisher wurden die Wörter *erwerben* und *lernen* weitgehend synonym gebraucht. Es ist nun an der Zeit, eine begriffliche Präzisierung vorzunehmen. Im folgenden wollen wir mit *Erwerb* auf das eher unbewußte, beiläufige (inzidentelle) Aneignen einer Sprache verweisen, wie es z. B. bei Schulanfängern noch beobachtet werden kann, während mit *Lernen* bewußte (intentionale*) Sprachverarbeitungsprozesse bezeichnet werden sollen.

Beide Formen können vom Lerner selbst gesteuert werden oder von einem Interaktionspartner initiiert und strukturiert werden. Solche Einflußnahmen sind jedoch immer nur von vorübergehender Dauer, da Kinder schon früh die Fähigkeit zum Ausblenden (vorübergehendes Abschalten) entwickeln. Sie können sich dadurch jeder Fremdsteuerung entziehen.

Lerner organisieren ihr Lernen selbst

Lehrer strukturieren und motivieren

Im allgemeinen genügt es nicht, wenn sich ein Lerner einblendet, denn jeder Lerner muß seinen Teil zur Informationsverarbeitung beitragen. Er muß seine Erfahrungen und Einsichten und deren Vernetzung und Speicherung selbst organisieren. Damit sollen die Verdienste von Lehrerinnen oder Lehrern nicht geschmälert werden. Denn bei der Motivierung und der Strukturierung von Informationen übernehmen Lehrer gewöhnlich eine wichtige Rolle. Sie können auf diese Weise Lernen erleichtern.

Aufgabe 4

Nennen Sie Beispiele, wie der Spracherwerb auch in „informellen" Situationen „gesteuert", genauer: „fremdgesteuert" wird.

Fremdsteuerung ist genauso „natürlich" wie Selbststeuerung

Tatsächlich sind Situationen, in denen Lerner „fremdgesteuert" werden, nicht auf unterrichtliche Situationen beschränkt. Auch der „Einheimische", der einem Fremden weiterhilft, wird seine Sprache intuitiv vereinfachen. Er wird dem Fremden vielleicht Gesprächsformeln anbieten, von denen er hofft, daß sie ihm weiterhelfen werden. Die Mutter, die eine Äußerung ihres Kindes wiederholt und dabei vervollständigt, hofft, daß ihrem Kind dieses korrekte Vorsagen und Wiederholen das Aneignen erleichtert. Übrigens wird „Fremdsteuerung" ja auch von der Werbung mit einigem Erfolg praktiziert. Kurz: Es handelt sich bei der „Fremdsteuerung" um eine genauso „natürliche" menschliche Vorgehensweise wie bei der Selbststeuerung. Fremdsteuerung ist also sowohl in Alltagsinteraktionen als auch in schulischen Kontexten beobachtbar.

Bezieht man die Unterscheidung *erwerben* und *lernen* auf die Aneignung einer fremden Sprache, so kann man vereinfachend sagen, daß im schulischen Kontext formalsprachliche Aspekte gelehrt und je nach Interesse und Fähigkeiten der Schüler auch gelernt werden. In informellen Situationen hingegen, in denen es primär um Verständigung geht, wird eine fremde Sprache eher beiläufig erworben. Man könnte auch sagen: In informellen Situationen wird die Initiative zum Lernen bzw. zum Erwerben dem Lernenden selbst überlassen (Selbststeuerung). In formellen Situationen kann sich der

Schüler zwar in Übungsphasen oder während Sprachlernspielen ebenfalls selbst steuern. Er unterliegt jedoch auch der Fremdsteuerung durch den Lehrer, wodurch meist das Lernen (und nicht das Erwerben) begünstigt wird.

Solche Formulierungen vereinfachen jedoch die tatsächlichen Sachverhalte, weil es auch im Unterricht Phasen gibt, in denen verständigungsorientiert gearbeitet wird, so wie ja auch in informellen Alltagssituationen zeitweise formale Unterweisungen erteilt werden. Man denke etwa an Korrekturen oder an Erläuterungen (z. B. Hinweise auf einen Wortgebrauch oder Wortbildungsmöglichkeiten), die von Zuhörern im Laufe von Gesprächen – zumeist beiläufig – gegeben werden. Zusammenfassend kann gesagt werden, daß im traditionellen Fremdsprachenunterricht eher gelernt wird, während in informellen Situationen häufiger Erwerben beobachtbar sein dürfte. Die Übergänge sind jedoch fließend (vgl. dazu auch S. 91ff.).

Kinder lernen eher ganzheitlich

Während der Kindergartenzeit eignen sich Lerner andere Sprachen scheinbar mühelos an. In dieser Zeit dominiert noch ganzheitliches Lernen. In der Schule werden die Lerner dann zunehmend mit grammatischen Regeln konfrontiert und zu bewußterem Lernen angehalten. Der Lehrer versucht dabei, durch die Auswahl von Sprachdaten, von Themen, Methoden und Übungsformen die Lernprozesse seiner Schüler zu steuern. Je älter Schüler werden, desto bewußter und analytischer gehen sie an Aufgaben heran, desto stärker werden sie sich auch bemühen, Regelhaftigkeit im Sprachgebrauch zu entdecken. Jugendliche und Erwachsene können also vom formellen Unterricht mehr profitieren als Kinder.

ältere Lerner: eher analytisch und bewußt

In Sonderfällen eignen sich Jugendliche oder Erwachsene auch in informellen Kontexten eine fremde Sprache an. Gewöhnlich werden unter solchen Bedingungen jedoch nur funktional eingeschränkte Sprachvarianten erworben (z. B. Gastarbeiter-Deutsch), weil, wie oben bereits ausgeführt, die Erwerbsbedingungen ungünstig sind. Wer einmal Lesen und Schreiben gelernt und metasprachliche Begriffe entwickelt hat, wird versuchen, seine „natürlichen Potentiale“ beim Sprachlernen zu nutzen und wird es daher als unnatürlich empfinden, wenn er – wie in informellen (sog. „natürlichen“) Situationen – auf solche Hilfsmittel nicht zurückgreifen kann oder wenn ihm solche Hilfen z. B. im Fremdsprachenunterricht vorenthalten werden. Folglich werden ältere Lerner Hinweise auf Regeln dem „blinden“ Ausprobieren und Üben vorziehen (vgl. Oskarsson 1973).

„natürliche Potentiale“ wie Lesen und Schreiben

1.3.3 Zur Aneignung einer Zweit- und Fremdsprache

Gebrauch der fremden Sprache auch außerhalb des Unterrichts: Zweitsprache

Wir haben bereits darauf hingewiesen, daß es unterschiedliche Formen von Aneignungsprozessen gibt, die sich nach Lerneralter (gleichzeitig oder nachzeitig, früher oder später) und Lernkontext (ungesteuert bzw. selbstgesteuert und gesteuert bzw. fremdgesteuert) differenzieren lassen. Die Aneignung einer Fremdsprache* unterscheidet sich nun von der Aneignung einer Zweitsprache* dadurch, daß Lerner ihre neue (fremde) Sprache außerhalb des Unterrichts, z. B. beim Spielen mit Nachbarskindern, nicht gebrauchen können. So lernen z. B. türkische Schüler in Deutschland „Deutsch als Zweitsprache“, weil sie Deutsch auch auf der Straße, beim Spielen etc. verwenden können, in der Türkei hingegen lernen sie „Deutsch als Fremdsprache“.

nur im Unterricht: Fremdsprache

Lernern einer Fremdsprache fehlen in der Regel Anregungen zum außerunterrichtlichen Üben und Weiterlernen. Die Aneignung einer Fremdsprache dauert daher im allgemeinen länger als die einer Zweitsprache. Mit anderen Worten: Fremdsprachenerwerb ist Zweitspracherwerb unter eingeschränkten (d. h. bloß unterrichtlichen) Bedingungen. Dies hat zur Folge, daß die Lernergruppen im FU (Fremdsprachenunterricht) gewöhnlich auch homogener sind als im ZU (Zweitsprachunterricht), da keine Wörter, Formeln oder Konstruktionen aus außerunterrichtlichen Sprachkontakten in den Unterricht hineingetragen werden. Lernprozesse können folglich im FU vom Lehrer auch besser beeinflußt (bzw. gesteuert) werden.

Aufgabe 5

Neben diesem Unterschied zwischen ZU und FU gibt es noch eine Reihe weiterer Kriterien, die bei der Unterscheidung zwischen Zweit- und Fremdsprache nützlich sein können. Überlegen Sie, welche Kriterien das sein könnten, bevor Sie weiterlesen.

ZU beginnt früher und wird mit mehr Stunden pro Woche erteilt als FU

Wenn man davon ausgeht, daß eine Zweitsprache ein alternatives Verständigungsinstrument in einer zwei- bzw. mehrsprachigen Gesellschaft ist, so wird verständlich, daß mit dem ZU ein höheres Sprachniveau angestrebt wird als mit dem FU. Ein höheres Sprachniveau läßt sich durch eine Intensivierung und Verlängerung des Sprachunterrichts erreichen. ZU beginnt daher in der Regel bereits im Grundschulalter und wird mit sechs (oder mehr) Stunden pro Woche erteilt. FU beginnt dagegen häufig erst nach der Grundschulzeit und wird meist mit weniger als sechs Stunden pro Woche angeboten (vgl. Wilkins 1972, 149ff.).

Zweitsprache als Verkehrssprache

In mehrsprachigen Ländern wird häufig sogar der Unterricht in weiterführenden Schulen und Hochschulen in der Verkehrssprache (Zweitsprache) erteilt, z. B. auf französisch in Tunesien und Marokko, auf englisch in Indien. Unterrichtsmaterialien werden dabei meist den lokalen Gegebenheiten angepaßt, d. h., der Grundwortschatz wird anhand von vertrauten Szenen und Bildern aus der Umwelt der Lerner vermittelt, während im Fremdsprachenunterricht mit Hilfe der landeskundlichen Materialien versucht wird, einen Eindruck von Lebens- und Umgangsformen der Zielkultur darzustellen.

ZU entspricht anfangs FU, später EU

Während der ersten drei bis vier Jahre weist der Unterricht in der Zweitsprache Ähnlichkeiten mit dem Fremdsprachenunterricht auf. Später nähert er sich mehr und mehr einem erstsprachlichen Unterricht (EU), wenn z. B. schriftsprachliche und insbesondere auch fachsprachliche Fähigkeiten (z. B. Leseverstehen) und Fertigkeiten (z. B. schriftliche Textproduktion) erarbeitet werden.

Zweitsprache ist lebensnotwendig, Fremdsprache nicht

Insgesamt spielt die Zweitsprache im Leben eines Individuums eine wichtigere Rolle als eine Fremdsprache. Eine Zweitsprache kann z. B. für das Überleben in einer zweisprachigen Gesellschaft notwendig sein. Sie ist ein Verständigungsmittel. Eine Fremdsprache ist hingegen nur ein potentielles (und zumeist eingeschränktes) Verständigungsinstrument, unter Umständen allerdings auch Voraussetzung für eine berufliche Karriere. In den USA wird in diesem Zusammenhang neuerdings vom IMQ gesprochen, vom „International Meeting Quotient" (vgl. Geno 1981, 32).

Zusammenfassung

Mit *primärem Zweitspracherwerb* wird der gleichzeitige Erwerb zweier Sprachen bezeichnet, mit *sekundärem Zweitspracherwerb* (sekundärer Bilingualismus*) jeder weitere Spracherwerb, der nach dem Erwerb der Primärsprache, d. h. also im Kindesalter oder später, stattfindet. Wird eine fremde Sprache ohne formale Unterweisung erworben, sprechen wir von einer ungesteuerten (bzw. selbstgesteuerten), sonst von einer gesteuerten Aneignung bzw. vom Lernen* einer fremden Sprache. Eine Zweitsprache hat in der Gesellschaft, in der der Lerner lebt, eine zentrale Funktion. Sie ist zur kommunikativen Bewältigung von Alltagssituationen in dieser Gesellschaft unerläßlich. Kurse für eine Zweitsprache werden daher häufig mit einer hohen Stundenzahl (sechs oder mehr Stunden pro Woche – auch schon während der Grundschulzeit) angeboten. Fremdsprachen werden hingegen gewöhnlich nach der Grundschulzeit vermittelt. Der zeitliche Aufwand beträgt bis zu sechs Stunden pro Woche, was die – im Vergleich zur Zweitsprache – andere gesellschaftliche Funktion von Fremdsprache und Fremdsprachenunterricht reflektiert. Während der Zweitsprachunterricht anfangs gewisse Parallelen mit dem Fremdsprachenunterricht aufweist, gleicht er in späteren Phasen mehr und mehr erstsprachlichem Unterricht, ohne jedoch dessen sprachliches Niveau ganz zu erreichen.

1.3.4 Mehrsprachigkeit

Einstellungen zu Mehrsprachigkeit

Einsprachigkeit erscheint vielen Menschen als Normalität. Doch selbst Naturvölker wie die Vaupé-Indianer im brasilianischen Urwald sprechen mindestens drei Sprachen fließend, viele von ihnen beherrschen sogar vier oder fünf Sprachen. Wenn man bedenkt, daß die von ihnen gesprochenen Sprachen weniger miteinander verwandt zu sein scheinen als romanische Sprachen, so ist dies eine beachtliche Leistung und zugleich ein Beweis dafür, daß Mehrsprachigkeit etwas ganz Natürliches sein kann (vgl. dazu Jackson 1974, 53f.).

Aufgabe 6

> *Welche Rolle spielt Mehrsprachigkeit in Ihrem Land, in Ihrer Herkunftsregion?*

Mehrsprachigkeit in kleineren Nationen in Europa

Mehrsprachigkeit ist auch für große Teile der Bevölkerung von kleineren Nationen in Europa eine Selbstverständlichkeit. Keine Fremdsprache sprechen z. B. in Dänemark nur 40%, in den Niederlanden gar nur 28 % der Bevölkerung. Hingegen sprechen mehr als eine Fremdsprache in Dänemark 22 %, in den Niederlanden 44 % (vgl. Finkenstaedt/Schröder 1990, 18).

Mehrsprachigkeit ist kein statischer Zustand

Allerdings sollte man wissen, daß Mehrsprachigkeit kein statischer Zustand ist. Je mehr fremde Sprachen jemand erlernt hat, desto mehr Aufwand muß er/sie auch betreiben, um die entsprechenden Fertigkeiten zu bewahren. Denn durch längeren Nichtgebrauch einer Sprache gehen Fertigkeiten (insbesondere solche zur Produktion) verloren, weshalb mehrsprachige Individuen ihre Sprachen in der Regel in unterschiedlicher Weise (und auf unterschiedlichem Niveau) beherrschen.

Zweitsprachen oder Zweit-, Dritt-, Viert-, Fünftsprache

Aus Einfachheitsgründen spricht man gewöhnlich auch dann vom Erwerb einer Zweitsprache, wenn es sich tatsächlich um eine Dritt- oder Viertsprache handelt. Das liegt zum einen daran, daß bisher nur wenige Untersuchungen zu diesem speziellen Bereich vorliegen, zum anderen daran, daß man annimmt, daß die Primärsprache auch in solchen Fällen Ausgangspunkt und Grundvoraussetzung für den Neuerwerb ist.

jede erlernte Sprache wird zu einer Sprachlernvoraussetzung

Eine solche Auffassung ist jedoch eine unzulässige Vereinfachung, da jede weitere Sprache, die nach der Erstsprache erworben wurde, ebenfalls zu den Sprachlernvoraussetzungen eines Individuums wird. Dies mag folgendes Beispiel verdeutlichen: Wenn wir eine früher gelernte Zweit- oder Drittsprache*, die längere Zeit nicht gebraucht wurde, wieder zu aktivieren versuchen, so fallen uns die entsprechenden Wörter oft zuerst in der Erstsprache, dann in der zuletzt gelernten fremden Sprache und erst danach in der früher erlernten (aber nicht mehr gebrauchten) „Zweitsprache" ein. Solche „Umwege" bei Wortfindungsproblemen zeigen, wie vernetzt die Sprachsysteme untereinander sind. Aufgrund von Untersuchungen wissen wir, daß Menschen, die sich bereits zwei oder gar mehrere Sprachen angeeignet haben, ungeübten Sprachlernern gewöhnlich überlegen sind (vgl. Thomas 1985; Nation/McLaughlin 1986).

Offenbar kann man auch lernen, wie man sich fremde Sprachen aneignet. Dabei scheint positiver Transfer* eine nicht unerhebliche Rolle zu spielen (vgl. S. 84). Aufgrund von experimentellen Befunden wird zudem vermutet, daß erfahrene Lerner „schneller auf eine Metaebene vorstoßen und die von ihnen gebrauchten Verfahren in ihrer Wirksamkeit auch abschätzen können." (McLaughlin/Nayak 1989, 11; vgl. S. 85). Es gibt ferner Hinweise darauf, daß die Beherrschung unterschiedlicher Schriftsprachsysteme sich positiv auf die Aneignung einer Drittsprache auswirkt (vgl. Swain u. a. 1990). Insgesamt stehen wir allerdings erst am Anfang der Erforschung der Mehrsprachigkeit. Vieles ist einfach noch unklar (vgl. z. B. Hufeisen 1991, 93f.).

Aufgabe 7

Bitte fassen Sie zum Abschluß dieses Kapitels noch einmal für sich zusammen, welche Formen der Aneignung einer fremden Sprache im Text unterschieden werden.

Aufgabe 8

Überlegen Sie bitte, ob „natürlicher" Zweitspracherwerb und Fremdsprachenerwerb zwei völlig verschiedene Prozesse sind oder ob es auch Mischformen gibt.

2 Voraussetzungen des Erstspracherwerbs

Kinder erwerben ihre erste Sprache in wenigen Jahren mit großer Selbstverständlichkeit. Die Leichtigkeit, mit der sie dies tun, läßt uns vergessen, daß der Erwerb einer Primärsprache zu den schwierigsten intellektuellen Aufgaben gehört, die ein Mensch bewältigen muß (vgl. Bloomfield 1933, 29). Es gibt drei wichtige Voraussetzungen, die den raschen Erwerb ermöglichen: biologische, kognitive und sozial-interaktive (vgl. Slobin 1977, 128).

2.1 Biologische Voraussetzungen

2.1.1 Hirnreifung

Aufgabe 9

> *Bevor Sie Abschnitt 2.1.1 durcharbeiten, überlegen Sie bitte zunächst einmal, was Sie bereits über den Aufbau des menschlichen Gehirns wissen.*

Stammhirn
Zwischenhirn
Großhirn

Das menschliche Hirn weist funktional betrachtet eine Dreiteilung auf: Die Ur- oder Stammhirnregion (zuständig für Instinkte), das Mittel- oder Zwischenhirn (zuständig für spontane Emotionen wie Ärger, Aggression) und das Großhirn mit seinen beiden Hälften, die im Laufe eines Lebens individuelle Entwicklungen durchmachen.

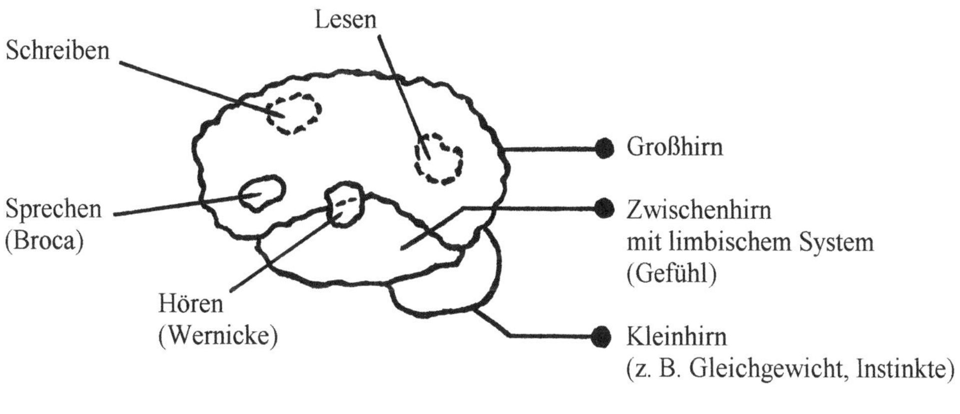

Skizze des Autors

Aufgrund unterschiedlicher Befunde (z. B. pathologische Fälle, Hirnverletzungen, Messungen der Komplexität von Dentriten während der Entwicklung im Bereich des Broca-Zentrums etc.) wissen wir, daß bei den meisten Menschen nach der Geburt zunächst die rechte Hälfte des Großhirns (d. h. die rechte Hemisphäre, abgekürzt RH) entwickelt wird. Nach 6 Monaten beginnt jedoch die linke Hemisphäre (LH) vorübergehend zu dominieren, um nach dem ersten Jahr wiederum von der RH abgelöst zu werden. Die RH dominiert dann ungefähr bis zum dritten oder vierten Lebensjahr, ehe die LH abermals dominant wird (vgl. Jacobs 1988, 320f.).

Lateralisierung

Was bedeutet das? Zunächst muß man wissen, daß es während der Entwicklung zu einer funktionalen Spezialisierung der Hirnhälften (Lateralisierung) kommt, denn Reize werden nicht einfach aufgenommen und im Gehirn verarbeitet. Vielmehr existieren im Großhirn gesonderte Bereiche, die sich im Laufe der Entwicklung ausdifferenzieren, so daß sie dann spezielle Reize verarbeiten.

Aufgaben der RH

So ist beispielsweise die rechte Hemisphäre zuständig für gestalthaftes Wahrnehmen und spontanes Reagieren sowie für die Verarbeitung affektiver und emotionaler Reize. In dieser Hemisphäre werden Reize wie natürliche Geräusche (z. B. planschen oder bellen), sprachliche Merkmale (z. B. Akzent und Intonation), musikalische Töne sowie formelhafte Ausdrücke (z. B. *So ein Zufall* oder *Wie geht's?*) bearbeitet. Mit ihrer Hilfe wird auch gestalthaft wahrgenommen (z. B. Gestik, Mimik, Körperhaltung) und intuitiv-ganzheitlich gedacht. Es ist wahrscheinlich, daß das präverbale Verständigungssystem, das Kommunikation in einfacher Form ermöglicht, rechtshemisphärisch verankert ist. Insgesamt scheint diese Hälfte aber eher für die Aufnahme und Verarbeitung nichtsprachlicher Reize zuständig zu sein. Verletzungen der rechten Gehirnhälfte bewirken Aprodosie (d. h. eine Unfähigkeit, Gefühle zu erkennen und auszudrücken) oder Agnosie (d. h. eine Unfähigkeit, Gesichter und Gesten zu erkennen und auszudrükken) (vgl. z. B. Sacks 1987, 115ff.; Schnelle 1981; Oeser/Seitelberger 1988).

Aufgaben der LH

Demgegenüber scheint die linke Hemisphäre für die Verarbeitung sprachlichen Materials besonders geeignet. Sie ist zuständig für analytisches und sequentielles Denken, für Konzeptualisierungen und für die En- und Dekodierung von sequenziellen Aspekten sprachlicher Äußerungen. Verletzungen dieser Gehirnhälfte bewirken (insbesondere nach der Pubertät) Aphasie (d. h. Unfähigkeit, zusammenhängend zu sprechen oder zu verstehen). Interessanterweise sind Patienten mit solchen Verletzungen meist in der Lage, formelhafte Ausdrücke zu gebrauchen, weshalb man annimmt, daß sprachliche Formeln in der RH bearbeitet werden.

Funktionen der LH + RH

Rechte Hemisphäre	**Linke Hemisphäre**
1. verarbeitet vorwiegend *natürliche Geräusche* (Anzeichen), z. B. planschen, bellen, wiehern, klingeln, Applaus und *sprachliche Geräusche,* z. B. Intonation, emotionale Einstellungen, Konkreta, Ausrufe, Ritualia (automatische Sprache)	1. verarbeitet vorwiegend *sprachliche Geräusche,* Tonhöhen bei tonalen Sprachen (z. B. Chinesisch), Varianten im Wortschatz und in der Syntax (intellektuelle Sprache), Schriftsprache, Mathematik
2. verarbeitet *Musik,* d. h. erkennt bekannte Melodien wieder, ermöglicht Nachsingen	2. verarbeitet *Musik,* d. h. ermöglicht Analysen von Musikstücken (Kontrapunkt)
3. *dämpft* Redseligkeit	3. *blockiert* emotionalen Ausdruck
4. ermöglicht *zeitliche Orientierung:* Vergangenheit, Erlebniszeit (situativ gebunden)	4. ermöglicht *zeitliche Orientierung:* Zukunft, objektive Zeit (symbolisch-allgemein)
5. *denkt* intuitiv-bildhaft	5. *denkt* analytisch-begrifflich, logisch, linear

Rechte Hemisphäre	Linke Hemisphäre
6. *Verletzung* der RH bewirkt: *Aprosodie*, d. h. Unfähigkeit, Gefühle zu erkennen und auszudrücken und *Agnosie*, d. h. Unfähigkeit, Gesichter und Gesten zu erkennen	6. *Verletzung* der LH bewirkt: *Aphasie*, d. h. Unfähigkeit, zusammenhängend zu sprechen oder zu verstehen

„Dichotomien machen Wissenschaftler glücklich, erleichtern überarbeiteten Studenten das Lernen, helfen Bücher zu verkaufen und (...) in Wirklichkeit liegen die Dinge meist komplizierter."

Calvin/Ojeman 1995, 58

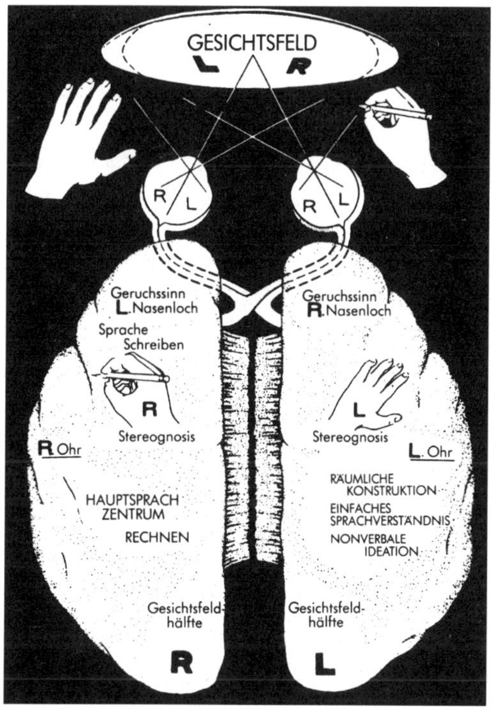

aus: Schnelle 1981, 13

Da Verletzungen des Gehirns bzw. der linken Hemisphäre vor der Pubertät zumeist geringere sprachliche Probleme verursachen, hat man vermutet, daß vor der Pubertät die rechte Hemisphäre Funktionen der linken übernehmen kann, während danach, wenn die Lateralisierung stattgefunden hat, eine solche Übernahme nicht mehr möglich ist (vgl. Lenneberg 1967). Da letztlich aber Unklarheit darüber besteht, wann die Lateralisierung abgeschlossen ist, kann über solche Zusammenhänge gegenwärtig nur spekuliert werden (vgl. McLaughlin 1984, 48).

Die Abfolge in der Entwicklung und Dominanz von rechter Hemisphäre und linker Hemisphäre läßt sich nun folgendermaßen interpretieren: Zunächst werden Wahrnehmungsfähigkeiten und motorische Fertigkeiten ausgebildet. Der beginnende Spracherwerb ist daher anfangs stark auf nonverbale und prosodische Elemente* angewiesen. In der zweiten Hälfte des ersten Lebensjahres beginnen sich erste Begriffe und Sprachfunktionen zu entwickeln. Es kommt z. B. zur Produktion wortähnlicher Gebilde während der Lallphase. In dieser Zeit führen Kinder auch mit sich selbst „Gespräche", wie man an Intonation und rhythmischer Konturierung ihrer Äußerungen erkennen kann. Gleichzeitig läßt sich ein beschleunigtes Wachstum der Verbindungen zwischen den Nervenzellen (der Dentriten in der linken Hemisphäre des Broca-Zentrums) beobachten. Diese Phase dauert ca. ein halbes Jahr. Es ist zu vermuten, daß zwischen der vorübergehenden LH-Dominanz und dieser Entwicklung ein Zusammenhang besteht (vgl. Scheibel u. a. 1985, 109). Wenn sich im dritten und vierten Lebensjahr die linkshemisphärische Dominanz wieder einstellt, sind die ersten sprachlichen Grundlagen bereits erworben, und die sprachliche Entwicklung beginnt sich dramatisch zu beschleunigen: Die Wortfolge wird systematisch als Interpretationshilfe genutzt, das morphologische System und der Wortschatz werden rasch ausgebaut.

Aus all dem könnte man schließen, daß für die sprachliche Verarbeitung nur die linke Hemisphäre zuständig ist. Aber auch die rechte Hemisphäre spielt bei der Verarbeitung von Sprache eine wichtige Rolle (vgl. Jacobs 1988, 304). Sie ist für interaktive und situationsspezifische Aspekte der Kommunikation zuständig (vgl. Seliger 1982, 313f.), aber auch für Zusammenfassungen (z. B. bei Texten), weil Prozesse, die in der Zeit ablaufen, umgeformt und verdichtet werden müssen. Möglicherweise hat die rechte Hemisphäre sogar eine Art Kontrollfunktion (vgl. Baur/Grzybek 1985, 174ff.).

> „Während die linke Gehirnhälfte wohl mehr mit den Bausteinen der Sprache zu tun hat, scheint die rechte also in erheblichem Umfang daran mitzuwirken, das alles zu interpretieren."
>
> Calvin/Ojeman 1995, 90

Interessant ist, daß das Gehirn eines Menschen bei seiner Geburt nur ca. 20 % seines späteren Gewichts aufweist. Das volle Gewicht wird erst im zweiten Lebensjahrzehnt erreicht, wenn das Netz der Verbindungen zwischen den Nervenzellen (den Neuronen) voll ausgebildet ist.

Wechselwirkung zwischen genetischem Programm und epigenetischen Einflüssen

Diese Vernetzung entsteht aber nur zum Teil aufgrund genetischer Programmierung. Sie ist ebenso das Ergebnis epigenetischer, d. h. über die genetische Programmierung hinausgehender, umweltbedingter Anregungen. Anders formuliert: Die Entwicklung vollzieht sich aufgrund einer Wechselwirkung zwischen Umwelteinflüssen und genetischer Programmierung. Insgesamt scheint die Entwicklung höherer Hirnfunktionen (z. B. die Sprachentwicklung) Umwelteinflüssen stärker ausgesetzt zu sein als die der niedrigeren (z. B. die motorische Entwicklung). Die Sprachentwicklung unterliegt daher auch stärkeren Modifikationen (vgl. Jacobs 1988, 323).

Die folgende Abbildung zeigt einen Ausschnitt aus einem Sprachzentrum eines menschlichen Gehirns. A zeigt die Nervenzellen bei der Geburt und B nach sechs Lebensjahren.

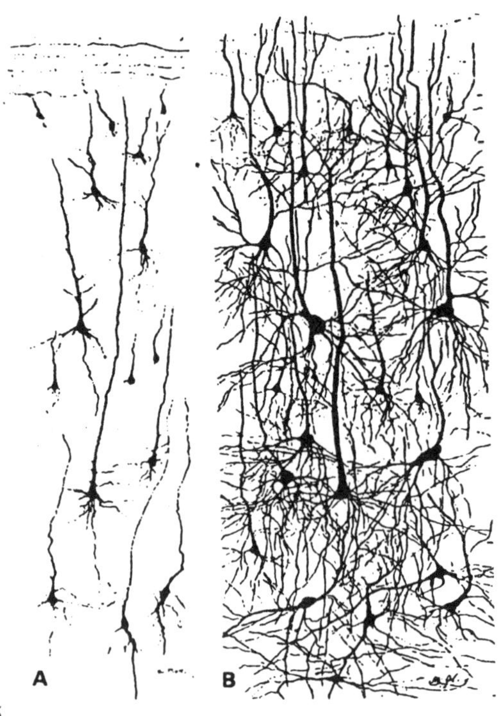

aus: Jacobs 1988, 325

2.1.2 Gleichförmigkeit des Entwicklungsablaufs

Präferenzen

Inhaltswörter

Normalform
vollständige (nicht kontrahierte) Formen

Wenn man die sprachliche Entwicklung von Kindern aus unterschiedlichen Kulturkreisen verfolgt, stellt man fest, daß es viele Parallelen in der Erwerbsabfolge gibt. Auffallend ist z. B., daß Kinder in der Anfangszeit bestimmte Äußerungsformen bevorzugen: Inhaltswörter*, vollständige (d. h. nicht kontrahierte) Formen wie *Was machst denn du?* (statt kontrahiert: *Was machst'n du?*) und im syntaktischen Bereich sogenannte „Normalformen"* (im Deutschen z. B. die Folge „Subjekt, Prädikat (bzw. Verb), Objekt" oder abgekürzt: SVO).

So berichten Brown/Cazden/Bellugi 1968, daß ihre Probanden Fragesätze zwar mit einem Fragewort einleiteten, die gleichzeitig notwendige Inversion jedoch nicht vornahmen. Ähnliches gilt für den Erwerb des Deutschen. Ein erster Fragesatz lautet z. B.:

Beispiel

(1) *Was Hans wird lesen?* statt (2) *Was wird Hans lesen?*

oder

(3) *Die Mama hat?* [mit steigender Intonation] statt (4) *Was hat die Mama?*

aus: Brown/Cazden/Bellugi 1968, 172f.; Ramge 1973, 91

Fragen ohne Inversion

Es wird also eine Zeitlang die Wortstellung des einfachen Aussagesatzes (Normalform) beibehalten und die Frage nur durch steigende Intonation oder ein Fragewort markiert und das, obwohl die meisten Fragesätze, die Kinder hören, Formen mit Inversion sind. Dennoch werden – zumindest in der Anfangsphase – keine Fragesätze mit Inversion imitiert. Erwachsene gebrauchen in informellen Situationen häufig verkürzte (kontrahierte) Formen, z. B. *Laß uns rausgehen* statt *hinausgehen*. Dennoch produzieren Kinder zunächst vollständige Formen, ehe sie später auch kontrahierte Formen übernehmen.

Konzentration auf Inhaltswörter

Wenn kleine Kinder Äußerungen von Erwachsenen wiederholen, so beschränken sie sich meist auf Inhaltswörter (d. h. Nomen und Verben). Wodurch wird eine solche Auswahl gesteuert? Man vermutet, daß betonte Wörter leichter erfaßt werden. In der Regel sind betonte Wörter Inhaltswörter. Aber woher wissen Kinder, daß es sinnvoll ist, sich auf betonte Wörter zu konzentrieren?

Auffallend ist jedenfalls, daß Kinder zuerst Nomen erwerben und Verben, die Tätigkeiten bezeichnen. Komplexere Bedeutungsstrukturen etwa von „Verben des Sagens" (z. B. *bemerken, eröffnen, mitteilen, andeuten*) oder „Verben des Meinens" (z. B. *denken, meinen, annehmen, vermuten*) sowie von „Expressiva" (Verben, die der Bezeichnung gefühlsmäßiger Zustände dienen wie *fühlen, empfinden, erleben*) werden erst viel später beherrscht.

Bekanntlich hören Kinder Erwachsenen zu und lernen, indem sie zuhören. Die einzelnen Entwicklungsschritte (z. B. der Gebrauch nichtkontrahierter Formen vor kontrahierten Formen oder von Normalformen im syntaktischen Bereich) lassen sich jedoch mit Hilfe der Sprach-Eingangs-Daten und der Lernsituation alleine nicht erklären. Hier dürften also sprachspezifische biologische Voraussetzungen eine Rolle spielen.

Aufgabe 10

Versuchen Sie jetzt bitte die eben gelesenen Hypothesen zur sprachlichen Entwicklung von Kindern mit einem konkreten Fall zu vergleichen. Lassen Sie sich von einer Bekannten, die ein kleines (etwa zwei bis drei Jahre altes) Kind hat, erzählen, wie es zu sprechen begann. Fragen Sie sie nach ersten Lauten, nach Wörtern und Wendungen.
Oder falls Sie selbst Kinder haben: Wie ist das bei Ihren Kindern gewesen?

2.1.3 Sprachentwicklung bei Blinden und Tauben

Für eine biologische Programmierung würde auch ein normal verlaufender Spracherwerb bei Kindern sprechen, die von Geburt an mit eingeschränkten Wahrnehmungsfähigkeiten zurechtkommen müssen. Denn Sprachen werden gewöhnlich in Abhängigkeit von Ereignissen erworben, indem Kinder den Hinweisgesten und Äußerungen ihrer Betreuungspersonen folgen und so versuchen, Bedeutungen zu erschließen (vgl. Bruner 1974/75). Erstaunlicherweise verzögert Blindheit den Beginn des Spracherwerbs nicht, und die Entwicklungssequenz blinder Kinder scheint sich während der Anfangsphase nicht wesentlich von der sehender zu unterscheiden, sowohl im Bereich des Lexikons als auch im Bereich syntaktischer Strukturen und semantisch-relationaler Kategorien (vgl. Hörmann 1981). Ähnlich verhält es sich mit tauben Kindern. Sie entwickeln eine Zeichensprache für den Hausgebrauch, unabhängig davon, ob sie von ihren Eltern dazu angeregt werden oder nicht. Sie beginnen etwa zur selben Zeit wie normal entwickelte Kinder mit Hilfe von Gesten Ein-, Zwei- und Dreiwortäußerungen zu produzieren, die sie nach denselben semantischen Prinzipien zu ordnen scheinen wie hörende Kinder (vgl. Cross 1978, 16f.).

Blindheit verzögert den Erwerbsbeginn nicht

Zusammenfassung

Die sprachliche Entwicklung vollzieht sich in einer Wechselwirkung zwischen genetischen und epigenetischen Einflüssen. Insgesamt scheinen in der Anfangsphase des Spracherwerbs genetische Einflüsse zu dominieren. Denn einige sprachliche Phänomene (im lexikalischen, morphologischen und syntaktischen Bereich) treten auf, unabhängig davon, wie stark die sprachlichen Beispiele variieren, die Kinder zu hören bekommen. Ja, selbst wenn die gehörte Sprache defizitär ist, sind die Lerner offenbar vorübergehend in der Lage, ihre eigene Sprache zu entwickeln. Allerdings scheinen Umwelteinflüsse im weiteren Verlauf des Spracherwerbs zunehmend an Bedeutung zu gewinnen.

Aufgabe 11

Im Verlauf des Erstspracherwerbs kommt es zu einer Spezialisierung der beiden Hemisphären des Großhirns. Welche Aufgaben übernimmt dabei die rechte Hemisphäre, welche die linke Hemisphäre? Kommt die Sprachverarbeitung mit einer Hemisphäre aus?

Aufgabe 12

Wiederholen Sie noch einmal Argumente, die auf eine biologische Programmierung des Erstspracherwerbs hinweisen.

Aufgabe 13

Wodurch entstehen Äußerungen wie in (1) und (2)? Erklären Sie diese Abweichungen.

(1) Papa hat [mit steigender Intonation]

(2) Was Papa essen [mit steigender Intonation]

Literaturhinweise

Weiterführende Literatur:

Calvin, W. H./Ojeman, G. A. (1995): *Einsicht ins Gehirn. Wie Denken und Sprache entstehen.*

Frederici, A. D. (1984): *Neuropsychologie der Sprache*, 21 – 36.

Hunt, M. (1984): *Das Universum in uns*, 12 – 47.

List, D. (1996): *Zwei Sprachen und ein Gehirn*, 27 – 35.

2.2 Kognitive Entwicklung und Spracherwerb

Wenden wir uns nun den kognitiven Voraussetzungen und der Entwicklung höherer sprachlicher Fähigkeiten, d. h. metalinguistischer Fähigkeiten zu.

Eine Reihe von Beobachtungen scheint die Auffassung zu stützen, daß die Entwicklung höherer sprachlicher Fertigkeiten eng mit der kognitiven Entwicklung verbunden ist. Offenbar erhält der Spracherwerb Anregungen durch die kognitive Entwicklung, wie auch umgekehrt die kognitive Entwicklung der fortschreitenden sprachlichen Differenzierung wichtige Impulse verdankt.

Untersuchungen von erwachsenen Patienten mit *Down Syndrom* (Mongolismus*) lassen einen solchen Zusammenhang zwischen kognitiver und sprachlicher Entwicklung vermuten. Es hat sich nämlich gezeigt, daß diese Patienten spät zu sprechen beginnen, sich dann sprachlich kurze Zeit relativ normal entwickeln, ehe ihr Erwerb bei MLU* 3.5 zum Stillstand kommt. (MLU [= mean length of utterance; mittlere Länge der Äußerungen] wird zur Bestimmung des Sprachentwicklungsstandes verwendet. Man zählt dazu die Morpheme in einer Äußerung. MLU 3.5 entspricht etwa der Sprachentwicklung von 2 – 3 Jahre alten Kindern.) Solche Patienten weisen um diese Zeit den geistigen Entwicklungsstand von Sechsjährigen auf und den Sprachentwicklungsstand von Dreijährigen (vgl. Gleitman 1986, 22f.).

Vernachlässigung der Form in Alltagsgesprächen

Fokussieren sprachlicher Formen in Sonderfällen

Wenn wir sprechen, sind wir normalerweise in Gedanken bei den Sachen oder Sachverhalten, über die wir sprechen. Wir verwenden kaum einen Gedanken darauf, wie etwas formuliert werden sollte. Eine bewußte Auswahl sprachlicher Mittel findet eher in Ausnahmefällen statt, z. B. wenn Mißverständnisse befürchtet werden oder wenn Versuche, etwas zu vermitteln oder jemanden zu beeinflussen, fehlgeschlagen sind. Ähnliches gilt für schriftliche Texte, vor allem, wenn sie veröffentlicht werden sollen. Dann achten wir schon während der Produktion darauf, daß unsere Aussagen möglichst klar und unmißverständlich formuliert werden. Folglich spielt auch hier der bewußte Einsatz sprachlicher Mittel eine große Rolle.

Ein bewußterer Gebrauch setzt allerdings voraus, daß man zwischen Referenzobjekt und Wort, zwischen Form und Inhalt, zwischen Gesagtem und Gemeintem differenzieren und angemessene sprachliche Formen (Register) für eine Situation oder ein Thema nutzen kann. Wir wissen heute, daß Kinder solche Fähigkeiten (z. B. über Inhalt und Form von Sprache nachzudenken und sprachliche Strukturen willkürlich zu gebrauchen, sog. „metasprachliche Fähigkeiten"*) relativ spät entwickeln (vgl. Hakes 1980, 99ff.; Andresen 1985, S. 62ff.). Solche Fertigkeiten sind durchaus vergleichbar mit jenen, die sich etwa zur selben Zeit im kognitiven Bereich beobachten lassen (vgl. Montada 1982, 385ff.). Wie sehen nun die Entwicklungen im sprachlichen, metalinguistischen und kognitiven Bereich aus?

2.2.1 Sensumotorische Entwicklung und Spracherwerb

1. Lebensjahr

Während der anfängliche Verlauf des Spracherwerbs relativ unabhängig von der kognitiven Entwicklung zu sein scheint, kommt es zu einer ersten Berührung beider Bereiche nach dem ersten Lebensjahr. Es ist die Zeit, in der auch die sensumotorische Phase gewöhnlich endet. Mit sensumotorischer Phase bezeichnet Piaget die Phase, in der sich Kinder intelligent mit ihrer Umwelt auseinandersetzen, „bevor Denken im Sinne inneren Operierens mit Vorstellungen, Symbolen oder sprachlichen Zeichen möglich ist." (Montada 1982, 376).

Objekt-Permanenz-Begriff

In dieser Zeit werden z. B. Bezeichnungen an sensumotorische Schemata angekoppelt (vgl. Szagun 1980, 162ff.). Voraussetzung dafür scheint die Entwicklung des *Objekt-Permanenz-Begriffs* zu sein. Denn erst, wenn die Kinder gewahr werden, daß Objekte auch existieren, wenn man sie nicht mehr sehen kann, werden sie auch nach entsprechenden Ausdrucksmitteln suchen, mit denen auf die An- oder Abwesenheit eines

Objektes referiert werden kann. Tatsächlich tauchen die ersten Wörter genau dann auf, wenn das Kind diesen Begriff der *Objektpermanenz* gebildet hat.

Parallel dazu produzieren Kinder Symbolhandlungen. Ein Kind nimmt z. B. tagsüber ein Kissen und spielt „schlafen" (vgl. dazu auch Montada 1982, 376ff.).

Aufgabe 14

Nennen Sie einige weitere Symbolhandlungen, mit denen Kinder alltägliche Handlungen wie „essen" und „trinken", „waschen" etc. darstellen.

Nachahmung

Etwa zur selben Zeit wird zeitlich verzögertes Nachahmungsverhalten beobachtbar, das darauf schließen läßt, daß die Kinder innere Bilder oder Modelle entwickeln.

2.2.2 Vorbegriffliches Denken

1;6 – 4 Jahre

Auf der Stufe des vorbegrifflichen Denkens (ca. 1;6 [1 Jahr, 6 Monate] – 4 Jahre) reagieren die Kinder noch weitgehend intuitiv-ganzheitlich. Die Sprache ist so selbstverständlich, daß sie noch nicht wahrgenommen wird. Wygotski gebrauchte zur Verdeutlichung die Glasmetapher: „Kinder sehen durch Glas, ohne es zu bemerken."

individuelle Wortbedeutungen

Viele Wörter haben anfangs individuelle Bedeutungen. Da Objekte gewöhnlich in spezifischen Kontexten auftauchen und benannt werden, kann ein Kind mit einem Objekt etwas ganz „Eigenes" verbinden. Individuelle Wortbedeutung heißt also: Das Kind verbindet ein Objekt nicht mit einer konventionellen, sondern mit einer ganz spezifischen (individuellen) Bedeutung (vgl. dazu auch S. 42ff.). Der Wortbegriff ist in dieser Zeit noch ziemlich diffus. So wird *Wort* von jüngeren Kindern in einigen Kontexten schon korrekt gebraucht, in anderen hingegen noch nicht. Ein Kind im Alter von 2;10 fragte beispielsweise nach Äquivalenten für bestimmte Worte, anfangs nur nach Nomen. Auch Verben wie *gehen* oder *essen*, die ihm daraufhin angeboten wurden, hat es bereitwillig aufgegriffen. Ebenso wurden Verbalphrasen von dem Kind zu den *Worten* gerechnet. Hingegen wurden vorgegebene Adjektive vernachlässigt. Mit anderen Worten: Wörter sind für Kinder in diesem Alter z. B. Nomen und Verben, aber keine Adjektive (vgl. Bowey/Tunmer 1984, 75f.). Die Wortstellung wird erst später als Interpretationshilfe genutzt.

Im kognitiven Bereich verhält sich das Kind so, als gäbe es keine Alternativen. Es prüft nicht mehrere Denkmöglichkeiten. Charakteristisch sind z. B. zirkuläre Erklärungen: „Der Wind bewegt die Wolke, und die Wolke bewegt den Wind." (Montada 1982, 382).

2.2.3 Anschauliches Denken (ca. 4 – 7 Jahre)

Kinder identifizieren Wörter mit Objekten

Zu Beginn dieser Phase tendieren Kinder noch dazu, Wort und Referenzobjekt zu identifizieren. Fragt man Kinder im Alter von 4 – 5 Jahren z. B. nach einem langen Wort, so nennen sie ein langes Objekt (z. B. *Zug*), fragt man nach einem kurzen Wort, so nennen sie ein kurzes bzw. kleines Objekt (z. B. *Primel*) (vgl. Papandropoulou/ Sinclair 1974).

Selbst im Schuleingangsbereich stoßen wir noch auf diese Vermischung von Sache und Sprache. So berichtet Andresen, daß ein Kind, das vier Wochen zur Schule geht, auf die Frage, ob das Wort *fortlaufen* oder *schlafen* länger sei, antwortet: „Schlafen, weil man so lange schlafen muß." (Andresen 1985, 1).

Konzentration auf einen Aspekt

In der Folgezeit beginnen sich die Kinder mit sprachlichen Eigenschaften auseinanderzusetzen. Sie konzentrieren sich jetzt beispielsweise auf wahrnehmbare Merkmale, weshalb wir den Eindruck gewinnen, daß das Verstehen sprachlicher Äußerungen schlechter wird.

Maratsos gab Kindern die Anweisung, ihm das große Spielzeug (aus einer Menge von Spielsachen) zu geben. 3 und 4 Jahre alte Kinder reagierten richtig. Kinder im Alter von 4;6 (bedeutet: 4 Jahre und sechs Monate) und 5;11 machten aber immer wieder Fehler. Maratsos fand heraus, daß sich die älteren Kinder an der relativen Höhe der Spielsachen orientierten (vgl. Hakes 1980, 12f.).

Verstehensstrategie: Wortfolge

Wurden Passivsätze im Alter unter 4 Jahren zeitweise verstanden, so werden sie nun systematisch mißverstanden, weil die Kinder sich an der Wortfolge (NVN, d. h. Nomen – Verb – Nomen bzw. SVO, d. h. Subjekt – Verb – Objekt) orientieren. Schwierigkeiten bereitet auch noch die korrekte Interpretation von Nebensätzen. Gegen Ende dieser Phase sind die Kinder jedoch in der Lage, Doppeldeutigkeiten wahrzunehmen. Nun können sie unterschiedliche Gesichtspunkte (Form und Inhalt) gleichzeitig betrachten. Der Wortbegriff wird weiter differenziert. Für die Kinder sind nun nicht *Nomen* und *Verben* Worte, sondern auch *Adjektive*. Bei Nachfragen kommt es aber noch häufig zu Verwechslungen von *Silbe* und *Wort*. Im kognitiven Bereich ist in dieser Phase ebenfalls eine Zentrierung auf einen oder wenige Aspekte beobachtbar.

Beispiel

Beispiel: Invarianz der Menge

Man zeigt Kindern dieser Altersgruppe zwei Gläser, von denen eines höher und schmaler ist als das andere. Man gießt dann z.B. Saft in das breitere Glas und schüttet es anschließend in das schmalere und höhere Glas.

> „Die überwiegende Mehrzahl der Kinder wird behaupten, es sei nicht gleich viel."
>
> Montada 1982, 385

2.2.4 Konkrete Operationen

Berücksichtigung mehrerer Merkmale

Die Phase des konkret-operatorischen Denkens wird zwischen dem sechsten oder siebten und dem zehnten oder elften Lebensjahr durchlaufen. Während in den Phasen zuvor ein Gegenstand immer vom Standpunkt des Betrachters aus „zentriert" gesehen wurde, wird nun die Fähigkeit zur Dezentrierung plötzlich systematisch genutzt (vgl. Piaget 1947, 201). Es können nun mehrere Merkmale gleichzeitig berücksichtigt werden, z. B. bei der Perfektbildung. Dennoch sind Äußerungen wie *hat frühstücken* statt *hat gefrühstückt* oder *Sie die Tür aufgemacht* statt *Sie hat die Tür aufgemacht* noch einige Zeit beobachtbar. Relationale Beziehungen werden nun zu Problemlösungen herangezogen. Die Sprache wird insgesamt komplexer und abstrakter (vgl. Lewis 1970, 223ff.). Es werden z. B. längere Wörter und komplizierte Satzstrukturen gebraucht. Schwierigkeiten bereiten aber noch komplexere Verben wie *versprechen* oder *vermuten* (vgl. Olson/Astington 1986).

Witze, die durch Doppeldeutigkeiten entstehen, oder Wortspiele bereiten Kindern in diesem Alter zunehmend Vergnügen. Am Ende dieser Phase beginnen sie nun auch zwischen Wortbedeutung und intendierter Bedeutung zu unterscheiden, sowie zwischen eigentlichem und uneigentlichem (übertragenem) Wortgebrauch. Mit *Lämmchen* bezeichnen wir eigentlich ein Jungtier von einem Schaf. *Lämmchen* könnte aber auch als Kosename gebraucht werden (uneigentlicher Gebrauch). Mit diesem Ausdruck könnte aber auch auf das Verhalten einer Person angespielt werden (intendierte Bedeutung).

Schwierigkeiten mit übertragener Bedeutung

Newman konfrontierte 6 bis 11 Jahre alte Kinder mit einer Szene aus der Fernseh-Kindersendung *Sesamstraße*, in der Ernie zu Bert sagt: „Ich werde die Banane so teilen, daß jeder von uns etwas bekommt." Darauf ißt er sie auf und gibt Bert die Schale mit den Worten: „So, ich habe mir den inneren Teil genommen und du hast nun den äußeren Teil." Die Erstkläßler sagten nun, daß Ernie gelogen habe, während die Drittkläßler bemerkten, daß die Aussage sowohl wahr als auch falsch sei. Wahr sei sie, wenn man nur auf die Wörter sähe, falsch hingegen, wenn man an das denke, was eigentlich gemeint war.

Im Bereich der kognitiven Entwicklung können wir beobachten, daß nun mit mehreren Merkmalen gleichzeitig gearbeitet wird. Es gelingt den Kindern zunehmend besser, z. B. eine Menge von Stäben mit unterschiedlicher Länge zu ordnen (vgl. Montada 1982, 394ff.). Zunächst werden sie paarweise geordnet (nach dem Prinzip: groß – klein), später werden Dreier- und Vierergruppen gebildet. Es entstehen treppenförmige Reihen, die immer wieder abbrechen. Die Einordnung eines neuen Elementes bereitet nach wie vor Schwierigkeiten, da das Kind nur in einer Richtung vergleicht. Eine Entsprechung hat dieses Verhalten im sprachlichen Bereich, wo die Kinder zunächst Komparative vermeiden, später mit Umschreibungen (*bißchen groß, ganz klein*) arbeiten, ehe sie Komparative gebrauchen. Aber auch dann noch fällt ihnen die Umkehrung der Vergleichsrichtung schwer und führt zu Verunsicherungen.

Abfolge: Vermeidung, Umschreibung, Komparativgebrauch

2.2.5 Formale Operationen

In der Phase des konkret-operatorischen Denkens gehen Kinder noch von vorgegebenen Informationen aus. „Demgegenüber reicht das formal-operatorische Denken, das im Jugendalter die konkret-operatorischen Strukturen ergänzt, in spezifischer und systematischer Weise über vorgegebene Informationen hinaus." (Montada 1982, 399). Ein Wechsel der Vergleichsrichtung (wie z. B. bei den erwähnten Größenverhältnissen) führt nicht mehr zu Verunsicherungen. Mit anderen Worten: Die Kinder bzw. Jugendlichen beginnen sich mehr und mehr von beobachtbaren Fällen zu lösen und unterschiedliche Lösungsmöglichkeiten logisch zu durchdenken.

Metaphernverständnis

Im sprachlichen Bereich entwickelt sich die Fähigkeit, metaphorische Beziehungen zu erkennen.

Aufgabe 15

> *Versuchen Sie bitte, sich selbst an metaphorische Ausdrücke zu erinnern, die Sie als Kind gelernt, die Sie von Ihren Eltern oder Großeltern gehört haben.*
> *Beispiel: „Eselsbrücke" – die keine besonders feste Brücke für Esel ist, sondern eine Lern- und Merkhilfe, oft in Reimform.*

Allerdings können Kinder am Ende der Grundschulzeit nur etwa die Hälfte der Metaphern verstehen, mit denen sie konfrontiert werden, im Alter von 12 – 15 Jahren immerhin schon etwa drei Viertel. Aber selbst mit 18 Jahren werden die Fähigkeiten von Erwachsenen zum Verständnis von metaphorischem Sprachgebrauch noch nicht ganz erreicht (vgl. Augst 1978, 227ff.). Diese Entwicklung hängt offensichtlich mit dem Erkennen abstrakterer Merkmale zusammen. Je älter Kinder werden, desto stärker orientieren sie sich an abstrakteren Merkmalen. (Wir werden Merkmale künftig durch < > kennzeichnen.) Haben sie sich anfangs z. B. an <Form> und <Funktion> orientiert, so achten sie nun vermehrt auf <Qualität> und <Relation>.

abstrakte Merkmale gewinnen Bedeutung

> „So läßt sich das fehlende Metaphernverständnis der Vor- und weitgehend auch der Grundschüler neben dem Mangel an formal-logischen Denkoperationen auch speziell sprachlich erklären durch die noch nicht voll entwickelte Konventionalität der sprachlichen Zeichen."
>
> Augst 1978, 232

Zusammenfassung

Sprachentwicklung und kognitive Entwicklung scheinen im ersten Lebensjahr relativ unabhängig voneinander zu verlaufen. Je differenzierter und abstrakter jedoch die Ausdrucksweisen werden, desto stärker scheinen sie an kognitive Voraussetzungen gebunden. Mit hoher Wahrscheinlichkeit sind komplexere syntaktische Konstruktionen auf entsprechende kognitive Fertigkeiten angewiesen. Man hat festgestellt, daß zwischen der Fähigkeit, neue Wörter zu speichern, und kognitiven Fertigkeiten ein Zusammenhang besteht (vgl. Goodglass 1983, 22). Zweifellos erhält aber auch die kognitive Entwicklung Impulse durch die voranschreitende sprachliche Differenzierung, wenn z. B. komplexere Verbbedeutungen gebildet werden, die zuvor begrifflich nicht erfaßbar waren (vgl. *versprechen*). Die beiden Bereiche beeinflussen sich also wechselseitig und durchdringen sich, so daß es zunehmend schwieriger wird, sie zu trennen. Und da Sprache nicht auf ein sensorisches System (z. B. das akustische) angewiesen ist und sprachliche bzw. semantische Strukturen sowohl die Wahrnehmung als auch die Gliederung und Speicherung von Informationen beeinflussen, können wir sagen:

Aus dem vorsprachlichen Verständigungssystem entwickelt sich die Primärsprache als effektiveres Verständigungsmittel. Gleichzeitig wird die Primärsprache aber auch zunehmend als Instrument gebraucht, um

- Wahrnehmungen zu strukturieren und zu differenzieren,
- Erfahrungen einzuordnen und mögliche Konsequenzen zu erschließen, d. h. zu kategorisieren, abstrahieren und folgern,
- die Speicherung von Wissen zu erleichtern.

Auffallend ist, daß differenzierte sprachliche Fähigkeiten (das Verstehen von komplizierteren Verbbedeutungen, von relationalen Ausdrücken, das Konstatieren von Akzeptabilität oder Doppeldeutigkeit, von Gesagtem und Gemeintem, von eigentlicher und uneigentlicher Redeweise sowie das Erschließen der Bedeutung von Neben- und Passivsätzen) sich erst entwickeln, nachdem sprachliche Grundkenntnisse erworben wurden. Typisch für diese Entwicklung in der mittleren und späten Kindheit scheint zu sein, daß sich Kinder mehr und mehr an sprachlichen Merkmalen orientieren. Außersprachliche (d. h. situative) Merkmale werden zunehmend zugunsten innersprachlicher Merkmale vernachlässigt. Dies gilt sowohl für spontane Äußerungen als auch später für den Bereich metalinguistischer Fertigkeiten (vgl. Karmiloff-Smith 1979, 323).

Beantworten Sie nun folgende Fragen zur Wiederholung:

Aufgabe 16

1. *Was versteht man unter metasprachlichen Fertigkeiten? Welche Rolle spielen sie beim Erstspracherwerb, welche beim Zweitspracherwerb?*
2. *Über welche Voraussetzungen muß ein Lerner verfügen, damit er eine Metapher verstehen kann?*
3. *Kinder im Alter von vier bis sieben Jahren befinden sich in der Phase des anschaulichen Denkens. Man gewinnt in dieser Zeit leicht den Eindruck, daß z. B. Passivsätze schlechter verstanden werden als zuvor. Wodurch entsteht dieser Eindruck?*

Literaturhinweise

Weiterführende Literatur:

Britton, J. (1973): *Die sprachliche Entwicklung in Kindheit und Jugend*, 188 – 215.

Lewis, M. M. (1970): *Sprache, Denken und Persönlichkeit im Kindesalter*, 61 – 76, 143 - 146, 221 - 223.

Piaget, J. (1983): *Sprechen und Denken des Kindes*.

Szagun, G. (1980): *Sprachentwicklung beim Kind. Eine Einführung*. [Kap. 4: Kognitive Entwicklung und Entstehung der Sprache].

2.3 Sozialinteraktive Voraussetzungen

Wir haben gesehen, wie biologische Voraussetzungen den Beginn und frühen Verlauf des Spracherwerbs beeinflussen. Bestimmte Strukturen entwickeln sich dabei relativ gleichförmig. Wie wir am gleichzeitigen Auftreten bestimmter sprachlicher und kognitiver Fertigkeiten feststellen konnten, scheint vor allem der spätere Verlauf des Spracherwerbs enger mit der kognitiven Entwicklung verbunden.

Die Entwicklung eines Menschen ist jedoch nicht unabhängig von den Möglichkeiten, Erfahrungen im Umgang mit Objekten oder Menschen zu sammeln. Wenn normal entwickelte Kinder z. B. bei tauben Eltern aufwachsen und keine Sprache hören, entwickeln sie auch keine Sprechfertigkeiten (vgl. Sachs/Johnson 1981). Ähnliches zeigt auch der Fall „Genie".

Genie wurde über 10 Jahre lang in einem winzigen Raum gefangengehalten. Ihr Vater und ihr Bruder brachten ihr zwar Essen, sprachen aber nicht mit ihr. Wenn sie schrie, wurde sie geschlagen und „angebellt". Tagsüber war sie auf einem Kinderstühlchen angebunden. Als man sie entdeckte, machte sie den Eindruck einer total unterernährten Sechsjährigen. Sie konnte weder sprechen noch stehen, hat dies aber später erlernt (vgl. Fromkin/Rodman 1974, 522; Curtiss 1977).

das Umfeld beeinflußt die sprachliche Entwicklung

Kurz: Auch das Lernumfeld, in dem ein Kind heranwächst, beeinflußt den Verlauf seiner sprachlichen Entwicklung. Dazu gehört die familiäre Situation, insbesondere aber die bevorzugten Interaktionsstile* und die Sprache der Eltern.

2.3.1 Die Situation der Familie

In welchen Lebensbereichen ein Kind Erfahrungen sammeln kann und welche sprachlichen Äußerungen es zu hören bekommt, wird u. a. von folgenden Faktoren (vgl. dazu Nelson 1973, 57ff.) bestimmt:

- Position in der Geschwisterreihenfolge,
- Familiengröße,
- Bildungsvoraussetzungen und Beschäftigungssituation der Eltern,
- Anregungsgehalt der häuslichen Umwelt.

Aufgabe 17

Wie beeinflussen nach Ihrer Meinung „Familiengröße" und „Position in der Geschwisterreihenfolge" die sprachliche Entwicklung des Kindes?

Erstgeborene

Erfahrungsgemäß erhalten erstgeborene Kinder mehr Beachtung und Zuwendung als später geborene. Wahrscheinlich hängt damit auch zusammen, daß Erstgeborene häufiger als referentiell orientiert gelten, weil Erwachsene viel über Dinge sprechen oder sie benennen. Kinder, die von älteren Geschwistern betreut werden, neigen dagegen eher zur Expressivität, vermutlich, weil in ihren Interaktionen expressive Äußerungen eine größere Rolle spielen.

Familiengröße

Auch die Familiengröße hat Auswirkungen auf den Spracherwerb. In großen Familien hat die Mutter in der Regel weniger Zeit, sich intensiver um einzelne Kinder zu kümmern. Ältere Geschwister (sofern sie nicht sehr viel älter sind) vermögen aber fehlende Zuwendung nicht auszugleichen. Dies kann wiederum Rückwirkungen auf die emotionale Befindlichkeit und Lernbereitschaft der Kinder haben.

Berufe der Eltern

Die Beschäftigungssituation der Eltern kann ebenfalls Auswirkungen auf den Spracherwerb haben. Negative Auswirkungen ergeben sich beispielsweise, wenn die Eltern einer unregelmäßigen Arbeit (z. B. Schichtarbeit) nachgehen müssen. Positiv wirkt sich hingegen regelmäßige und gleichbleibende Betreuung aus.

Bildungsniveau der Eltern

Man hat festgestellt, daß es einen statistisch nachweisbaren Zusammenhang zwischen Bildungsvoraussetzungen der Eltern, frühen verbalen Fähigkeiten und späteren intellektuellen Fähigkeiten der Kinder gibt (vgl. Nelson 1973, 61; Heath 1986). Von den Bildungsvoraussetzungen hängt es z. B. ab, welche Rolle geschriebene Texte im Leben der Familie spielen. Heath hat beim Vergleich von Familien aus drei unterschiedlichen Stadtteilen und sozioökonomischen Schichten festgestellt, daß in Familien der einen Gruppe Kindern bereits im Alter von 6 Monaten vorgelesen wird; außerdem lernen sie früh, schriftliche Texte (auch zur Unterhaltung) zu nutzen. Im Leben dieser Familien spielen also gedruckte Texte eine wichtige Rolle. In der zweiten Gruppe spielen gedruckte Texte eher eine marginale Rolle und in der dritten Gruppe überhaupt keine.

Zu den Rahmenbedingungen, die sich auf den Spracherwerb auswirken, gehört auch der Anregungsgehalt der häuslichen Umwelt, z. B. der einer Familie zur Verfügung stehende Wohnraum und die Spielsachen, die ein Kind besitzen darf. Zu wenig Wohnraum wird beispielsweise eher mit restriktivem Verhalten (viele Gebote, Verbote) verbunden sein und so den Erkundungsdrang eines Kindes einschränken.

häusliches Umfeld

Aber auch die Auswahl der Spielsachen hat Auswirkungen auf den Spracherwerb. Es gibt Spielsachen, die eher die emotionale Seite ansprechen (z. B. Puppen, Stofftiere) und andere, die eher zum kreativen Umgang mit Objekten anregen (z.B. Bauklötzchen). Welche Spielsachen ein Kind besitzen darf, darüber entscheiden zumeist die Eltern.

Spielsachen

Schließlich muß man auch wissen, mit welchen Lernsituationen ein Kind konfrontiert wird. Es gibt z.B. Eltern, die keinen großen Wert darauf legen, daß ihre Kinder auch außerhalb der Wohnung explorativ tätig werden. Andere Eltern hingegen bringen ihre Kinder gerne mit Gleichaltrigen zusammen oder lassen sie auch von anderen Erwachsenen betreuen. Solange dies regelmäßig geschieht und ein Kind sich dabei wohl fühlt und positiv stimuliert wird, dürfte sich das aber auch kaum nachteilig auf seine sprachliche und geistige Entwicklung auswirken. Ansonsten kann ein Wechsel der Bezugspersonen auch problematisch sein.

Lernsituation

2.3.2 Interaktionsstile

Der Interaktionsstil einer Mutter (oder Betreuungsperson) läßt sich mit Hilfe der bevorzugt gebrauchten sprachlichen Handlungen charakterisieren.

Werden z. B. viele Anweisungen (Direktive) gebraucht, so sprechen wir von einem „direktiven Interaktionsstil“. Betreuungspersonen, die einen solchen Interaktionsstil bevorzugen, tendieren dazu, ihre Kinder herumzukommandieren und ihnen ihre eigenen Ideen und Vorstellungen aufzuzwingen, wie in folgendem Beispiel:

direktiver Interaktionsstil

Mutter: *Hier, spiel mit der Puppe!*

Mutter: *Laß das Flugzeug drüberfliegen!*

Mutter: *Wirf die Klötzchen nicht auf die Erde!*

Beispiel

Mütter oder Väter, die ihre Kinder selber bestimmen lassen, verwenden Anweisungen seltener, zeigen eher akzeptierendes Verhalten, loben oder ermutigen sowohl verbal als auch nonverbal, wie in folgenden Beispielen:

Mutter: *Gut!*

Mutter: *Ja, so geht das. Prima!*

Mutter: *Ja, das ist ein Hund.*

Beispiel

Solche Eltern gebrauchen im allgemeinen weniger Zurückweisungen (*Laß mich in Ruhe!*) oder Verbote (*Mach das nicht!*). Man hat festgestellt, daß der Gebrauch von Direktiven positiv mit Verboten, Zurückweisungen und Ablehnungen korreliert. Hingegen scheinen Eltern, die mit ihren Kindern häufiger über Objekte sprechen oder mit ihren Kindern mit Objekten spielen, weniger kritisch und restriktiv eingestellt zu sein als solche, die einen direktiven Interaktionsstil bevorzugen.

Ein anderer wichtiger Faktor in der Interaktion zwischen Mutter und Kind (bzw. Betreuer und Kind) ist die Art der sprachlichen oder sachlichen K o r r e k t u r. Wenn Kinder etwas sprachlich falsch formulieren oder eine Sache sprachlich falsch darstel-

Formen der Korrektur

len, werden sie von Erwachsenen (meist beiläufig) korrigiert. Dies kann geschehen, indem die korrekte Form einfach wiederholt oder erweitert und wiederholt wird. In letzterem Falle spricht man auch vom „Modellieren“ oder von sprachlicher „Expansion“.

Meist beziehen sich Erwachsene bei ihren Korrekturen auf den Inhalt bzw. den Wahrheitsgehalt von Aussagen der Kinder (vgl. Brown/Hanlon 1970). Äußerungsformen, die ungrammatisch sind, werden von Erwachsenen jedoch häufiger aufgegriffen und wiederholt als grammatisch korrekte Formen. Solche korrigierenden Wiederholungen und Ergänzungen können sich auf die Form beziehen (z. B. Kind: *Papa da.* Mutter: *Ja, der Papa ist da.*) oder sie können semantische Präzisierungen beinhalten (z. B. Mutter: *Ja, der Papa ist da, und die Oma ist auch da.*). Man hat beobachtet, daß korrigierende Ergänzungen mit einem dramatischen Lernzuwachs verbunden sein können (vgl. Hirsch-Pasek u. a. 1984).

Ergänzungen
Präzisierungen

variierte
Wiederholungen

Im allgemeinen gebrauchen Mütter und Väter aus der Mittelschicht etwa doppelt so viele Ergänzungen (Expansionen) wie Mütter und Väter aus der Arbeiterschicht, die ihrerseits wiederum mehr einfache Wiederholungen gebrauchen (vgl. Snow u. a. 1976). Viele Betreuer von Kleinkindern entwickeln große Geschicklichkeit im Variieren von Äußerungen, so daß Wiederholungen oft gar nicht auffallen, wie folgende Beispiele (aus: Peters 1983, 63) zeigen:

Beispiel

„Kind: *Vogel, Vogel*
Mutter: *Wo ist der Vogel?* [Wiederholung + Erweiterung]
Kind: *Vogel ist n a ß* [naß betont!]
Mutter: *Ja der Vogel ist ganz n a ß, weil es regnet.*
Mutter: *Ich sehe keinen Vogel.*
Mutter: *Siehst du einen Vogel?* [Variation]
Mutter: *Siehst du einen Hund?* [Substitution]“

Auch die Dauer von Interaktionen zwischen zentraler Betreuungsperson und Kind scheint Auswirkungen auf die Entwicklung sprachlicher Fertigkeiten zu haben. Kinder, mit denen ihre Mütter im Alter von 22 Monaten längere Dialoge in dieser Art geführt hatten, verfügten mit 4 1/2 Jahren nachweislich über bessere sprachliche Fertigkeiten (vgl. Nelson 1981, 238).

Aufgabe 18

1. *Überlegen Sie, welche Interaktionsstile in den Beispielen beschrieben werden und wodurch sich diese unterscheiden.*
2. *Finden Sie weitere Kriterien, nach denen sich Interaktionsstile unterscheiden.*

2.3.3 Die Sprache der Eltern

Der Spracherwerb beginnt bereits in der vorsprachlichen Phase der Verständigung, genau genommen mit der Interaktion zwischen Mutter und Kind. Betreuungspersonen sprechen meist über das, was gerade das Interesse des Kindes erregt, oder sie versuchen, die Aufmerksamkeit des Kindes auf etwas zu lenken, über das dann geredet wird. Die Äußerungen, die das Kind dabei hört, dienen als Anregungspotential für seine sprachliche Entwicklung.

Kleinkinder verstehen natürlich nicht alles, was gesagt wird. Deshalb verwenden Betreuungspersonen meist einfache sprachliche Mittel. Sie tun dies intuitiv. Aber nicht nur Erwachsene verhalten sich so. Bereits bei Dreijährigen lassen sich sprachliche

Vereinfachungen* beobachten, wenn sie mit jüngeren Geschwistern sprechen. Offenbar erwerben wir gleichzeitig mit der Sprache die Fähigkeit, unsere Ausdrucksweise auf den jeweiligen Hörer abzustimmen.

Anpassung der Ausdrucksweise

Was aber heißt „vereinfachen"? Vereinfachen heißt zunächst einmal: einfachere, gebräuchlichere Wörter und kürzere Sätze. Doch diese allein sind nur zum Teil für die Erhöhung der Verständlichkeit verantwortlich. Allgemein läßt sich die Verständlichkeit von Äußerungen erhöhen, indem man folgende Kriterien beachtet (zu den ersten vier Kriterien vgl. Langer u. a. 1981):

Erhöhung der Verständlichkeit

- Einfachheit (kurze Sätze, gebräuchliche Wörter),
- Gliederung,
- Kürze und Prägnanz,
- anregende Zusätze (Fragen, Beispiele),
- Situationsbezug.

Tatsächlich scheinen Betreuungspersonen diese Kriterien intuitiv zu beachten. Sie vereinfachen ihre Äußerungen z. B. im syntaktischen Bereich (d. h., sie gebrauchen kaum Nebensätze), verwenden vorwiegend Konkreta (d. h. Wörter, die sich auf Konkretes beziehen) und achten darauf, daß möglichst immer ein unmittelbarer Bezug zur Situation besteht (vgl. Snow 1977, 34ff.). Personalpronomen werden selbst im Umgang mit vier Jahre alten Kindern konsequent vermieden. Statt dessen werden Namen gebraucht (vgl. Jocic 1978, 170).

Äußerungen vereinfachen

Erwachsene gliedern und strukturieren ihre Äußerungen auch besser, wenn sie mit Kindern sprechen. Sie artikulieren deutlicher, intonieren markanter, sprechen insgesamt langsamer, flüssiger und machen weniger Aussprachefehler, als wenn sie mit anderen Erwachsenen sprechen (vgl. Cross 1978, 216ff.). Wichtige Elemente werden entweder durch Betonung oder durch Wortumstellung hervorgehoben, so daß sie von den Kindern leichter erfaßt werden können. Betont werden z. B. auch Funktionswörter*, was sich auf den Erwerb dieser geschlossenen Klasse von Wörtern nachweislich positiv auswirkt (vgl. Gleitman 1986, 15).

Äußerungen gliedern

Auch das Merkmal der Kürze wird beachtet. In der Regel sind die Äußerungen der Mütter etwa doppelt so lang wie die der Kinder, wenn man sie nach MLU mißt (vgl. Nelson 1973, 66). Wenn man die Äußerungen von Müttern, deren Kinder die Sprache schneller erwerben, mit Äußerungen von Müttern vergleicht, deren Kinder sich normal entwickeln, so stellt man fest, daß die Mütter von schneller lernenden Kindern ihre Äußerungen stärker auf ihre Kinder abstimmen. Sie produzieren meist kürzere Äußerungen (bezogen auf MLU). Mit anderen Worten: Die durchschnittliche Äußerungslänge von Müttern mit schnell lernenden Kindern ist kürzer als die von Müttern mit normal lernenden Kindern (vgl. Cross 1978, 205). Hierher gehört vermutlich auch das unmittelbare Aufgreifen von Themen, die von Kindern angesprochen werden. Denn Kürze hat ja auch etwas mit Verarbeitungsfähigkeit und Gedächtnisleistungen zu tun.

Äußerungen kürzen

Anregungen aufgreifen

Anregungen enthalten die Äußerungen von Müttern zumeist in Form von echten oder rhetorischen Fragen. In einer Untersuchung hat man ein Drittel aller Äußerungen von Müttern als Fragen klassifizieren können (vgl. Nelson 1973, 66). Anfangs werden zumeist Ja/Nein-Fragen oder Vergewisserungsfragen gestellt, mit deren Hilfe die Betreuungspersonen herauszufinden versuchen, ob das Kind Äußerungen noch folgt bzw. noch Interesse an der Fortsetzung der Unterhaltung hat. Auf diese Weise können aber auch Verständigungsprobleme überwunden und gemeinsame Bedeutungen entwikkelt werden. Auch jüngere Kinder lassen sich so in das Gespräch einbeziehen, wie das folgende Beispiel (adaptiert aus: Corsaro 1979, 379) zeigt:
Eine Mutter erzählt ihren beiden Kindern eine Geschichte. Der Jüngste (Paul) wird folgendermaßen einbezogen:

Anregen durch Fragen

Beispiel

Mutter: *Wir konnten nicht schlafen gehen. Denn wenn wir schlafen gehen würden, käme das Monster und würde uns fressen, nicht Paul?*

Paul: *Ja.*

Peter: *Und was passierte dann? Wart ihr danach glücklich?*

Mutter: *Aber wie sollten wir glücklich sein mit einem Monster in einer Höhle über uns. Das ist doch nicht möglich, stimmt doch Paul, oder?*

Paul: (nickt bestätigend mit dem Kopf)

Auch Ereignisse werden mit Hilfe von wiederkehrenden Fragen (auf die keine Antworten erwartet werden) kommentiert, z. B.:

Beispiel

Mutter: *Wer war Haareschneiden?*

oder

Mutter (berührt die Füße): *Wessen Füße sind das?*

Mütter von Kindern, die ihre Sprache schneller erwerben, stellen (im Vergleich zu Müttern von sich normal entwickelnden Kindern) insgesamt mehr Fragen, sowohl mehr Ja/Nein-Fragen als auch mehr *W*-Fragen (*wo? was? wie?*) (vgl. Cross 1978, 205).

Sprache anpassen an Aufnahmemöglichkeiten

Allgemein kann man sagen, daß Betreuungspersonen die oben angeführten Verständlichkeitskriterien (Einfachheit, Gliederung, Kürze, Anregungen) und den Situationsbezug intuitiv beachten und ihre Sprache in optimaler Weise auf die Aufnahme- und Verarbeitungsmöglichkeiten ihrer Kinder abstimmen. Tatsächlich scheinen kleine Kinder eine besondere Vorliebe für „verständlichere", d. h. vereinfachte, langsamer gesprochene, überdeutlich artikulierte und betonte Äußerungsformen zu haben, und zwar in allen uns bekannten Kulturen (vgl. Fernald 1984).

Sowohl der Gebrauch einzelner sprachlicher Elemente und Strukturen als auch die Häufigkeit, mit der sie in der Erwachsenensprache wiederkehren, haben Auswirkungen auf die Erwerbsgeschwindigkeit und die Erwerbsabfolge. Sie können Ursache für eine Verlangsamung (Retardierung) oder Beschleunigung sein, sie können aber auch Abweichungen von der normalen (idealtypischen) Erwerbsabfolge bewirken. Beispielsweise wird normalerweise *kommen* vor *bringen* erworben, weil *kommen* sowohl hinsichtlich der syntaktischen Umgebung als auch seiner Bedeutungsstruktur einfacher ist. Es gibt jedoch auch Fälle, wo aufgrund kulturspezifischer Interaktionsregeln die Aneignung von *bringen* vor *kommen* erfolgt (vgl. Platt 1986, 138ff.). Auch der Erwerb von Funktionswörtern ist abhängig davon, wie Erwachsene Funktionswörter in Gegenwart der Kinder gebrauchen. Ähnliches gilt für den Gebrauch von Verben wie <*sagen*> und <*meinen*>. Vorschulkinder differenzieren zwischen diesen Verben nur dann, wenn die Eltern solche Verben entsprechend klar verwenden (vgl. Robinson 1980).

Beeinflussung durch Lerner

Die Auswahl sprachlicher Elemente, die von Betreuungspersonen gebraucht werden, hängt aber – so hat man beobachtet – auch von den Reaktionen der Kinder ab. Wenn die Kinder z. B. zu erkennen geben, daß sie bereits über mehr kognitive und sprachliche Voraussetzungen verfügen, passen Mütter ihre Ausdrucksweisen auch „nach oben" an. Mit anderen Worten: Nicht nur Mütter passen sich ihren Kindern sprachlich an, sondern die Kinder beeinflussen durch ihre Reaktionen auch das sprachliche Verhalten ihrer Mütter.

Zusammenfassung

Neben biologischen und kognitiven Voraussetzungen beeinflussen auch familiäre Bedingungen den Spracherwerb. Der häusliche Kontext, in dem ein Kind heranwächst und Erfahrungen im Umgang mit Objekten und Menschen sammelt, kann sich sowohl positiv als auch negativ auf den Spracherwerb auswirken. Folgende Faktoren spielen hierbei eine Rolle: Position in der Geschwisterreihenfolge, Familiengröße, Bildungsvoraussetzungen und Beschäftigungssituation der Eltern, der Anregungsgehalt der häuslichen Umwelt, insbesondere aber der von den Eltern bevorzugte Interaktionsstil und die damit verbundenen Äußerungsformen.

Förderlich für den Spracherwerb scheint ein Interaktionsstil, der durch Objektorientiertheit gekennzeichnet ist, durch viele Fragen, Ermutigungen und modellierende Korrekturen. Negativ wirkt sich hingegen der eher verhaltensorientierte Interaktionsstil aus, der durch lenkendes Eingreifen (d. h. Direktive, Ablehnungen, Zurückweisungen) charakterisiert werden kann (vgl. Cross 1978, 233).

Die Art der bevorzugten Interaktionsstile und die damit zugleich vermittelte Einstellung zur Sprache und ihrer Bedeutung haben nachweislich auch Auswirkungen auf die Entwicklung differenzierterer Sprachformen, insbesondere auf die Entwicklung der Schriftsprachkompetenz (vgl. Heath 1986).

Aufgabe 19

Fassen Sie noch einmal in Stichwörtern zusammen, wie – d. h. durch welche Faktoren – die familiäre Situation den Spracherwerb beeinflußt.

Aufgabe 20

1. *Eltern haben verschiedene Möglichkeiten, ihre Sprache den sprachlichen und kognitiven Fähigkeiten ihrer Kinder anzupassen. Beobachten Sie bitte einen Vater oder eine Mutter (z. B. beim Einkauf) über etwa 10 Minuten und notieren Sie, welche sprachlichen Vereinfachungen sich beobachten lassen.*

2. *Wodurch kann die Verständlichkeit von Äußerungen verbessert werden?*

Literaturhinweise

Weiterführende Literatur:

Bruner, J. S. (1974/75): *Von der Kommunikation zur Sprache – Überlegungen aus psychologischer Sicht.*

Szagun, G. (1980): *Sprachentwicklung beim Kind. Eine Einführung.* [Kap. 8: Erwachsenensprache und Interaktionsstile].

3 Zur Entwicklung der Erstsprache

3.1 Verstehen und Produzieren sprachlicher Laute

3.1.1 Hörverstehen

„Schon wenige Wochen nach der Geburt unterscheidet das Baby Sprachlaute von anderen Lauten“ (vgl. Hörmann 1981, 44). Es reagiert auf die menschliche Stimme in besonderer Weise, so wie auch umgekehrt die Betreuungspersonen auf seine ersten lautlichen Äußerungen. Wie sehen solche Reaktionen der Kinder aus?

Wenn man Kleinkinder anspricht, versetzen sie ihren ganzen Körper in Bewegung, d. h., sie bewegen Kopf, Finger, Arme, Beine. Es entstehen Bewegungen, die die Gegliedertheit der Sprache (z. B. Sprechpausen, Betonungen oder Intonationskonturen), mit der sie angesprochen werden, im nonverbalen Verhalten widerspiegeln. Mit anderen Worten: Kinder versuchen, ihren Körperrhythmus mit dem gehörten Sprechrhythmus und der begleitenden Gestik ihrer Betreuungspersonen zu synchronisieren (vgl. Condon 1975; Condon/Sander 1974; Raffler-Engel 1980).

Sprechrhythmus

Wie wichtig körperliche Bewegungen für das Sprechen sind, läßt sich z. B. aus der Beobachtung ableiten, daß Stotterer eine Sprechhemmung oft durch eine Bewegung (etwa: Aufstampfen mit dem Fuß) überwinden können. Von einer solchen Selbstkorrektur berichten Stern/Stern 1907, 74. Eines ihrer Kinder äußerte sich im Alter von 3;5 folgendermaßen:

Körperrhythmus und Sprechen

> *„Was für ein“* (tritt auf): *„Was hat der Vogel für einen Namen?“*

Umgekehrt kann man Menschen zum Verstummen bringen, indem man sie bittet, sich während des Sprechens nicht zu bewegen.

Körperliche Bewegungen, die wir produzieren, während wir sprechen, verteilen sich nicht gleichmäßig über eine Äußerung, sondern werden an den Stellen gebündelt, an denen Äußerungsformen beginnen, enden oder durch Betonung oder Intonationsmarkierung hervorgehoben werden. Kinder beginnen bereits wenige Wochen nach der Geburt mit dieser „Einstimmung“ in Rhythmus und Melodie der zu lernenden Sprache. Es ist wahrscheinlich, daß diese „Einstimmung“ die Aneignung der Sprache erleichtert.

Man nimmt an, „daß Kinder zuerst Intonationsmuster zu unterscheiden lernen und dann erst phonetische Muster.“ (Oksaar 1977, 161). Und es sind auch Intonationsvarianten, mit denen Kinder erste Einstellungen oder Absichten signalisieren.

Intonation vor Artikulation

Kinder sind auch genaue Beobachter. Sie achten darauf, wie sich Menschen beim Sprechen bewegen, welche Gesten sie z. B. gebrauchen, ob sie gewöhnlich laut oder leise reden, wann sie in einer Äußerung etwas betonen und wie sie Tonhöhen verändern. Mit anderen Worten: Kinder erwerben von Anfang an mehr als sprachliche Zeichen und dazugehörige Kombinationsregeln (vgl. z. B. Raffler-Engel 1980). Denn Verständigung erfolgt nicht nur mit Hilfe von Sprache. Neben der Sprache spielen z. B. Gesten sowie die Betonung von Gesagtem (sog. „prosodische“ Merkmale*) eine wichtige Rolle. Folglich muß ein Kind nicht nur sprachliche, sondern auch prosodische und nonverbale Zeichen und deren Kombinierbarkeit erlernen.

Verständigung: nonverbal, prosodisch, verbal

Zwar ist uns der Gebrauch prosodischer und nonverbaler Elemente nicht immer in gleicher Weise bewußt wie z. B. die Verwendung verbaler Elemente. Sie sind darum aber für die Verständigung nicht weniger bedeutsam. Denn sprachliche, prosodische und nonverbale Zeichen ergänzen sich, lassen sich teilweise sogar gegenseitig substituieren. Sie dienen sowohl der Sicherung des Verständigungsprozesses als auch der Differenzierung des Mitgeteilten, beinhalten Interpretationsanweisungen und signalisieren Einstellungen oder Bewertungen zu Gesagtem bzw. zum Kommunikationspartner. In der Anfangsphase des Spracherwerbs spielen Prosodie, Gestik und Mimik sogar eine besondere Rolle, wie die oben angeführten Befunde über Hirnreifungsprozesse und über Reaktionen von Kleinkindern auf menschliche Sprache zeigen.

Um sprachliche Äußerungen oder Laute verstehen zu können, müssen Kinder zunächst einmal lernen, worauf sie sich beziehen. Eltern achten deshalb darauf, daß Kinder auch das ansehen, worüber mit ihnen gerade gesprochen wird. Oder sie versuchen, die Aufmerksamkeit von Kindern entsprechend zu lenken. Denn eine notwendige Voraussetzung für den Spracherwerb scheint darin zu bestehen, daß Objekte wahrgenommen werden, wenn über sie geredet wird. Ähnliches gilt für soziale Interaktionen wie Begrüßung oder Verabschiedung. Solche Grundsituationen (gemeinsam auf etwas achten und entsprechende Äußerungen hören) erleichtern dem Kind die Herstellung des Referenzbezuges, d. h. die Zuordnung des Ausdrucks zu einem bestimmten Inhalt. Auch in solchen „natürlichen" Situationen wird also „gesteuert" (vgl. Kap. 1.3.2). Man sieht daran, wie problematisch die Konstruktion eines Gegensatzes „natürlich" : „gesteuert" ist.

Grundsituation: gemeinsam auf etwas achten

Erst jetzt dürfte das Kind beginnen, sich auf einzelne sprachliche Laute zu konzentrieren. Tatsächlich achten Kinder jedoch wohl eher auf ganzheitliche Formen (d. h. Wörter, z. B. *änte* für *Hände* oder *läschjen* für *Fläschchen*) bzw. Formeln (Wendungen oder Phrasen), wie man an ihren ersten Äußerungen erkennen kann (vgl. Peters 1983, 10ff.). Aus Darstellungsgründen wollen wir im folgenden jedoch zunächst auf die Lautwahrnehmung eingehen, obwohl sich parallel zur Wahrnehmung von Lauten natürlich auch die Wahrnehmung von Wörtern und Formeln entwickelt.

3.1.2 Lautwahrnehmung

Im allgemeinen stellt man sich den Prozeß der Lautwahrnehmung etwa so vor: Eine Schallwelle erreicht unser Ohr und wird diskriminiert, d. h. einem Phonem zugeordnet. Tatsächlich ist die Wahrnehmung eines Sprachlautes sehr viel komplizierter. Denn sie erfordert eine Rekonstruktion aufgrund eines variierenden akustischen Signals. Anders formuliert: Sprachlaute erreichen unser Ohr nicht als klar abgrenzbare Einheiten, sondern als Einheiten mit fließenden Übergängen. Wir wollen das an einem Beispiel verdeutlichen (vgl. Foss/Hakes 1978, 66ff.):

Sprachlaute sind Einheiten mit fließenden Übergängen

Beispiel

> Man hat versucht, einen *d*-Laut am Anfang eines Wortes akustisch exakt zu erfassen. Dazu wurde ein Wort wie *Dorf* auf Tonband aufgenommen. Anschließend entfernte man die nachfolgenden Laute und hoffte, auf diese Weise das *d* isolieren zu können. Die Überraschung war groß, als man feststellte, daß mit der Entfernung der Folgelaute auch das *d* unkenntlich wurde. Übrig blieb kein Sprachlaut, sondern ein für Menschen undifferenzierbares Geräusch.

Das Beispiel illustriert eine wesentliche Eigenschaft sprachlicher Laute: Ein Sprachlaut bzw. ein Sprechsignal entspricht nicht direkt einem Phonem. Vielmehr gibt es häufig Überschneidungen von relevanten Informationen. Mit anderen Worten: Relevante Informationen für ein spezifisches Phonem (wie das [*d*]) können sowohl mit vorausgehenden als auch mit nachfolgenden Phonemen mitgeliefert werden. Man spricht in diesem Zusammenhang von p a r a l l e l e r Ü b e r t r a g u n g. Sie ist dafür verantwortlich, daß eine Isolierung des *d*-Lautes auf einer Tonbandaufnahme nicht möglich ist.

parallele Übertragung

Neben diesem Phänomen gibt es speziell bei Konsonanten noch das Phänomen der I n v a r i a n z. Konsonanten verändern sich nämlich je nach der lautlichen Umgebung, in der sie artikuliert werden. Sie verändern sich aber auch, wenn ein Sprecher das Wort *Dorf* z.B. laut oder leise spricht. Um so erstaunlicher ist es, daß wir dennoch fähig sind, solche Laute zu diskriminieren, obwohl sie sich doch verändern. Man sagt auch: Die Laute bleiben invariant, obwohl die Lautstruktur durch Kontextfaktoren beeinflußt wird.

Invarianz

Konsonant

Wie wird nun ein solcher Konsonant wie das *d* (ein stimmhafter Verschlußlaut) gebildet? Am Wortanfang wird dazu einfach ein Verschluß (der mit der Zunge postdental gebildet wurde) geöffnet. Es entsteht dann ein Explosivlaut. Verschlußlaute heißen deshalb auch Plosive. Zwischen Öffnung (d. h. der Geräuschentwicklung) und dem Stimmeinsatz vergehen bei *d* ca. 13 Millisekunden. Eine Millisekunde entspricht einer tausendstel Sekunde. Stimmhafte Verschlußlaute unterscheiden sich von stimmlosen (z. B. *t*) dadurch, daß die Dauer zwischen dem Öffnen des Verschlusses und dem Stimmeinsatz verlängert wird. Bei *t* beträgt diese Dauer ca. 40 – 50 Millisekunden. In informeller Redeweise verringert sich dieser Unterschied. Das *t* wird dann u. U. mit einer Dauer von nur 20 Millisekunden gesprochen. Eine solche Annäherung begünstigt natürlich Hörfehler, d. h. Verwechslungen zwischen *d* und *t*.

Vokal

Vokale lassen sich dagegen leichter erfassen, weil sie gewöhnlich über längere Zeit artikuliert und durch die Stimmhaftigkeit klarer konturiert werden. Auch variieren sie in geringerem Maße als Konsonanten. Die Unterscheidung zwischen kurzen und langen Vokalen (d. h. Vokalquantität) bereitet dennoch Schwierigkeiten, wie Fehlschreibungen deutscher Kinder z. B. für *Bahn* (*Ban* oder *Bann*) auch noch im 3. und 4. Schuljahr belegen.

Lautwahrnehmung und Sprache der Betreuungspersonen

Es wurde oben darauf hingewiesen, daß die Sprache der Betreuungspersonen im allgemeinen deutlicher artikuliert, markanter intoniert und langsamer gesprochen wird. Wir können diese Aussage nun im Hinblick auf die Produktion einzelner Laute präzisieren. Während im Gespräch zwischen Erwachsenen der stimmlose Verschlußlaut *t* am Wortanfang mit einem Verzögerungseffekt beim Stimmeinsatz von ca. 20 Millisekunden artikuliert wird und daher mit dem *d* leicht verwechselt werden kann, artikulieren Mütter den *t*-Laut mit einer Verzögerungsdauer von mehr als 40 Millisekunden. Eine deutlichere Aussprache wird gebraucht, wenn die Kinder mit der Artikulation erster Worte beginnen. Es kommt dann zum Teil zu einer hyperkorrekten Aussprache von *t* mit einer Verzögerungsdauer von bis zu 100 Millisekunden (vgl. Malsheen 1980). Aber auch Vokale werden nun deutlicher artikuliert. Dies gilt vor allem für Wörter, die die Kinder zu gebrauchen begonnen haben. Im Einwortstadium sind das vorwiegend Nomen, Verben und Adjektive. Später wird diese klarere Aussprache auch auf Funktionswörter ausgedehnt.

In der Fachliteratur finden wir Hinweise darauf, daß Konsonanten (teilweise auch Vokale) k a t e g o r i a l wahrgenommen werden. Was versteht man darunter?

kategoriale Wahrnehmung

Kategoriale Wahrnehmung bedeutet, daß ein Laut als zugehörig zu einem bestimmten Muster (einer Kategorie) identifiziert wird, z. B. der Laut (bzw. das Phon) /d/ als Realisierung des Phonems [d]. Durch kategoriale Wahrnehmung wird der Erkennungsprozeß erleichtert und abgekürzt. Mit Hilfe des Musters ist eine schnelle Zuordnung möglich. Ein Nachteil besteht allerdings darin, daß Varianten innerhalb einer Kategorie nach ihrer Zuordnung gewöhnlich nicht mehr unterscheidbar sind.

In jüngster Zeit konnte man nachweisen, daß bereits Kinder im Alter von wenigen Monaten Sprachlaute wie Erwachsene kategorial wahrnehmen können. Ein solcher Nachweis wurde beispielsweise für *p* und *b* geführt (vgl. Foss/Hakes 1978, 84f.). Kinder verfügen in diesem Alter noch über kein Sprachsystem, weshalb vermutet werden kann, daß sie fähig sein müßten, alle Laute, die in den Sprachen der Welt relevant sind, zu unterscheiden. Tatsächlich scheint dies der Fall zu sein.

Man hat Kikuyu-Kinder mit stimmhaften und stimmlosen Verschlußlauten konfrontiert. Diese Unterscheidung spielt in ihrer späteren Muttersprache keine Rolle. Dennoch konnten sie zwischen stimmlosen und stimmhaften Verschlußlauten unterscheiden.
Kleinkinder beginnen also offenbar mit der allgemeinen Fähigkeit zu kategorialer Laut-Wahrnehmung, ehe sie allmählich herausfinden, welche Unterscheidungen in der von ihnen zu lernenden Sprache relevant sind. Im Verlauf dieses Prozesses lernen sie aber

gleichzeitig auch Unterschiede zu überhören, die irrelevant sind. Mit anderen Worten: Sie reduzieren ihre erstaunlichen Fähigkeiten. Dies ist auch der Grund dafür, daß Fremdsprachenlerner anfangs lautliche Unterschiede oft nicht wahrnehmen und folglich auch nicht artikulieren können. Denn was man nicht hört, kann man auch nicht produzieren. Lautunterscheidungen können aber trainiert werden. Und selbst die Unterscheidung innerhalb einer Kategorie – so hat man in Experimenten nachweisen können – ist nach einem gewissen Training möglich.

Merke: Nur was korrekt gehört wird, kann auch korrekt artikuliert werden.

Syntheseprozesse während des Hörverstehens

Wir haben die Lautunterscheidung bisher idealtypisch betrachtet. In der Realität kommen aber Störgeräusche und undeutliche Aussprache hinzu. Unbetonte Silben werden häufig so ausgesprochen, daß sie anfangs von Kindern kaum wahrgenommen werden. Um die Strukturen dennoch erkennen zu können, arbeitet der Hörer mit Wahrscheinlichkeitsbeziehungen. Er kann undeutlich artikulierte Laute auf diese Weise oft rekonstruieren. Er kann aber auch auf anderen sprachlichen Ebenen nach Informationen suchen, die ihm bei der Erschließung helfen können.

(1) Im #eller fand Peter keine Suppe. (2) Im #eller fand Peter kein Licht.

Im Beispielsatz (1) wird man spätestens bei *Suppe* wissen, daß # für *T* steht, im Beispiel (2) bei *Licht*, daß *Keller* gemeint war. Hier wird also offensichtlich die Rekonstruktion eines Lautes (bzw. Buchstabens) durch einen Rückgriff auf die semantische Ebene gelöst. Wir können davon ausgehen, daß in Zweifelsfällen auch auf syntaktische und morphologische Informationen zurückgegriffen wird.

Zusammenfassung

Der Prozeß des Hörverstehens beginnt mit einer Schallwelle und endet mit der Kategorisierung von Phonemen bzw. Phonemsequenzen, wobei parallele Übertragung eine Rolle spielt. Sprachliche Laute, insbesondere Konsonanten, variieren je nach lautlicher Umgebung. Aufgrund der kategorialen Wahrnehmung sind Hörer dennoch in der Lage, Laute zu diskriminieren. Im Laufe des Spracherwerbs wird die Fähigkeit zur Erkennung aller möglichen Sprachlaute auf die relevanten Unterscheidungen der zu lernenden Sprache eingeschränkt. Es wird also auch gelernt, bestimmte Unterschiede zu überhören. Betreuungspersonen helfen Kindern dabei, indem sie deutlicher (z. T. hyperkorrekt) artikulieren. Der Prozeß der Verlernung der Wahrnehmung von Unterschieden ist jedoch nicht irreversibel. Er kann durch gezieltes Training rückgängig gemacht werden.

Aufgabe 21

Kinder müssen in der Anfangsphase herausfinden, welche Laute und Lautkombinationen in der zu lernenden Sprache vorkommen. Sie müssen dazu den „Lautbrei" zerlegen. Wodurch erleichtern Betreuungspersonen diese Aufgabe?

Aufgabe 22

Erklären sie die Begriffe „parallele Übertragung" und „Invarianz" (bezogen auf Hörverstehen). Können Sie sich vorstellen, daß diese Begriffe auch bei der Aneignung einer fremden Sprache eine Rolle spielen? Stellen Sie hierzu Vermutungen an.

Aufgabe 23

Welche Möglichkeiten hat ein Hörer, Mißverständnisse oder Unklarheiten während des Zuhörens auszuräumen? Inwiefern sind die Möglichkeiten des Zweitsprachenlerners hier eingeschränkt?

Literaturhinweis

Weiterführende Literatur:

Hörmann, H. (1981): *Einführung in die Psycholinguistik*, 123 – 140.

3.1.3 Zur Entwicklung der Artikulation

Wenn Kinder zu sprechen beginnen, haben sie häufig Schwierigkeiten mit der Aussprache bestimmter Laute oder Lautfolgen. Sie tendieren daher zu Vereinfachungen, passen also Äußerungsformen ihren Artikulationsmöglichkeiten an. Charakteristisch sind z. B. die ersten „Wörter“, die zumeist aus einer Kombination aus einfachem Vokal und einfachem Konsonanten bestehen:

Verschlußlaut – Vokal – Verschlußlaut – Vokal:

z. B. *Papa* oder *dada*

Nasal – Vokal – Nasal – Vokal:

wie in *Mama* oder *nana*

Es wird daher kaum überraschen, daß in vielen Sprachen der Erde die Bezeichnungen für Vater und Mutter ähnlich lauten:

Sprache	MUTTER	VATER
Deutsch	Mama	Papa
Englisch	mama / mommy	papa / daddy
Französisch	mama / maman	papa
Italienisch	mama	papa
Rumänisch	mama	tat
Russisch	mama	papa
Persisch	mada(r)	pada(r)
Türkisch	anne	baba

Aussprachevereinfachung

Es gibt im wesentlichen vier Formen von Aussprachevereinfachungen:

1. Auslassung schwieriger Laute (z. B. *tinkt* statt *trinkt*),
2. Ersetzung schwieriger Laute durch Angleichung (z. B. *fafe* statt *Kaffee*),
3. Umstellung (Metathese, z. B. *Kapser* statt *Kasper*, sprachhistorisch auch in *Born* > *Brunn*),
4. Auflockerung von Konsonantenhäufungen durch Sproßvokale (z. B. *Burot* statt *Brot*).

Daneben ist auch beobachtbar, daß die Kinder ein Element oder eine Elementfolge in einem schwierigeren Wort (unter Auslassung der artikulatorischen Schwierigkeiten) duplizieren und sich so die Aussprache erleichtern. Aus *Spiegel* wird auf diese Weise *Giegel*, aus *Flieger Gieger* und aus *Traktor tratro*. Solche A n g l e i c h u n g e n (Assimilationen*) und V e r d o p p e l u n g e n * sind kein Zeichen dafür, daß die Kinder ungenau hören. Sie sind vielmehr ein Ausdruck für die Schwierigkeiten, die bestimmte Lautfolgen wie z. B. *fl*, *sp* oder *tr* bereiten. Dazu ein Beispiel (aus: Ramge 1973, 64):

Beispiel

Thomas (26 Monate) nannte seinen Spielzeugtraktor *tratro*. Als der Vater einmal etwas über den *Tratro* äußerte, forderte Thomas ihn auf:

> *„T: Sama tratro!*
> *V: Tratro.*
> *T: Nein. Sama tratro!*
> . . .
> *(etwa 10 Wiederholungen)*
> *V: Traktor.*
> *T: Ja Taktor.“*

Offensichtlich kann Thomas korrekt hören, aber noch nicht korrekt sprechen. Er erinnert sich, daß die richtige Form anders klingt und möchte sie hören, um seine Aussprache angleichen zu können, weshalb er hartnäckig den Vater auffordert, bis dieser schließlich die richtige Form produziert und ihm so Gelegenheit gibt, eine bessere Annäherung zu produzieren.

hören, artikulieren

Erwachsene können Kindern in ihrem Bemühen, eine korrekte Aussprache zu entwickeln, helfen. Daneben strengen sich Kinder aber auch alleine an. Die Ausdauer, mit der Kinder dabei ihr Ziel verfolgen, ist oft überraschend. So hat man beispielsweise ein kleines Mädchen beobachtet, das sich (alleine!) über eine halbe Stunde um die richtige Aussprache eines Wortes bemühte (vgl. Ferguson/Farwell 1975).

Erwerbsstrategien

Es gibt unterschiedliche Möglichkeiten, mit Ausspracheschwierigkeiten fertig zu werden. Manche Kinder vermeiden Wörter, die sie noch nicht aussprechen können und sind von Anfang an um Korrektheit bemüht. Andere schnappen Wörter beiläufig auf, und es genügt ihnen eine erste Annäherung (z. B. *Tir* für *Tür* oder *Wiebak* für *Zwieback*). Die meisten Kinder gehören weder zum einen noch zum anderen Typ. Sie mischen beide Strategien.

Selbststeuerung durch Selbstbeurteilung

Kinder müssen fähig sein, eigene Äußerungen irgendwie zu beurteilen und sich so selbst zu „verstärken". Sonst wäre ja auch das selbständige Üben der Aussprache einzelner Wörter oder Laute nicht möglich. Diese Fähigkeit zur Selbstbeurteilung muß mit akustischen Fertigkeiten zusammenhängen, denn taube Kinder haben – trotz der Bemühungen und Verstärkungen von Eltern und Lehrern – enorme Schwierigkeiten mit dem Erlernen der Aussprache. Mit anderen Worten: Normal entwickelte Kinder müssen fähig sein, korrekte Formen selbst zu beurteilen. Gleichzeitig sind sie offenbar aber auch in der Lage, eigenen Problemlösungsstrategien zu folgen, so daß Abweichungen (bzw. Übergeneralisierungen*) entstehen können. Weil Kinder eigenen Regeln (bzw. Problemlösungsstrategien) folgen, sind sie oft auch gegen Korrekturen durch Erwachsene oder ältere Geschwister immun. Daraus sollte allerdings nicht der falsche Schluß gezogen werden, daß Vorgaben und modellierende Korrekturen durch Betreuungspersonen überflüssig wären.

Aufgabe 24

Notieren Sie bitte noch einmal die Formen, mit denen Kinder beim Erstspracherwerb ihre Aussprache vereinfachen: Wodurch entstehen diese Formen? Sind solche Vereinfachungen auch beim Zweit- bzw. Fremdspracherwerb beobachtbar?

Nennen Sie einige Laute und Lautkombinationen, die Sprechern Ihrer Muttersprache beim Deutschlernen Probleme bereiten.

Literaturhinweise

Weiterführende Literatur:

Francescato, G. (1973): *Spracherwerb und Sprachstruktur beim Kinde* [Kap. 3: Das phonologische System der Kindersprache].

Jakobson, R. (1972): *Kindersprache, Aphasie und allgemeine Lautgesetze.*

Stern, C./Stern, W. (1987): *Die Kindersprache. Eine psychologische und sprachtheoretische Untersuchung* [darin: Kap. XI].

Wirth, G. (1983): *Sprachstörungen, Sprechstörungen, kindliche Hörstörungen, Lehrbuch für Ärzte, Logopäden und Sprachheilpädagogen* [darin: Kap. 6, 7 und 8].

3.2 Zur Entwicklung sprachlicher Bedeutungen

3.2.1 Bedeutungserschließung mit Hilfe des präverbalen Verständigungssystems

Verständigung zwischen Menschen entwickelt sich auf der Grundlage biologisch verankerter Signale. Kleinkinder reagieren auf Umweltreize zunächst spontan und reflexhaft. Sie lernen aber schnell, sich mit Hilfe solcher Signale zu verständigen. Schreie, Blicke, Körperbewegungen werden so im Laufe der Zeit immer häufiger mit einer bestimmten Absicht (d. h. intentional) gebraucht.

Das präverbale Verständigungssystem wird so zur Grundlage für die Entwicklung des Sprachsystems.

Projektionen

Natürlich spielen bei diesen frühen Verständigungen auch Projektionen – sowohl von seiten der Erwachsenen als auch von seiten der Kinder – eine Rolle. Denn wenn man nicht weiß, was der andere meint, versucht man dessen Verhalten oder dessen Äußerungen mit Bedeutung zu versehen, die aufgrund des Kontextes wahrscheinlich erscheint. Man projiziert also Bedeutung in Verhalten oder Äußerungen hinein, um weiter kommunizieren zu können.

Wichtig sind dabei die unterschiedlichen Reaktionen der Kleinkinder auf Wörter, deren Bedeutung sie noch nicht (bzw. noch nicht ganz) verstehen. Kinder scheinen sich dabei vorwiegend an prosodischen Merkmalen sowie an Mimik und Gestik von Betreuungspersonen zu orientieren.

Zeichen und Anzeichen

Die Art der Betonung einzelner Wörter (der Wortakzent) und die Tonführung bei einzelnen Phrasen oder Sätzen (die Intonationskonturen) sowie begleitende Körperbewegungen ermöglichen es Kindern, den sprachlichen Strom von Lauten zu gliedern und zu strukturieren und sich so allmählich die Sprache zu erschließen. Genauer gesagt müssen sie lernen, sich innerhalb eines Geflechts aus konventionalisierten, kulturspezifischen Zeichen (z. B. Wörter, Affixe*, Blickkontakt, Körperdistanz) und natürlichen Anzeichen (z. B. Körperhaltung, Stimmqualität, Sprechgeschwindigkeit) zu orientieren. Sie müssen herausfinden, welche Beziehungen zwischen einzelnen sprachlichen Elementen und Elementfolgen sowie zwischen Handlungen und Situationen bestehen. Auch müssen sie lernen, zwischen relevanten und irrelevanten Anzeichen und Zeichen zu unterscheiden. So könnte man *räuspern* in einem Fall vielleicht als irrelevant einordnen, im anderen Fall als relevant, weil es mit erkennbarer Absicht (intentional) gemacht wurde. Noch schwieriger ist es im Bereich der Laute, wie wir oben gesehen haben. Denn Laute werden ganz unterschiedlich produziert, je nach lautlichem Kontext oder emotionaler Gestimmtheit eines Sprechers. Ein Kind muß in der Lage sein, diese verschiedenen Realisierungen (Varianten, d. h. Allophone) eines Phonems zu identifizieren bzw. zu klassifizieren.

Wie schwierig eine solche Aufgabe ist, zeigt sich zum Beispiel, wenn man einen fremdsprachlichen Film ansieht. Ist er untertitelt, so springt man zwischen Bild und Schrift hin und her und hat beständig das Gefühl, etwas zu verpassen, obwohl man im allgemeinen dem groben Handlungsverlauf zu folgen vermag. Ist man hingegen (wie bei einem ausländischen Hörfunkprogramm) auf die „Geräuschkulisse" reduziert, so wird bereits das Erkennen von Sätzen, Satzteilen (Phrasen), Wörtern oder Lauten Schwierigkeiten bereiten.

3.2.2 Benennung und Referenzbezug

Herstellen eines Referenzbezugs

Nehmen Sie an, Sie sind auf einer Reise und kommen zu einem Volk, dessen Sprache Sie nicht verstehen. Sie begegnen einem Mann und versuchen, mit ihm zu reden. Plötzlich rennt ein Hase um eine Hausecke. Der Mann zeigt darauf und sagt *Gavagai* (vgl. Quine 1960, 28ff.). Sie erblicken den Hasen und denken sich: Gavagai ist die

Bezeichnung für Hase. Später stellen Sie jedoch fest, daß Sie sich geirrt haben. Aber was hat der Mann mit *Gavagai* dann gemeint?

Die Herstellung eines Referenzbezuges (d. h. die Zuordnung eines Zeichens zu einem Objekt) ist nicht immer einfach. Es genügt nicht, wenn man sich Zusammenhänge merkt, in denen ein sprachlicher Ausdruck gebraucht wird. Vielmehr muß man Vermutungen (Hypothesen) darüber anstellen, was mit einem Ausdruck gemeint sein könnte. Außerdem muß überprüft werden, ob die Vermutungen richtig sind. Dabei bestimmen unsere Erfahrungen weitgehend unsere Vermutungen.

Hypothesen bilden und überprüfen

Wer z. B. in einem Land lebt, in dem es zu viele Hasen gibt, wird vielleicht an „Hasen-Plage" denken, wenn er einen Hasen erblickt. Und ein anderer, der gerne Fleisch ißt, aber nur selten Fleisch zu essen bekommt, denkt möglicherweise an einen „Braten". Natürlich könnte mit *Gavagai* auch einfach *Tier* gemeint sein oder *Stallhase* oder *braun* oder *schnell* oder *aufblitzender Schwanz* oder ...

Fehlinterpretationen

Nehmen wir weiter an, daß wir dem Mann zu verstehen geben, daß wir nicht wissen, was *Gavagai* bedeutet. Der Mann wird nun vielleicht auf einen zweiten vorbeilaufenden Hasen zeigen. Aber auch dann würden wir uns in keiner besseren Situation befinden. Denn jede Hinweisgeste kann mißverstanden werden. Er hätte mit *Gavagai* ja wiederum anderes meinen können als *Hase*, z. B. *Tier, Stallhase* ... Zwar kann mit einer Hinweisgeste die Identifizierung des Objekts erleichtert werden. Was aber genau bedeutet werden soll, bleibt letztlich unklar. Folglich wird die Auswahl von Merkmalen oder Gesichtspunkten, unter denen ein Objekt wie *Gavagai* betrachtet wird, von den Erfahrungen, Begriffs- und Bedeutungsstrukturen abhängen, über die der Zuhörer bereits verfügt. Mit anderen Worten: Jemand, der eine fremde Sprache verstehen lernen will, muß beobachten, kombinieren (d. h. Bedeutung in die Beobachtung hineinprojizieren) und schließlich überprüfen, ob seine Vermutungen zutreffen. Dabei hilft ihm das „Bedeutungsnetz", das er bereits im Zusammenhang mit seiner Muttersprache entwikkelt hat.

vorhandene Bedeutungen können Bedeutungserschließung erleichtern

Vergegenwärtigen wir uns nun das Kleinkind, das eine Lautsequenz wie *Gavagai* hört. Welche Aufgaben muß es bewältigen, damit es dieser Sequenz Bedeutung zuordnen kann?

Anders als der Erwachsene ist das Kind zunächst nicht in der Lage, die einzelnen Laute zu unterscheiden. Es nimmt vielmehr eine Ganzheit, eine Lautgestalt wahr, wobei es sich zur Abgrenzung dieser Einheit an Akzent und Intonationskontur orientiert. Erinnern wir uns: Auch diese Lautgestalt muß zunächst aus dem Geräuschbrei der Situation herausgefiltert werden.

Gleichzeitig muß das Kind die in der Situation gewonnenen Eindrücke ordnen. Für Erwachsene gehört zur Wahrnehmung „die Identifikation des einzelnen Objektes als Exemplar einer Gegenstandsklasse." (Oeser/Seitelberger 1988, 96). Dazu ist das Kleinkind, nach allem, was wir wissen, nur bedingt in der Lage. Visuelles Wahrnehmen ist z. B. eine Tätigkeit mit ständigen präzisen Suchbewegungen der Augen, durch die ein Objekt abtastend erfaßt wird. Die dabei gewonnenen Eindrücke werden verkürzt, vereinfacht und verdichtet zu einem Modell, d. h. einem invarianten Abstraktionsgebilde. Erst wenn dieses existiert, kann festgestellt werden, ob neue Wahrnehmungen zu einem existierenden Modell passen. Mit anderen Worten: Die Beurteilung der Ähnlichkeit (d. h. die Kategorisierung) setzt Modellbildung voraus.

Ähnlichkeit setzt Modellbildung voraus

aus: Scarry 1982, 55

Kinder entwickeln Wahrnehmungs- und Bedeutungsmodelle

Während Erwachsene über Wahrnehmungs- und Bedeutungsmodelle (man spricht auch von „Vorstellungsbildern“ und „Begriffen“) verfügen und somit Eindrücke rasch verarbeiten und Referenzbeziehungen leichter erstellen können, sind kleine Kinder noch damit beschäftigt, solche Modelle zu entwickeln bzw. zu differenzieren. Gleichzeitig müssen sie herausfinden, was mit einem Ausdruck gemeint ist. Solange ihnen jedoch Erfahrungen fehlen, werden sie auch nicht in der Lage sein, Begriffe (d. h. verallgemeinerte Erfahrungen) zu bilden. Sie werden daher anfangs nur ein relativ diffuses Gesamtbild wahrnehmen. Das wird ihnen die Bestimmung dessen, was der Mann gemeint haben könnte, erschweren. Aber erst wenn die Intention eines Sprechers erkannt wurde, kann die „Bedeutung“ eines Ausdrucks erfaßt und gelernt werden. „Dieses Erkennen der Intention des Sprechers stellt (...) die Basis für den Erwerb der Sprache durch das kleine Kind dar.“ (Hörmann 1981, 28).

Damit Gemeintes leichter erfaßt werden kann, versuchen Betreuungspersonen, die Aufmerksamkeit eines Kindes zu lenken, indem sie z. B. auf ein Objekt zeigen, es anfassen oder hochheben. Nehmen wir an, der Mann in unserem Beispiel zeigt auf den Hasen. Das erleichtert natürlich die Herstellung des Referenzbezugs. Es wird nun davon abhängen, ob das Kind schon zuvor Hasen gesehen hat oder nicht. Wenn wir davon ausgehen, daß das Kind das erste Mal einen Hasen sieht, wird es vermutlich nur eine eingeschränkte Bedeutungsstruktur entwickeln, wie folgende Beispiele zeigen.

Beispiele

Taeschner berichtet, wie ihre Tochter über einen Monat lang den Spiegel im Schlafzimmer als *speccio* (italienisch für *Spiegel*) bezeichnete und den Spiegel im Bad als *Biegel* (vereinfachte Form für *Spiegel*). Auch nachdem die Mutter (als sie beide im Schlafzimmer sind) ihre Tochter darauf hinweist, daß man *Spiegel* oder *speccio* sagen kann, reagiert Lisa (Name der Tochter) mit: *Nein Lisa sag ‚speccio‘.* und dem Hinweis an die Mutter: *Biegel bagno.* (Der Spiegel ist im Bad).

nach: Taeschner 1983, 35ff.

CLARK berichtet, daß ein Kind die Abbildung eines Düsenjägers in einem Bilderbuch gezeigt bekam. Jemand sagte ihm, daß das ein Düsenjäger sei. Später meinte ein

Erwachsener: *Das ist ein schönes Flugzeug.* Daraufhin korrigierte ihn das Kind mit dem Hinweis: *Das ist kein Flugzeug, das ist ein Düsenjäger.*

nach: Clark 1987, 12

Solche und ähnliche Beispiele zeigen, daß Kinder anfangs noch nicht in der Lage sind, Einzelobjekte als Elemente einer bestimmten Kategorie zu identifizieren, sondern einen situativ-ganzheitlichen Bezug herstellen und folglich auch andere Bezeichnungen für ein bestimmtes Objekt zurückweisen. Wir müssen also davon ausgehen, daß Kinder eine Ausgangssituation anders wahrnehmen und strukturieren als Erwachsene. Folglich werden von ihnen auch andere Bedeutungsstrukturen in eine Situation hineinprojiziert. Wie könnten solche Strukturen aussehen?

Aufgabe 25

Bei Kindern wird die Bedeutungserschließung dadurch erschwert, daß sie erst noch Modelle bilden müssen, um Ähnlichkeit feststellen zu können. Ältere Lerner verfügen bereits über Erfahrungen und Bedeutungsmodelle. Weshalb kann ihnen die Bedeutungserschließung dennoch Schwierigkeiten bereiten?

Literaturhinweise

Weiterführende Literatur:

Miller, M./Weissenborn, J. (1978): *Pragmatische Voraussetzungen für den Erwerb lokaler Referenz*, 61 – 76.

Norman, D. A./Rumelhart, D. E. (1978): *Referenz und Verständnis*, 78 – 96.

3.2.3 Zur Entwicklung von Wortbedeutungen

„Vergiß nicht, daß Wörter die Bedeutungen haben, die wir ihnen gegeben haben."

Wittgenstein: *Das Blaue Buch*, 52

Bei der Entwicklung, mit der Kinder Wortbedeutungen herausbilden, werden drei Phasen unterschieden (vgl. Kuczaj/Barrett 1986, IXf.):

1. Phase (Beginn etwa 10. Monat, Ende ca. 18. Monat): Wörter werden situativ gebunden gebraucht und dienen der Kontaktaufnahme, der Kundgabe von Emotionen und zur Herstellung von Referenz. In dieser Zeit wächst der Wortschatz nur sehr langsam (1 – 3 Wörter pro Monat).

2. Phase (bis etwa zum 3. Lebensjahr): Wörter werden zum Referieren gebraucht. Es werden nun Objekte, Handlungen, Zustände und Eigenschaften benannt. Die Bedeutungen verlieren mehr und mehr ihren individuellen Charakter, sie werden konventionalisiert. Allerdings werden in dieser Zeit noch viele Fehler gemacht. Der Wortschatz wächst um 20 – 50 Wörter pro Monat.

3. Phase: Während des dritten Lebensjahres setzt ein beschleunigtes Wachstum (über 50 Wörter pro Monat) ein. Nun werden auch neue Wortarten erschlossen, u. a. Wörter zur Kennzeichnung logischer Zusammenhänge (z. B. Konjunktionen) und Wörter zur Modifizierung von Aussagen (z. B. Adverbien). Schwierigkeiten bereiten jedoch noch bis ins Jugendalter der Gebrauch komplexerer Verben (z. B. *stiften*) und uneigentliche Redeweisen.

Wörter als Mittel zur Kontaktaufnahme und zum Signalisieren von Bekanntheit

Wörter und ihre Bedeutungen werden nicht plötzlich erworben. Wenn Kleinkinder im Alter von etwa 10 bis 18 Monaten erste Wörter verwenden, so werden diese gewöhnlich

Grundfunktionen: Ausdruck von Gefühlen, Herstellung von Kontakten

nicht zur Herstellung von Referenz gebraucht. Vielmehr dienen sie dem Ausdruck von Gefühlen und der Herstellung von Kontakten. Bekanntheit wird z. B. mit *da* ausgedrückt, Freude mit *Papa*. Tonhöhe wird zudem intuitiv zum Ausdruck von Größe (tiefer Ton) oder Kleinheit (hoher Ton) verwendet (vgl. Stern/Stern 1987, 184f.).

Wörter als Eigennamen

Benennen

Die Überwindung der beiden sprachlichen Grundfunktionen *Affekt* und *Kontakt* beginnt mit der Entdeckung und Konzentration auf die Nennfunktion der Sprache, die sich an zwei Symptomen erkennen läßt: am „Auftreten der ständigen Namensfragen und an der plötzlichen Mehrung des Wortschatzes."(vgl. Stern/Stern 1987, 191). Zunächst werden die Wörter dabei in einem eingeschränkten Sinne gebraucht.

Beispiel: erste Benennungen als Eigennamen

> Nehmen wir z. B. den Ausdruck *Flasche*. Ein Kind gebraucht dieses Wort, um seine Trinkflasche zu benennen. Andere Flaschen werden von ihm jedoch noch nicht als Flasche bezeichnet. Es hat zwar ein „Modell" (bzw. einen Begriff) *Flasche* gebildet und ist daher in der Lage, das Objekt in unterschiedlichen Zusammenhängen (d. h. gelöst aus einem ersten Situationszusammenhang) zu identifizieren und zu benennen. Ähnlichkeiten mit anderen Flaschen werden aber offenbar noch nicht erkannt. Mit anderen Worten: Es gebraucht das Wort *Flasche* noch im Sinne eines Eigennamens.

Wörter werden übergeneralisiert

Zu einem späteren Zeitpunkt haben Wörter einen losen Referenzbezug. Denn kleine Kinder lassen sich noch von wahrnehmbaren Einzelaspekten gefangennehmen. Dabei wechseln sie Kriterien, an denen sie sich orientieren, oft unvermittelt, um anderen zu folgen. Dieses Verhalten wird mit der Unfähigkeit zu dezentrieren in Verbindung gebracht, d. h. mit der Unfähigkeit, verschiedene Gesichtspunkte gleichzeitig zueinander in Beziehung zu setzen (vgl. Piaget 1947, 183f.). Dazu folgendes Beispiel:

Beispiel: Wechsel von Kriterien bei der Einordnung

> Ein Kind hat Freude am Brummen des elterlichen Weckers. Die Eltern sagen *Ticktack* oder *Uhr* zu dem Gegenstand. Später entdeckt das Kind, daß sein Vater so etwas am Handgelenk trägt und hält sich „das Ding" an sein Ohr. Wiederum gebrauchen die Eltern das Wort *Ticktack* oder *Uhr*. Etwas später entdeckt das Kind in einem Bilderbuch eine Kuckucksuhr und sagt *Uhr*. Das Kind entwickelt nun ein besonderes Interesse für uhrähnliche Gebilde. Es gebraucht das Wort *Uhr* während eines Monats viele Male und bezeichnet damit Uhren, ein brummendes Radio, ein brummendes Telefon und den Knopf einer Geschirrspülmaschine. Danach schränkt das Kind den Gebrauch von *Uhr* allmählich auf Uhren ein (aus: Szagun 1980, 172; adaptiert).

Übergeneralisierung

Man hat einen solchen unangemessenen Gebrauch eines Wortes als *Übergeneralisierung* bezeichnet. Es ist bekannt, daß Kinder zu solchen Übergeneralisierungen neigen. Sie orientieren sich dabei offensichtlich an wahrnehmbaren oder funktionalen Kriterien, die vom Standpunkt der Erwachsenen aus betrachtet zum Teil recht zufällig erscheinen. Vermutlich entsteht ein solcher abweichender Gebrauch aber auch dadurch, daß zur Bezeichnung verschiedenster Dinge anfangs eben nur ein geringer Wortschatz zur Verfügung steht.

Der Wortgebrauch wird konventionalisiert

Untergeneralisierung Überlappung

Eine sorgfältige Überprüfung des Wortgebrauchs von Kindern zeigt jedoch, daß neben Übergeneralisierungen auch *Untergeneralisierungen* und *Überlappungen* (der Wortgebrauch deckt sich nur z. T. mit dem der Erwachsenen) vorkommen, wobei Überlappungen sogar häufiger beobachtbar sind als Übergeneralisierungen. Zur Illustration mag folgendes Beispiel dienen:

„Ein Kind hat die Bezeichnung *Schirm* (Regenschirm) gelernt. Es ist in der Lage, reale Schirme und Schirme auf Abbildungen zu identifizieren. Es gebraucht den Ausdruck *Schirm* aber auch, um in einem Bilderbuch ein Blatt zu bezeichnen, das ein Affe gegen den Regen wie einen Schirm über sich hält. Auch ein Papierdrache wird (sowohl in der Realität als auch auf einer Abbildung) als *Schirm* benannt. Gleichzeitig ist das Kind jedoch nicht in der Lage, einen geschlossenen Schirm (sowohl in der Realität als auch auf Abbildungen) zu erkennen."

Anglin 1986, 85f.

Beispiel

Wir haben in diesem Beispiel sowohl Überdehnung oder Übergeneralisierung aufgrund funktionaler Übereinstimmung (das Blatt gegen den Regen) und Unterdehnung (das Nichterkennen des zusammengeklappten Regenschirms) als auch aufgrund eines Merkmalwechsels (Form statt Funktion) einen abweichenden Gebrauch (Übertragung auf den Papierdrachen). Man erkennt hier deutlich, wie das Kind bei seiner Zuordnung von Objekten zum Ausdruck *Schirm* von unterschiedlichen Kriterien ausgeht.

unterschiedliche Kriterien

Kehren wir nochmals zu unserem Hasen-Beispiel zurück. Wenn das Kind anfangs ganzheitliche Strukturen bildet und sie mit der Gesamtsituation assoziiert, so bedeutet dies, daß das Kind den Hasen zusammen mit den Häusern und Straßen wahrnimmt und speichert. Gleichzeitig wird das Kind die Handlung des „Hinsehens" mit dieser Situation verbinden. Gelingt es ihm gleich beim ersten Mal, den Hasen zu identifizieren, so wird es *Gavagai* zumindest vorübergehend als Eigennamen gebrauchen. Erst wenn es Hasen wiederholt auch in anderen Kontexten gesehen hat, wird es feststellen, daß Ähnlichkeiten zwischen diesen Objekten vorhanden sind und beginnen, sie mit dem Ausdruck *Gavagai* zu assoziieren, d. h. eine Kategorie *Gavagai* bilden, was aber noch nicht bedeutet, daß der Ausdruck *Gavagai* von nun an konsistent (im Sinne der Erwachsenensprache) gebraucht wird. Denn während einer Übergangszeit (bis zu 8 Monaten) wird sich das Kind an subjektiven Kriterien orientieren und erst allmählich konventionelle Merkmale übernehmen.

Aufgabe 26

1. *Was ist eine „individuelle Wortbedeutung"? Wodurch entsteht sie?*
2. *Was versteht man unter „Übergeneralisierung" bzw. „Überdehnung", was unter „Untergeneralisierung", was unter „Überlappung"? Nennen Sie jeweils ein Beispiel. In welcher (idealtypischen) Reihenfolge treten diese Phänomene auf?*

Aufgabe 27

Welche Rolle könnten Formen der Unter- oder Übergeneralisierung (und Überlappung) bei der Aneignung einer fremden Sprache spielen? Können Sie Beispiele von Ihrem eigenen Fremdsprachenlernen nennen?

Literaturhinweise

Weiterführende Literatur:

Gentner, D. (1975): *Der experimentelle Nachweis der psychologischen Realität semantischer Komponenten: Die Verben des Besitzes*, 213 – 247.

Grimm, H. (1977): *Psychologie der Sprachentwicklung* [Bd. 2, Kap. 1].

Ramge, H. (1973): *Spracherwerb, Grundzüge der Sprachentwicklung des Kindes* [darin: Kap. 3].

3.2.4 Wortbedeutungstheorien

• Die Merkmaltheorie von Clark

Clark hat vermutet, daß wir die Bedeutung von Wörtern mit Hilfe von semantischen Merkmalen erschließen. Wenn ein Kind ein neues Wort (z. B. *Puppe*) lernt, so assoziiert es dieses Wort zunächst mit der Gesamtsituation und dem in dieser Situation vorhandenen Objekt, so daß das Wort in einem spezifischen (unterdehnten) Sinne gebraucht wird. Allmählich beginnt das Kind dann festzustellen, daß es Merkmale gibt, die auch an anderen Objekten beobachtbar sind (z. B. weiche Oberfläche + Beine). Es sucht nun bei anderen Objekten nach diesen Merkmalen und benennt Objekte, die diese Merkmale aufweisen, ebenso. *Stoffhund* und *Stoffkaninchen* werden so zur *Puppe* (vgl. Stern/ Stern 1987, 187). Für uns Erwachsene entsteht dadurch der Eindruck der Überdehnung. Da nun jedem Wort bestimmte Merkmale konventionell zugeordnet sind, muß das Kind im Laufe seiner Entwicklung herausfinden, welche Merkmale zu einem Wort gehören.

Orientierung an einzelnen Merkmalen?

Prinzip: Allgemeines vor Speziellem

Clark geht davon aus, daß Kinder sich zunächst an wahrnehmbaren Merkmalen orientieren und dem Prinzip „Allgemeines vor Speziellem" folgen. Aufgrund dieser Annahmen vermutete sie, daß beim Erwerb von Polaritätsadjektiven* (z. B. *groß – klein*) die positiven Formen vor den negativen erworben werden, weil positive Formen als „unmarkiert" gelten. Vielleicht hängt das damit zusammen, daß wir im allgemeinen Positives erstreben und Negatives vermeiden oder verdrängen.

Man sagt daher auch: Unmarkiert sind die allgemeineren Ausdrücke, d. h. Ausdrücke, die wir in vielen Kontexten gebrauchen können (z. B. *Hut* im Gegensatz zum *Jägerhut, Zylinder, Sombrero* oder zur *Melone*).

markiert, unmarkiert

Unmarkiert sind gewöhnlich allgemeinere, markiert* hingegen spezifischere Ausdrükke. Bei den Verben der Fortbewegung ist z. B. *gehen* nicht markiert, hingegen *schlendern, spazieren* oder *laufen* markiert. An Stelle der spezifischeren (oder markierten) Fortbewegungsverben könnten wir das unmarkierte *gehen* verwenden, nicht jedoch umgekehrt. Eine Ersetzung von *gehen* durch ein spezifischeres Verb wie *schlendern* würde eine Aussage wesentlich verändern (d. h. neue Bedeutungskomponenten einführen).

Gebrauchshäufigkeit

Da unmarkierte Formen* im allgemeinen häufiger gebraucht werden, könnte der frühere Erwerb solcher Formen durch den häufigeren Gebrauch bedingt sein. Man hat daher versucht, diesen Faktor (Gebrauchshäufigkeit) auszuschalten, indem drei bis vier Jahre alten Kindern Aufgaben mit Kunstworten gestellt wurden. Es zeigte sich, daß auch unter diesen Bedingungen zum Erlernen negativer Formen tatsächlich mehr Zeit benötigt wird. Mit negativen Formen wurden zudem mehr Fehler gemacht als mit positiven (vgl. Klatzsky u. a. 1973).

Ähnliches wurde z. B. für die Erwerbsreihenfolge von Verwandtschaftsnamen (vgl. Haviland/Clark 1974), deiktische Verben (z. B. *kommen, gehen; bringen, nehmen;* vgl. Clark/Garnica 1974) und Verben des Besitzwechsels (*geben, nehmen; tauschen, bezahlen; kaufen, verkaufen;* vgl. Gentner 1975) festgestellt: Einfache, positive Formen werden vor komplexeren oder negativen erworben. Allgemein scheint also zu gelten:

einfachere Formen

Wörter mit einfacherer Bedeutungsstruktur (d. h. mit weniger Merkmalen) werden früher erworben als Wörter mit komplexerer Bedeutungsstruktur, außerdem positive vor negativen Ausdrücken. Wahrscheinlich werden Erwerbsabfolgen durch den zumeist häufigeren Gebrauch von einfacheren Formen begünstigt. Außerdem gilt:

„Als-ob"-Strategie

Unverstandenes wird ausgelassen oder so behandelt, „als ob" man wisse, was es bedeutet. Wenn Kinder beispielsweise unsicher sind, was eine Präposition genau bedeutet, so tun sie das, was ihnen aufgrund des Kontextes plausibel erscheint, ohne zu signalisieren, daß sie nicht verstanden haben, was gesagt wurde. Diese „als-ob"-Strategie läßt sich auch bei Kindern beim Aneignen einer fremden Sprache beobachten (vgl. S. 54 und Nemoianu 1980, 55).

So wird z. B. *älter* wie *größer* oder *größer* wie *höher* gebraucht, vielleicht weil diese Wörter von Betreuungspersonen oft in ähnlichen Kontexten verwendet werden (vgl. *Das darfst du machen, wenn du größer bist.* und etwas später: *Nein, jetzt noch nicht, erst wenn du älter bist.*). So entstehen dann Reaktionen wie diese: Ein kleiner Junge wird gefragt wie groß er ist. Darauf hebt er eine Hand und zeigt mit seinen Fingern „3 Jahre“.

Gentner hat Kinder mit Puppen spielen lassen. Es wurde zunächst Spielzeuggeld verteilt. Dann wurden beiläufige Anweisungen gegeben, z. B. *Kannst du Ernie ein Auto von Bert kaufen lassen?* Die Kinder sollten durch Handeln ihr Verständnis von Verben des Besitzwechsels demonstrieren. So wurde das Verständnis der Verben *geben, nehmen, kaufen, verkaufen, Geld ausgeben, tauschen* und *bezahlen* überprüft. Dabei zeigte sich folgende Erwerbsabfolge: „Die Verbengruppe mit *geben* und *nehmen* wird zuerst erworben, dann folgt die Gruppe mit *bezahlen* und *tauschen* und schließlich die Gruppe aus *kaufen, verkaufen* und *ausgeben*.“ (Gentner 1975, 241).

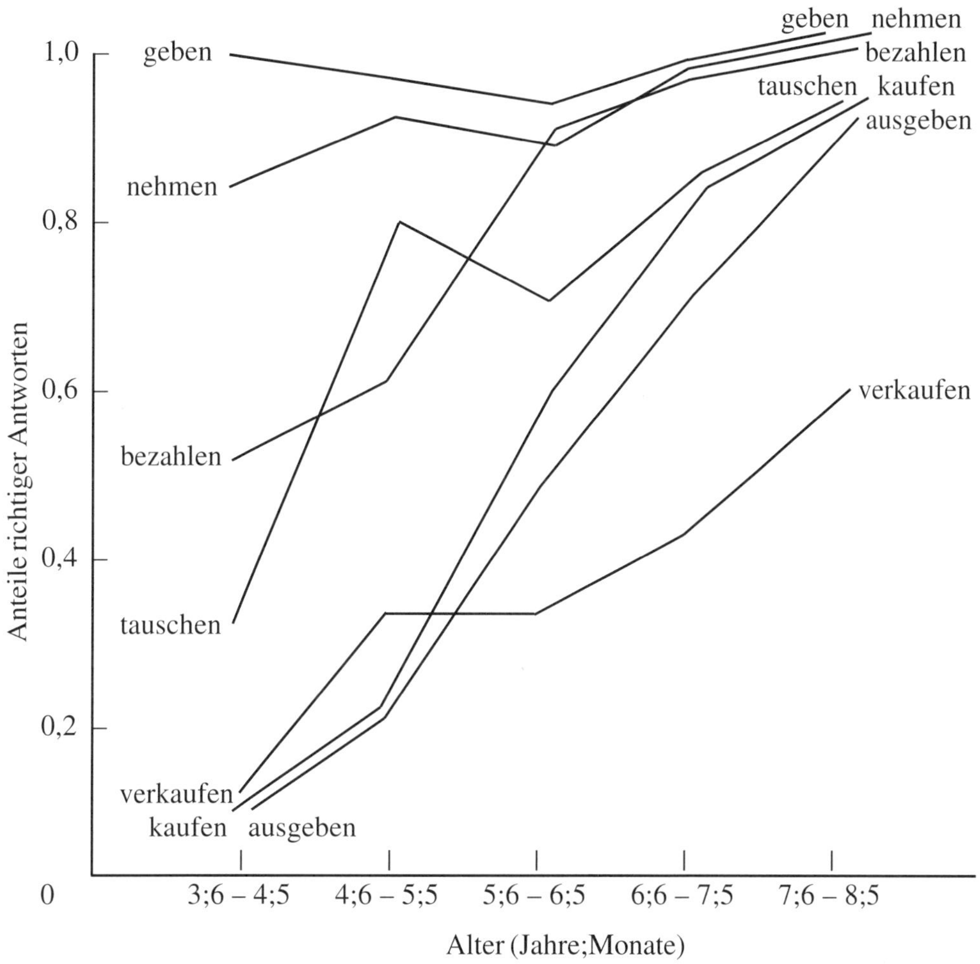

nach: Gentner 1975, 242

Es ist bekannt, daß Kinder zu Beginn ihres Spracherwerbs eine Vorliebe für Nomen entwickeln und Verben und andere Wortarten vernachlässigen, obwohl z. B. Verben in ihrer Gegenwart häufig gebraucht werden. Die Merkmaltheorie bietet dafür eine plausible Erklärung: Nomen werden früher erworben, weil sich die Kinder in dieser Phase auf konkrete Dinge beziehen, die leichter identifizierbar sind und weniger Merkmale benötigen als Verben.

Grundsätzlich scheinen Kinder mit engeren Wortbedeutungen zu beginnen und mit Merkmalen zu arbeiten, die sich von denen Erwachsener unterscheiden. Und sie scheinen (wie Clark ebenfalls feststellte) beim Aufbau ihrer Bedeutungsstrukturen unterschiedlichen Strategien zu folgen. Wir werden später darauf zurückkommen.

Aufgabe 28

> *Beobachten Sie den Wortgebrauch bei Ihren eigenen Kindern oder bei Kindern in Ihrem Bekanntenkreis. Versuchen Sie Beispiele zu finden, die die „Merkmalstheorie" bestätigen oder ihr widersprechen.*

- **Begriff und Bedeutung**

Wortbedeutung

Begriff

Es gibt eine Reihe von Gründen, die eine Unterscheidung zwischen begrifflichen Strukturen und Wortbedeutungen sinnvoll erscheinen lassen (vgl. Bierwisch 1981, 132). Denn Bedeutungsstrukturen von Wörtern (Lexemen) müssen sprachlichen Konventionen folgen, während aus verallgemeinerten Erfahrungen entstandene Begriffsstrukturen im Bedarfsfalle paraphrasiert werden oder mit Hilfe der Wortbildung neu bezeichnet werden können.

Extension und Intension von Ausdrücken

Extension

Ausgangspunkt unserer Betrachtung war die Referenzbeziehung des Ausdrucks *Gavagai*. Die Frage lautete: Wie stellt das Kind fest, was der Mann mit dem Ausdruck *Gavagai* meinte, d. h. auf welches Objekt er Bezug nimmt. In der Semantik wird diese Beziehung (oder Relation) auch Referenzbezug genannt. Nun kann mit *Gavagai* nicht nur ein Objekt bezeichnet werden, sondern alle Objekte, die als *Gavagai* kategorisierbar sind. Eine solche Beziehung eines Ausdrucks (Wortes) zu der von ihm bezeichneten Menge von Objekten wird Extension* genannt. Mit anderen Worten: Die Extension des Ausdrucks *Gavagai* ist die Menge der Objekte, die in diese Kategorie fallen bzw. die mit diesem Ausdruck bezeichnet werden können. Die Überprüfung der Extension erfolgt anhand von Klassifikationsprozessen, z. B. indem man auf ein entsprechendes Objekt zeigt.

Intension

Nun hat aber jeder Ausdruck, wie wir am Beispiel des Regenschirms gesehen haben, neben der Extension (d. h. der Beziehung Zeichen – Objekt bzw. Objektklasse) auch inhaltliche Komponenten, die man z. B. durch Merkmale charakterisieren kann. Schließlich ist es nicht immer möglich oder sinnvoll, die zu einem Ausdruck gehörenden Objekte aufzuzählen oder sie vorzuzeigen. Wahrscheinlich würde der Mann auf die Frage, was ein *Gavagai* ist, auf den Hasen zeigen oder antworten: Ein kleines Tier, das lange Ohren hat und einen Stummelschwanz. Er würde also Merkmale benennen, die uns bei der Identifizierung des Objekts (bzw. der Objekte) helfen könnten. Kurz: Die Intension* eines Ausdrucks gibt uns die Merkmale eines Ausdrucks an, die seinen richtigen/angemessenen Gebrauch in einem Satz ermöglichen.

Wie könnte nun die Intension des Ausdrucks *Gavagai* aussehen? Und wie würden sich Bedeutungsstrukturen (bzw. Merkmale) des Ausdrucks bei einem Kind von denen bei einem Erwachsenen unterscheiden?

Oben wurde bereits ausgeführt, daß Kinder mit engeren (situativ gebundenen) Wortbedeutungen beginnen und daß sich die von ihnen verwendeten Merkmale zunächst von denen Erwachsener unterscheiden. Während einer Übergangszeit können Wörter von Kindern auch so benutzt werden, als ob sie eine andere Bedeutung hätten. So wird z. B. *Papa* vorübergehend auch im Sinne von *Mann* gebraucht oder *älter* im Sinne von *größer*.

Bedeutung wird differenziert

Im Laufe der Entwicklung werden diese anfänglichen Bedeutungsstrukturen allmählich differenziert. Es werden Beziehungen hergestellt zu Oberbegriffen, zu ähnlichen und kontrastierenden Ausdrücken, so daß schließlich ein immer dichter werdendes semantisches Netz entsteht.

In Gesprächen mit drei bis sechs Jahre alten Kindern hat Anglin herausgefunden, daß bei Nomen von Kindern vor allem folgende vier Aspekte benannt wurden:

1. wahrnehmbare Merkmale,
2. was man mit X tut,
3. was X tut,
4. wo X vorkommt.

Übertragen beispielsweise auf *Ball* würde das bedeuten:

1. <rund>,
2. <man spielt damit>,
3. <rollt>,
4. <wo Kinder sind>.

Erwachsene erwähnen zusätzlich:

5. Oberbegriffe (z. B.: ein Ball ist ein Spielzeug oder Sportgerät),
6. Beziehungen zu anderen Dingen (z. B.: es gibt verschiedene Ballspiele, z. B. Volleyball),
7. Bestandteile (z. B.: einfach Haut oder mit Blase gefüllte Haut),
8. evt. historische Aspekte (ursprünglich aus ...),
9. evt. metaphorische Zusammenhänge (z. B. *am Ball bleiben*).

Wir sehen also: Welche Bedeutungsstrukturen ein Kind zu einem Wort wie *Ball* bilden kann, wird von seinem Lebensalter bzw. von seinen Erfahrungen abhängen, insbesondere aber von den bereits entwickelten begrifflichen und sprachlichen Bedeutungsstrukturen.

Doch damit nicht genug. Denn jeder von uns könnte zu Wörtern auch Nebenbedeutungen (Konnotationen *) angeben, d. h. kulturspezifische Wertungen oder Assoziationen, die wir mit einem Wort bzw. der dazugehörigen Handlung verbinden. So wird z. B. von Deutschen mit *spucken* etwas Negatives verbunden. Es gilt als „ekelhaft“, nicht so hingegen *lautes Schneuzen*. Türken werden dagegen *lautes Schneuzen* mit „ekelhaft“ assoziieren, während für Chinesen *spucken* ein ganz natürlicher Vorgang ist. Die Kenntnis solcher Konnotationen erlaubt es uns, konventionalisierte (aber übertragene) Wortbildungen (z. B. *Eselsbrücke = Merkhilfe* nicht *Brücke für Esel*) sowie stilistische Differenzierungen zu verstehen oder selbst zu produzieren.

Zusammenfassung

Zusammenfassend kann man sagen, daß beim Lernen einer Wortbedeutung neben der Intension (d. h. den Merkmalen und Beziehungen zu anderen Lexemen bzw. deren Bedeutungsstrukturen) und der Extension (d. h Beziehung zur Menge der Objekte, die als X klassifizierbar sind) auch Konnotationen eine wichtige Rolle spielen. Je jünger Kinder sind, desto stärker orientieren sie sich an wahrnehmbaren oder funktionalen Eigenschaften eines Objekts, je älter sie werden, um so differenzierter und abstrakter werden ihre Beurteilungskriterien, um so häufiger werden auch Beziehungen zu Oberbegriffen oder Unterbegriffen hergestellt und Nebenbedeutungen erfaßt. Ausgangspunkt für Wortbedeutungen sind immer die eigenen Erfahrungen (und damit verbundene Emotionen) sowie wahrnehmbare und funktionale Merkmale. Mit fortschreitender Entwicklung (d. h. auch zunehmenden Erfahrungen und anwachsendem

Weltwissen) entstehen mehr und mehr konventionelle Wortbedeutungen, die Wörterbuchdefinitionen weitgehend gleichen.

Aufgabe 29

> *Wählen Sie bitte zwei Nomen aus dem Bereich des Grundwortschatzes aus, und geben Sie an, wie Kinder und Erwachsene die Bedeutungsstruktur aufbauen könnten.*

• Die Prototypentheorie

Prototyp: idealer Repräsentant einer Kategorie

Vorschulkinder wissen gewöhnlich, was ein Vogel ist und daß es *Meisen* oder *Amseln* gibt. Für sie sind Enten oder Fasane aber noch keine Vögel. Sie erwerben also zunächst Bezeichnungen für zentrale Objekte (z. B. *Amsel*) einer Kategorie (z. B. *Vögel*). Solche zentralen (oder auch exemplarischen) Objekte werden auch als Prototypen bezeichnet (vgl. Rosch/Mervis 1975). Erst nachdem solche Prototypen erworben wurden, eignen sich die Kinder weitere Typen an, z. B. *Henne, Papagei, Eule* oder *Pfau*. Dies hängt wahrscheinlich mit der kindlichen Erfahrungswelt zusammen und damit, welche Objekte dem Kind besonders wichtig sind oder häufig in seiner Gegenwart benannt werden. Es wäre z. B. denkbar, daß das Kind einer Vogelkundlerin früher auch andere Vogelarten zur Kategorie der Vögel rechnen würde.

Mehr oder weniger prototypische Vögel

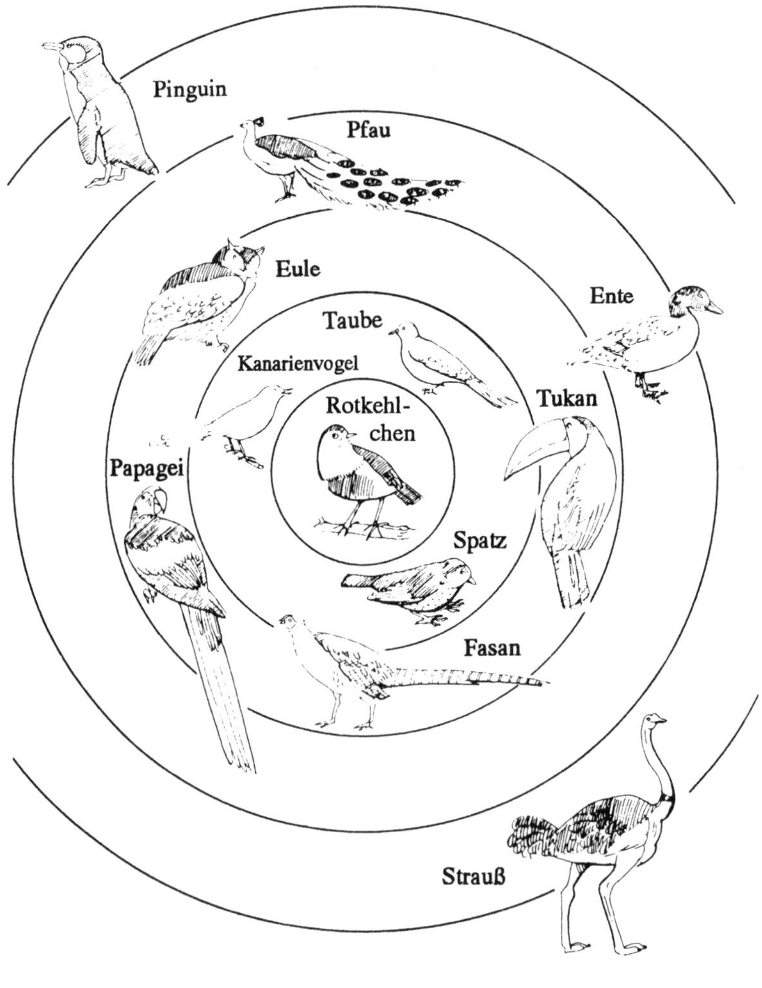

nach: Aitchison 1987, 54

Zwar werden bei Farben nicht zuerst Grundfarben erlernt, wie man erwarten würde. Die Orientierung geht aber auch hier auf Prototypisches: *Das blauste Blau* oder *das roteste Rot*. Prototypen sind sozusagen idealtypische Vertreter einer Kategorie. Sie werden vermutlich als „Gestalten" (ganzheitliche Eindrücke) wahrgenommen. Einzelne Begriffsmerkmale werden dagegen erst allmählich erschlossen.

Der Einfluß der Erwachsenensprache auf die Entwicklung von Wortbedeutungen

Es ist bekannt, daß Erwachsene und ältere Kinder ihre Ausdrucksweise intuitiv den Aufnahme- und Verarbeitungsmöglichkeiten von jüngeren Kindern anzupassen versuchen (vgl. Snow/Ferguson 1977). So vereinfachen Erwachsene ihre Sprache z. B. gezielt, wenn sie gebeten werden, Objekte für Kinder im Alter von zwei Jahren zu benennen. Sie verwenden dann allgemeinere Ausdrücke, z. B. *Wauwau* statt *Hund*, sagen zu einem *Spielzeug-Leopard* einfach *Kätzchen* oder zu einem *Spielzeug-Lastwagen Auto* (vgl. Mervis/Mervis 1982).

Prototypen in der Sprache von Betreuern

Eine solche Betonung von Ähnlichkeiten dürfte bei der Erfassung und Speicherung dieser „Gestalten" helfen. Wahrscheinlich begünstigen Vereinfachungen dieser Art auch die Entstehung von prototypischen Modellen.

Interessanterweise verwenden Erwachsene bei der Einführung oder Erklärung einfacher Worte meist hinweisende Definitionen, während sie zur Erläuterung von Oberbegriffen (Supernymen) darauf verweisen, daß das Supernym (der Oberbegriff) und die Hyponyme (die dazugehörigen Unterbegriffe) über gemeinsame Merkmale verfügen. Beispiel: *Schau, das ist ein Auto.* Hingegen wird der Ausdruck *Fahrzeug* z. B. so erklärt: *Ein Auto, ein Bus und ein Zug sind Fahrzeuge. Mit ihnen kann man fahren.* (vgl. Callanan 1985).

hinweisende Definitionen

Ober- und Unterbegriffe

Allgemein kann man die Sprache der Betreuer folgendermaßen charakterisieren:

- reduzierter Wortschatz,
- vermehrter Gebrauch von Inhaltswörtern,
- Verben, Pronomen und Funktionswörter werden seltener verwendet als in Gesprächen mit Erwachsenen.

Zur Erschließung von Wortbedeutungen

Beim Erwerb und der Entwicklung von Wortbedeutungen stützen sich Kinder nicht nur auf wahrnehmbare Zusammenhänge. Mit zunehmendem Alter werden vermehrt auch andere Aspekte (z. B. semantische, syntaktische und pragmatische) berücksichtigt.

Allgemein gilt, daß der Gesamtkontext (d. h. der sprachliche Kontext und das Wissen des Kindes über die Objekte und ihre Beziehungen) das Verständnis von Wörtern beeinflußt. So können drei bis vier Jahre alte Kinder z. B. relationale Ausdrücke wie *vor* und *nach* schon richtig gebrauchen, wenn sie über vertraute Dinge sprechen (vgl. French/Nelson 1985). Allerdings spielt beim Verständnis solcher Ausdrücke auch die Wortfolge eine wichtige Rolle. In Äußerungen, in denen die Wortfolge der Ereignisabfolge entspricht (Beispiel: *Peter kommt nach Paul ins Zimmer.*), werden *vor* und *nach* problemlos verstanden, während andere Fälle noch Schwierigkeiten bereiten können (vgl. z. B. *Vor dem Überqueren des Zebrastreifens soll man nach links und dann nach rechts schauen.*). Allgemein kann man sagen, daß sich Wissen über Ereignisse und Zusammenhänge auf Interpretationen auswirkt.

Einer anderen nichtsprachlichen Erwerbsstrategie kam Clark bei der Untersuchung von Lokalpräpositionen (*in, auf, unter*) auf die Spur. Sie berichtet, daß Kinder dazu tendieren, Gegenstände „in" etwas zu plazieren. Aufgrund dieser Verhaltenspräferen-

„Als-ob"-Strategie

zen gewinnt man den Eindruck, daß sie *in* sehr früh verstehen, *auf* in manchen Kontexten und *unter* überhaupt nicht (vgl. Clark 1973 b). Auch hierbei verhalten sie sich zumeist so, als ob sie verstehen würden (vgl. S. 48 „Als-ob"-Strategie).

Begünstigt wird dieser Eindruck vermutlich auch durch die Gebrauchshäufigkeit: *in* wird mehr als doppelt so oft gebraucht wie *auf* und *auf* wiederum etwa 20 mal häufiger als *unter* (vgl. Mills 1985, 200; in den Daten von Ruoff 1981, 187 kommt *in* mit 28%, *auf* mit 7,9 % und *unter* mit 0,53 % vor). Es dürfte daher schwierig sein, in einer konkreten Situation festzustellen, ob ein Kind bereits eine Präposition wie *in* versteht oder nur „so tut als ob".

Erschließungsstrategie

Im Alter von fünf bis sieben Jahren zeigt sich ein weiterer Wandel in der Verarbeitung. Während Kinder anfangs bei Wortassoziationstests immer syntagmatisch reagieren, d. h. ein mögliches Folgewort nennen (Beispiel: Stimuluswort: *essen*; Reaktion: *Mittag*), tendieren die älteren dazu, paradigmatische Relationen zu aktivieren (Beispiel: *essen*; Reaktion: *trinken*). Es ist wahrscheinlich, daß dies Auswirkungen der kognitiven Entwicklung sind. Sie ermöglicht es auch, daß unbekannte Wörter nun häufiger mittels Schlußfolgerungen (unter Einbeziehung des Kontextes) geklärt werden können. Wenn Kinder in diesem Alter unbekannte Wörter hören, so assoziieren sie diese zumeist mit einem in der Situation vorhandenen unbekannten Objekt (vgl. Clark 1987, 15 und Kap. 4.3.4 „Sprachlernstrategien").

Bis ins Alter von zwölf bzw. sechzehn Jahren machen Kinder und Jugendliche allerdings noch Fehler im Bereich der Selektionsregeln bzw. der Valenz von Verben (vgl. Hakes 1980, 78ff.). So wird beispielsweise *stiften* (jemand stiftet einen Betrag einer Institution) noch häufig wie *geben* gebraucht.

Zusammenfassung

Kinder erwerben zunächst ganzheitliche Strukturen. Diese werden allmählich differenziert und durch Merkmale angereichert. Während einer Übergangsphase orientieren sich Kinder an ständig wechselnden Merkmalen (vgl. S. 46 „Uhr-Beispiel"), ehe sie herausfinden, welche Merkmale relevant sind. Erst dann stabilisieren sich Bedeutungen allmählich. Mit anderen Worten: B e d e u t u n g s s t r u k t u r e n entstehen im Laufe der Entwicklung aus G e s a m t e i n d r ü c k e n, die so lange d i f f e r e n z i e r t und r e o r g a n i s i e r t werden, bis sie k o n v e n t i o n e l l e n B e d e u t u n g e n der Erwachsenensprache entsprechen.

Es wird vermutet, daß erste Begriffe aus sensumotorischen Schemata (d. h. dem Umgang mit Objekten) entstehen, die dann an Bezeichnungen angekoppelt werden (vgl. Kap. 2.2.1 „Sensumotorische Entwicklung und Spracherwerb").

In natürlichen Situationen sind Kinder jedoch auch häufig mit Erwachsenen oder älteren Kindern zusammen, so daß sie neue Wörter „aufschnappen" können und dadurch zur Bildung neuer Bedeutungsstrukturen angeregt werden. Bei der Bildung neuer Bedeutungsstrukturen spielen sowohl funktionale (was man mit einem Objekt, z. B. einem Ball, tun kann) als auch perzeptuelle Aspekte (ein Ball ist rund, hüpft ...) eine wichtige Rolle. Szagun (1983) hat am Beispiel von Begriffsnetzen zu *Baum* die Entwicklung von Bedeutungsstrukturen im Vergleich eines fünf- bis sechsjährigen Kindes mit einem zehnjährigen Kind verdeutlicht:

Begriffsnetz *Baum I*

Gefestigte Merkmale:

Form/Teile:	–	Bäume sind groß. Sie haben Stamm und eine Krone aus Ästen und Blättern.
Differenzierung der Form/Teile:	–	Bäume, die so aussehen wie Weihnachtsbäume, heißen *Tannen*. Sie haben Nadeln.
Tätigkeiten:	–	Man kann auf Bäume klettern.
Beobachtbare Zustandsveränderungen/ biologisches Wissen:	–	Die grünen Blätter von Bäumen verfärben sich zu gelb, rot und braun.
	–	Sie fallen ab, wenn es kalt wird.
	–	Bäume bekommen neue Blätter.
	–	Manche Bäume haben Früchte, die man essen kann.
	–	Bäume wachsen.
	–	Bäume leben.
	–	Bäume können umfallen.
Einzelne Informationen, noch in keinen Zusammenhang gebracht:	–	Blätter von Bäumen haben verschiedene Formen.
	–	Manche Bäume haben noch andere Namen.
	–	Der Baum auf der Straße heißt *Kastanie*.

Szagun 1983, 249 (hypothetisches Begriffsnetz eines 5- bis 6jährigen Kindes)

Begriffsnetz *Baum II*

Form/Teile:	–	Bäume sind groß.
	–	Bäume haben Stamm und Baumkrone aus Ästen und Blättern oder Nadeln.
Tätigkeiten:	–	Man kann auf Bäume klettern.
Biologisches Wissen – hierarchisch strukturiert:	–	Bäume sind Lebewesen.
	–	Sie sind Pflanzen.
	–	Es gibt Laubbäume und Nadelbäume.
	–	Es gibt verschiedene Baumarten, die Namen haben.
Biologisches Wissen/ beobachtbare Zustandsveränderungen:	–	Die grünen Blätter von Laubbäumen verfärben sich im Herbst zu gelb, rot und braun.
	–	Die Blätter fallen ab.
	–	Im Winter ist der Baum ohne Blätter.
	–	Bäume blühen.
	–	Bäume haben Früchte.
	–	Nadelbäume behalten ihre Blätter im Winter.
	–	Bäume können sehr alt werden.
Nutzen für Menschen:	–	Bäume geben Holz.
	–	Bäume geben Obst.
	–	Bäume geben gute Luft.
Gefühl:	–	Bäume sind angenehm zu erleben.
	–	Sie sind schön.

Szagun 1983, 249 (hypothetisches Begriffsnetz eines ca. 10 Jahre alten Kindes)

Prototypen

Als erste Exemplare einer Kategorie werden gewöhnlich Prototypen (z. B. *Spatz*) erlernt, deren Aneignung vermutlich durch sprachliche Vereinfachungen der Betreuungspersonen begünstigt werden. Erst allmählich werden spezifischere Kategorien (z. B. *Eule*, *Fasan*) eines Bereichs erworben.

Vorangegangene Erfahrungen und die jeweilige Lernsituation bestimmen, was ein Kind mit einem Wort verbindet, sowohl an Gefühlswerten und Konnotationen als auch an Bedeutungsmerkmalen und Relationen zu Objekten (Extension) und anderen Wörtern (Intension). Während erste Merkmale, an denen sich Kinder orientieren, perzeptuell oder funktional sind, wird in der Zeit der mittleren Kindheit zunehmend mit abstrakteren, insbesondere relationalen Merkmalen und Bedeutungshierarchien gearbeitet. Das ursprünglich grobmaschige semantische Netz wird so allmählich immer dichter geknüpft. Dennoch müssen wir darauf gefaßt sein, daß Kinder Wörter gebrauchen, deren Bedeutungsstrukturen ihnen noch nicht ganz klar sind. Lewis spricht in diesem Zusammenhang von der Gefahr des „leeren Verbalismus" in der mittleren Kindheit (vgl. Lewis 1970, 237).

Aufgabe 30

Welche Wörter werden früher, welche später erworben? Welche Erklärungsmöglichkeiten bietet die Merkmaltheorie dafür, welche die Prototypentheorie?

Aufgabe 31

1. *Auf welche Weise fördern Erwachsene bei Kindern die Entwicklung von Wortbedeutungen?*
2. *Wie verändert sich die Erschließung der Wortbedeutungen im Laufe der Entwicklung?*

Literaturhinweise

Weiterführende Literatur:

Bierwisch, M. (1967): *Einige semantische Universalien in deutschen Adjektiven*, 269 – 275.

Clark, E. (1972): *Über den Erwerb von Antonymen in zwei semantischen Feldern durch das Kind*, 399 – 414.

Hörmann, H. (1981): *Einführung in die Psycholinguistik* [darin: Kap. V].

Szagun, G. (1983): *Bedeutungsentwicklung beim Kind. Wie Kinder Wörter entdecken* [darin: Kap. 1, 5 und 6].

3.3 Zur Entwicklung grammatischer Kompetenz

Es wurde bereits im Zusammenhang mit den kognitiven Voraussetzungen darauf hingewiesen, daß Kinder während der vorbegrifflichen Phase (1;6 – ca. 4 Jahre) die Wortstellung anfangs noch nicht und später erst allmählich als Interpretationshilfe nutzen. In dieser Zeit werden Worte eher spontan und aufgrund beobachtbarer Zusammenhänge aneinandergereiht. Wenn erste Mehrwortäußerungen syntaktisch richtig gebildet zu sein scheinen, so liegt dies daran, daß es sich dabei um formelhafte Ausdrücke handelt, d. h. um die Imitation ganzheitlicher Ausdrücke, die

Äußerungsformeln

- unveränderlich,
- nur in spezifischen Kontexten,
- an Intonation, Akzent und einem in der Regel höheren Sprechtempo als Einheiten erkennbar

gebraucht werden. Es sind vielfach Floskeln, die man bei stark ritualisierten Interaktionsformen wie „grüßen" oder „sich entschuldigen" gebraucht. Von Kindern werden solche Formeln zur Durchsetzung oder Regulierung von Spiel-Interaktionen verwendet, z. B. *Geh weg da!* oder *He, wir dürfen nicht raus*. Diese Beispiele stammen von einem türkischen Jungen im Zwei-Wort-Stadium. In der Literatur werden solche Äußerungsformen auch als Amalgam oder Gesprächsformel bezeichnet.

3.3.1 Die frühe Entwicklung

Einwortstadium

Im Einwortstadium lernen Kinder vor allem Nomen für konkrete Objekte und einige Verben und Adjektive sowie Wörter wie *ab, auf, mehr, auch, da, hier, nein*.

Zweiwortstadium

Gewöhnlich fangen Kinder in der zweiten Hälfte des zweiten Lebensjahres an, Wörter zu kombinieren. Dies beginnt jedoch nicht plötzlich. Vielmehr tauchen allmählich neben Einwortäußerungen mehr und mehr Zweiwortäußerungen und auch schon vereinzelt Äußerungen mit drei oder gar vier Wörtern auf. Allerdings bestehen die meisten Äußerungen in dieser Zeit aus zwei Wörtern, weshalb dieses Stadium auch als Zweiwortstadium bezeichnet wird. „Die Dominanz der Zweiwortsätze dauert bis etwa 2;0. In dieser Zeit beginnt die syntaktische Differenzierung, eine sprunghafte Erweiterung des Wortschatzes und ein weiterer Ausbau des phonologischen und semantischen Systems." (Oksaar 1977, 189).

Intonationsfragen werden meist schon im Einwortstadium beherrscht. Nun werden sie erweitert und mit *wo* eingeleitet. Neben *nein*, das zunächst nur zur Ablehnung gebraucht wird, taucht *nicht* auf. Adjektive werden in prädikativer, später auch in attributiver Stellung verwendet. Dabei kommt es häufiger zu einer Übergeneralisierung des „Endungs-*e*" wie z. B. in *große haus* oder *große dein* (= großer Stein). Hilfs- und Modalverben kommen nur äußerst selten vor.

Erste Plural- und Artikelformen sind nun beobachtbar, letztere jedoch zumeist reduziert auf *de* (für bestimmte) oder *en* bzw. *e* (für unbestimmte Formen). Das Partizip Perfekt wird vereinfacht, d. h. ohne Präfix *ge-* verwendet (vgl. *kommen* statt *gekommen*). Häufig wird noch der Infinitiv gebraucht. Beispiele:

Beispiel

mami da	*da flasche*	*da auto*	*auto haben*
steine mit	*noch steine*	*viele steine*	*steine haben*
mami schuh	*noch schuh*	*viele schuhe*	*schuhe haben*
becher mit	*noch becher*	*viele becher*	*becher haben*

aus: Ramge 1973, 79; Szagun 1980, 32f. (die Kleinschreibung soll andeuten, daß es sich um Kind-Äußerungen handelt)

Sieht man sich diese Beispiele genauer an, so erkennt man, daß es Wörter gibt, die sowohl am Anfang als auch am Ende einer Äußerung stehen können, während andere nur in bestimmten Positionen vorkommen. Die Gruppe der positionsgebundenen Wörter ist relativ klein und wächst nur langsam, während die andere Gruppe (die Inhaltswörter) rasch wächst. Man hat in diesem Zusammenhang von telegraphischen Ausdrükken gesprochen, weil Funktionswörter weitgehend fehlen oder nur sporadisch eingestreut sind. Es ist wahrscheinlich, daß Kinder zunächst betonte Wörter lernen, weil sie sich am Anfang (wie schon ausgeführt wurde) an Intonation und Rhythmus orientieren. Mit solchen Äußerungen lassen sich folgende Funktionen und Beziehungen ausdrücken:

Grundfunktionen

- Wunsch/Aufforderung (*balla mit* → der Ball soll mit),
- Fragen (*wo ball?*),
- Vorhanden- /Nichtvorhandensein (*da flasche, weg auto*),
- Lokalisierung (*stuhl rein*),

- Wiederholung (*mehr milch, noch apfel*),
- Handlungsbeschreibung (*puppe kommt*),
- Besitzverhältnis (*mein ball, mones puppe* → Simones Puppe),
- Modifizierung bzw. Attribution (*milch heiß, große apfel*),
- Objekt und Handlung (*musik haben*).

Ähnliche Funktionen und Relationen lassen sich auch beim Erwerb anderer Sprachen beobachten. Es scheint sich also um so etwas wie universelle Grundfunktionen bzw. Grundbeziehungen zu handeln.

Halliday 1975 hat aufgrund von Beobachtungen davon etwas abweichende Grundfunktionen konzipiert, die hier noch ergänzend genannt werden sollen. Sie eignen sich z. B. zur Analyse von Lehrwerken ebenso wie zur Überprüfung von Unterricht. Demnach dient Sprache

1. als Instrument: *Ich will.*
2. zur Regulation: *Mach X.*
3. zur Interaktion: z. B. grüßen, fragen.
4. zum Ausdruck von Gefühlen oder Interessen: *Das tut mir weh.*
5. zur Planung und Problemlösung (heuristische Funktion): *Wenn ich auf die Wippe steige und du unten sitzen bleibst, könnte ich drankommen.*
6. zur Imagination: *Ich bin jetzt Alf, der Außerirdische.*
7. zur Information: *Er ist gekommen.*

Aufgabe 32

Sehen Sie sich ein Lehrbuch für den Anfangsunterricht DaF an. Welche der Grundfunktionen finden Sie dort wieder? Wo sind Ergänzungen möglich oder nötig?

3.3.2 Das Drei- und Mehrwortstadium

Kasuskennzeichnung bereitet Schwierigkeiten

„Zwischen ca. 2;0 und 4;0 werden wohl die meisten F l e x i o n s m o r p h e m e erlernt und auch die Syntax der Kinder wird schnell komplexer.“ (Szagun 1980, 35). Das grammatische Geschlecht der Substantive scheint anfangs relativ problemlos erworben zu werden, Kasusmarkierungen hingegen nur langsam, wobei viele Fehler gemacht werden. Außerdem eignen sich die Kinder in dieser Zeit neue Tempus- und Pluralformen an sowie die wesentlichen Verbstellungsregeln des Deutschen. Auch werden in dieser Zeit A r t i k e l noch häufiger ausgelassen oder die feminine Form (*die* bzw. *eine*) übergeneralisiert. Insgesamt nimmt der Gebrauch von Artikelformen jedoch zu. Bei der F l e x i o n d e r N o m e n kann man um das 3. Lebensjahr vereinzelt Kennzeichnungen für den Akkusativ beobachten. Dativformen tauchen meist erst nach dem 3. Lebensjahr auf und Genitivformen wohl erst im Alter von fünf Jahren. Oomen-Welke berichtet z. B., daß ihr Sohn mit drei Jahren noch nicht zwischen *das* und *des* differenzierte, während sein fünfjähriger Freund dazu bereits in der Lage war. Auch auf gezielte Fragen der Mutter zeigte sich dies deutlich:

Mutter: *Sag mal: Wie ist der Kopf des Löwen?*

Sohn: *Der Kopf das Löwen ist ganz groß und vom Tiger auch.*

Oomen-Welke, persönliche Mitteilung

attributives Adjektiv

Ab ca. 2;6 werden auch P e r s o n a l p r o n o m e n der 1. und 2. Person Singular verwendet und erste formelhafte Ausdrücke mit Akkusativ (z. B. *für dich*) und Dativ (*gib mir*). Bei attributiv gebrauchten Adjektiven werden im 4. Lebensjahr Formen der starken und schwachen Flexion weitgehend beherrscht.

Erste Präpositionen (Lokalpräpositionen) erscheinen im 3. Lebensjahr. In diesem Zusammenhang werden Akkusativformen übergeneralisiert. Andere Formen werden als Formeln (Amalgame) gelernt.

Präpositionen

Ab dem 3. Lebensjahr kommt es auch zu einer Übergeneralisierung unregelmäßiger Verbformen, nachdem die Formen zuvor weitgehend richtig gebraucht wurden. Bei den Tempusformen wird das Perfekt vor dem Imperfekt (bzw. Präteritum) erworben (vgl. Stern/Stern 1987, 65). Für den früheren Erwerb des Perfekts lassen sich zwei Gründe anführen: Mit dem Perfekt werden z. T. die schwierigen unregelmäßigen Verbformen vermeidbar (Vermeidungsstrategie), außerdem wird das Perfekt in der gesprochenen Sprache häufiger gebraucht als das Imperfekt. Es ist also häufiger zu hören und z. B. in Erzählungen auch besser zu verwenden.

unregelmäßige Verben werden plötzlich regelmäßig flektiert

Die Hilfsverben *haben* und *sein* bereiten offenbar keine großen Schwierigkeiten, was nicht für *werden* gilt, das vermutlich wegen seiner doppelten Funktion (Kennzeichnung von Futur und Passiv) erst später gemeistert wird.

Hilfsverben sind z. T. schwierig

Pluralformen von Nomen, die im Zweiwortstadium beobachtbar waren, werden nun oft als Aussprachevarianten gebraucht. Erst allmählich werden diese Formen auch in ihrer Bedeutung erfaßt.

Nun beginnt die Orientierung an der Wortstellung immer deutlicher zu werden (Wortfolge-Strategie). Die meisten Äußerungen von Kindern in diesem Alter weisen noch die „Normalform“ (d. h. SVO) auf. Wie stark sich Kinder in diesem Alter an Normalformen orientieren, zeigt auch das folgende Beispiel:
Ein Kind im dritten Lebensjahr verändert in einem Kinderlied eine Zeile und korrigiert so die Vorgabe:

Wortfolge als Orientierungshilfe

Backe backe Kuchen,

der Bäcker hat gerufen.

Wer will guten Kuchen backen,

der muß haben sieben Sachen ...

Durch das Kind korrigiert lautete die letzte Zeile:

der muß sieben Sachen haben.

Scupin/Scupin 1907; zitiert nach: Mills 1985, 164

Beispiel

Es wird in dieser Zeit allerdings auch die Subjekt-Verb-Umstellung (Inversion) erlernt (z. B. für Fragesätze) und weitere Fragewörter: *was, wer, wie, wo* und *warum*. Passivformen sind äußerst selten und werden ohne Angabe des jeweiligen Agenten gebraucht, z. B.

Inversion

Passiv

Peter wird groß.

Das Glas wird kaputt.

Vereinzelt tauchen auch schon Relativsatzkonstruktionen auf, meist aber ohne Relativpronomen. Statt dessen wird häufig *wo* benutzt, wie in folgendem Beispiel:

Relativsatz

Das Mädchen, wo in die Schule geht ...

Relativpronomen werden erst dann konsequent gebraucht, wenn die Artikelformen und das Kasussystem sicher beherrscht werden.

Relativpronomen

Insgesamt finden sich viele Arten von Koordination und Subordination, Aneinanderreihungen mit *und* und *aber*, kausale Nebensätze mit *weil* sowie finale mit *daß*, konditionale und temporale, beide mit *wenn*. Solange konditionale Formen noch nicht sicher beherrscht werden, verwenden Kinder auch Mimik und Gestik zur Kennzeichnung.

3.3.3 Die Entwicklung nach dem vierten Lebensjahr

Beherrschung von Passivsätzen

Im Bereich der Syntax tauchen nun Konstruktionen, die bisher vereinzelt gebraucht wurden, immer häufiger auf. Das P a s s i v wird allerdings erst mit 7 bis 9 Jahren wirklich beherrscht. Ähnliches gilt für Relativsätze. Sie werden zunächst am Ende eines Hauptsatzes angehängt, wobei Kinder sie anfangs wie Koordinationen zu verstehen scheinen. Während im Hauptsatz kaum mehr Wortstellungsfehler gemacht werden, halten sich solche in Nebensätzen noch bis ins 6. Lebensjahr.

Zeitpräpositionen

Der sich entwickelnde Zeitbegriff scheint einen differenzierteren Gebrauch von Z e i t - p r ä p o s i t i o n e n (neu hinzu kommen: *ab, von ... an, bis, seit, während*) zu ermöglichen. Bei den Fragewörtern erscheint nun das temporale *wann*.

Nomina

Im Bereich der N o m i n a kommt es noch immer zu Verwechslungen von Nominativ und Akkusativ. Auch bei den Pluralformen gibt es weiterhin viele Unsicherheiten.

Genusformen

Übergeneralisierung von *die*

G e n u s f o r m e n werden wahrscheinlich als A m a l g a m e erlernt. Dennoch bereiten sie hartnäckig Schwierigkeiten. Mills stellte noch bei Sechsjährigen eine Tendenz zur Übergeneralisierung von f e m i n i n e n F o r m e n fest. Oomen-Welke (1988) hat darauf hingewiesen, daß *die* aufgrund seines Vorkommens (im Nominativ Singular, Akkusativ Singular, Nominativ Plural, Akkusativ Plural) das häufigst gebrauchte Wort im deutschen Artikelsystem sein müsse, was die Angaben bei Ruoff (1990, 514) bestätigen. Etwa 10 % der Maskulina und Neutra werden übergeneralisiert. Auch im Bereich der indefiniten Artikelformen halten sich Fehler bis ins sechste Lebensjahr.

Steigerungsformen

Bei den A d j e k t i v e n lassen sich erste Steigerungsformen beobachten. Vorher werden *mehr, noch* und *viel* zur Kennzeichnung verwendet. Allerdings bevorzugen Kinder bis ins Alter von sechs bzw. neun Jahren *mehr* an Stelle von Steigerungsformen, wohl weil sie die Formen noch nicht sicher beherrschen, wie viele Übergeneralisierungen zeigen:

guterer statt *besser*

der näheste statt *der nächste* (wenn Nähe gemeint ist)

Insgesamt werden erstaunlich wenig Fehler im Bereich der Adjektivendungen (in attributiver Stellung) gemacht, was damit zusammenhängen dürfte, daß Adjektive meist schwach flektiert werden.

Tendenz zur Übergeneralisierung von *haben*

V e r g a n g e n h e i t s f o r m e n von unregelmäßigen Verben bereiten jedoch nach wie vor Schwierigkeiten. Vielfach kommt es zu Übergeneralisierungen von *haben* an Stellen, wo *sein* gefordert wäre. Solche Fehler bzw. Verwechslungen halten sich über das 6. Lebensjahr hinaus.

Gewisse Schwierigkeiten bereiten *W* - W ö r t e r wie *warum*, das z. B. oft statt *weil* verwendet wird. Vermutlich hängt dies damit zusammen, daß es häufiger gebraucht wird, nämlich zur Einleitung von Nebensätzen und als Fragewort.

Für den Erwerb von P r ä p o s i t i o n e n finden wir bei Mills (vgl. 1985, 200) und Ruoff (1981, 511) folgende Angaben:

Kinder unter 3 Jahren lassen Präpositionen fast durchgängig aus. Die dann einsetzende Abfolge dürfte Interessen und Verarbeitungsmöglichkeiten der Kinder sowie Vorkommenshäufigkeiten in der Sprache der Betreuungspersonen widerspiegeln.

	Mills (Kinder)	*Ruoff* (Erwachsene)
in	44,4 %	28,00 %
auf	19,6 %	7,97 %
zu	9,4 %	7,80 %
bei	8,9 %	5,47 %
an	4,3 %	8,77 %
nach	2,9 %	4,50 %
von	2,8 %	10,34 %
aus	1,8 %	1,52 %
durch	1,1 %	1,24 %
neben	0,8 %	0,13 %

Der Überblick über die allmähliche Differenzierung der Grammatik macht Entwicklungstendenzen sichtbar, die sich auch beobachten lassen, wenn Deutsch als fremde Sprache erlernt wird, z. B. in der Reihenfolge des Erwerbs der Präpositionen (*in, auf, bei* u. a.), die tendenzielle Übergeneralisierung von *die*, Schwierigkeiten mit *W*-Wörtern, mit Dativ und Genitiv, mit Passivkonstruktionen, Relativsätzen usw. Das Wissen um solche Problembereiche kann mit dazu beitragen, daß Lehrer geduldiger auf entsprechende Lernprobleme reagieren und daß solche Phänomene immer wieder in Übungssequenzen einbezogen werden.

Aufgabe 33

Sehen Sie sich jetzt noch einmal ein DaF-Lehrwerk daraufhin an, ob es für die angedeuteten Problembereiche genügend Übungen anbietet; markieren Sie in der Kapitelübersicht die Stellen, die Ihrer Ansicht nach mit zusätzlichen Erklärungen und Übungen erweitert werden müßten.

Leider wissen wir über die Entwicklung im Bereich der Morphologie des Deutschen immer noch viel zu wenig, so daß es kaum möglich ist, Aussagen über Erwerbsabfolgen zu machen. Welche Bedeutung solche Abfolgen für den Lehrer haben könnten, soll abschließend am Beispiel einer „klassischen" Untersuchung erläutert werden (vgl. Brown 1973; kritisch dazu Bourn 1988).

Die Untersuchung von Brown

In einer umfangreicheren Studie hat Brown das Datenmaterial einer Langzeituntersuchung (von drei Kindern) ausgewertet und versucht, obligatorische Kontexte für bestimmte Morpheme zu identifizieren. Weiter überprüfte er, in wie vielen dieser Kontexte richtige Morpheme verwendet wurden. Er stellte dabei fest, daß diese Morpheme allmählich erworben werden: In der Anfangszeit werden sie mit großen Intervallen gebraucht, allmählich dann häufiger, bis sie schließlich in obligatorischen Kontexten immer erscheinen.

Erwerbsabfolge

Zu seiner Überraschung stellte er fest, daß die Reihenfolge, in der diese Morpheme erworben wurden, bei allen drei Kindern die gleiche war. Am Anfang wurden die Präpositionen *in* und *auf* erlernt, das Plural-*s* und die Verlaufsform im Präsens. Zuletzt wurden Kopula- und Hilfsverben erworben. Brown ging davon aus, daß ein Morphem oder Wort dann als erworben gelten kann, wenn es in 90 % der obligatorischen Kontexte gebraucht wird.

Die Untersuchung von Brown wurde von de Villiers/de Villiers (1973) mit 21 Kindern wiederholt. Im Gegensatz zu den Daten Browns stützen sich diese Forscher auf Daten einer sog. „Pseudolongitudinal-Untersuchung". Dazu wurden Daten von Kindern in unterschiedlichem Alter und mit unterschiedlichem Sprachentwicklungsstand erhoben und miteinander verglichen. Im Gegensatz zur Langzeituntersuchung (oder Longitudinalstudie) Browns werden bei dieser Form der Untersuchung Querschnitte (bzw. Momentaufnahmen verschiedener Entwicklungsstadien) so geordnet, daß eine Art Längsschnitt entsteht. Solche Verfahren sind weniger aufwendig als Langzeituntersuchungen. Ihre Ergebnisse sind allerdings auch weniger zuverlässig.

Auch bei der Untersuchung der beiden de Villiers zeigte sich die Erwerbsabfolge, die Brown herausgearbeitet hatte. Aufgrund der genannten Untersuchungsergebnisse können wir annehmen, daß es im Englischen für diese Morpheme tatsächlich eine relativ konstante, d. h. vorhersagbare Erwerbsabfolge gibt.

Brown hat versucht, dieses Phänomen zu erklären. Er hat z. B. überprüft, ob die Häufigkeit im Sprachgebrauch der Betreuungspersonen einen Einfluß auf die Erwerbsabfolge hat und dabei festgestellt, daß die Artikel die von den Betreuungspersonen am häufigsten gebrauchten Elemente waren. Sie wurden dennoch nicht zuerst erworben. Hingegen wurden die am häufigsten gebrauchten Präpositionen tatsächlich als erste aufgegriffen und gebraucht. Aufgrund seiner Analysen kommt Brown zu dem Schluß, daß semantische Komplexität (d. h. die Anzahl der Bedeutungen, die mit einem Morphem verbunden sind) und syntaktische Komplexität (die Anzahl der grammatischen Bedeutungen) für die Abfolge des Erwerbs maßgeblich sind. Ergänzend ist anzumerken, daß auch durch Betonung (d. h. Hervorhebung durch Akzentuierung) das Erfassen und Verarbeiten von sprachlichen Elementen erleichtert wird. So sind Artikel im Englischen häufig unbetont, Präpositionen hingegen häufiger betont (vgl. Leech/Svartvik 1975, 205 und 274f.).

Mit Hilfe solcher Kenntnisse ist es nun möglich, den Sprachentwicklungsstand eines Englisch als Erstsprache lernenden Kindes zu beurteilen, sofern es noch nicht alle Morpheme dieser Gruppe erworben hat. Zweifellos wäre es eine große Hilfe, wenn man mehr über solche Zusammenhänge wüßte. Es wäre z. B. interessant zu wissen, ob es solche Erwerbsabfolgen auch für das Deutsche gibt und ob sich solche Abfolgen auch bei Zweitsprachlernern beobachten lassen. Obwohl dies für den Erstspracherwerb zu vermuten ist, sollte man doch mit vorschnellen Spekulationen, vor allem mit Übertragungen auf den Bereich des Zweitspracherwerbs vorsichtig sein. Denn erst nach der Analyse größerer Datenmengen ließen sich solche Entwicklungsabfolgen auch für den Erstspracherwerb des Deutschen postulieren.

Erwerbsprinzipien

Die meisten Daten zum Erstspracherwerb wurden für das Englische gesammelt. Hypothesen und Theorien orientieren sich vorwiegend an diesen Befunden. Erst in neuerer Zeit wurden auch Erhebungen in anderen Sprachen (z. B. für Deutsch, Italienisch, Serbokroatisch und Türkisch) unter vergleichbaren Bedingungen durchgeführt und ausgewertet (Slobin 1982; 1985a). Aufgrund dieser Befunde lassen sich einige generelle Aussagen zum Spracherwerb machen, die wir hier in vereinfachter Form wiedergeben (vgl. dazu auch Slobin 1973; 1977; 1985a sowie Mills 1985, 239ff.). Man spricht in diesem Zusammenhang auch von Erwerbsprinzipien:

1. Betonte Silben und Wörter werden leichter wahrgenommen und daher auch früher erworben.
2. Prototypische Formen werden in der Regel vor nichtprototypischen Formen erworben.
3. Endsilben und Wörter in Endstellung von Satzteilen oder Sätzen werden ebenfalls leichter wahrgenommen (als z. B. Präfixe oder Infixe) und daher ebenfalls früher erworben.
4. Semantische Zusammenhänge werden häufig mit der Wortfolge in Verbindung gebracht.
5. Lerner orientieren sich zunächst immer an Grund- oder Standardformen. Ihre Bestimmung ist jedoch nicht immer einfach.
6. Die prädikative Stellung von Adjektiven im Deutschen scheint eine solche Normalform zu sein, ebenso die Aussagesatzform SVO (bzw. SOV im Türkischen).
7. Normalformen werden zugunsten von entdeckten Regelhaftigkeiten aufgegeben (z. B. *gesingt* statt *gesungen*).

8. Regelhaftigkeit wird in jedem Fall gesucht, auch wo sie nicht vorhanden ist (→ Übergeneralisierung).
9. Wo keine regelhaften Zusammenhänge erkennbar sind, wird amalgamiert, d. h., es werden Formeln gebildet.
10. Häufigkeit ist ein wichtiger Faktor, wenn das zu lernende Element bzw. die zu erwerbende Struktur eine klare Bedeutung oder Funktion hat.
11. Bedeutung ist wichtiger als Form.
12. Zur Bedeutungserschließung werden intuitiv neben sprachlichen auch prosodische und nonverbale Zusammenhänge genutzt.
13. Schwer erfaßbar sind diskontinuierliche Elemente (z. B. trennbare Vorsilben von Verben im Deutschen wie *ankommen: Kommt er morgen schon an?*) und kontrahierte Formen (z. B. *rausgangen?* statt *hinausgegangen?*). Sie werden langsamer erworben.
14. Doppel- oder Mehrfachfunktionen oder -bedeutungen, Unklarheiten oder Unregelmäßigkeiten erweisen sich meist ebenfalls als Lernhindernis (vgl. best. Artikel und Relativpronomen, Null-Morphem bei der Pluralkennzeichnung, akustische Ähnlichkeit, die Verwechslung begünstigt, wie bei *den* und *dem*, *in* und *im*).

Beantworten Sie zum Abschluß dieses Teilkapitels nun noch die beiden folgenden Fragen.

Aufgabe 34

1. *Erklären Sie den Ausdruck „Normalform". Welche Rolle spielen Normalformen beim Spracherwerb?*
2. *Was versteht man unter einer „Erwerbsabfolge"?*

Literaturhinweise

Weiterführende Literatur:

Anisfeld, M./Tucker, G. R. (1967): *Englische Pluralisationsregeln bei sechsjährigen Kindern*, 243 – 262.

Berko, J. (1958): *Das Erlernen der englischen Morphologie durch das Kind*, 215 – 242.

Brown, R. u. a.(1968): *Die Grammatik des Kindes von I bis III*, 144 – 189.

Miller, M. (1976): *Zur Logik der frühkindlichen Sprachentwicklung* [darin: Kap. 5].

3.3.4 Erwerbstheorien*

Gewöhnlich werden zwei Positionen mit dem Spracherwerb in Verbindung gebracht: die r a t i o n a l i s t i s c h e (Nativismus) und die e m p i r i s t i s c h e.

Rationalismus (Nativismus)

Die Vertreter des Nativismus gehen davon aus, daß Sprache ein komplexes Phänomen ist. Sie behaupten, daß Sprache in der kurzen Zeit, in der sie gewöhnlich erworben wird, mit herkömmlichen Methoden nicht zu vermitteln wäre. Sie nehmen an, daß es einen angeborenen Erwerbsmechanismus geben müsse. Im Gegensatz dazu gehen die Empiristen davon aus, daß Sprache gelernt wird, d. h., daß die Umgebung und die Betreuungspersonen für diese Lernprozesse von besonderer Bedeutung sind.

Empirismus

Beide Positionen werden natürlich kaum in dieser extremen Form vertreten. Man kann jedoch an der Art und Weise, wie Argumente vorgetragen und gewichtet werden, erkennen, zu welcher Position ein Forscher oder Autor neigt. Dies ist nicht unwichtig, denn die Position, die jemand wählt, hat Konsequenzen u. a. für die Auswahl, Analyse, Interpretation und Gewichtung von Sprachdaten.

Linguisten, Psycholinguisten: nativistische Position

Vertreter des Nativismus sind z. B. meist Linguisten oder Psycholinguisten, denen es um die Erfassung und Beschreibung struktureller Eigenschaften von sprachlichen

Äußerungen geht. Sie wollen die sprachliche Kompetenz erfassen bzw. die Kompetenzentwicklung. Da sprachliche Daten immer einem konkreten, situativ bedingten Sprachgebrauch (Performanz) entstammen, versuchen sie, von den konkreten Erhebungsbedingungen zu abstrahieren, um die eigentlichen sprachlichen Gesetzmäßigkeiten und Regeln zu erschließen. Zur Datengewinnung werden vergleichende Langzeituntersuchungen durchgeführt, mit deren Hilfe Gesetzmäßigkeiten von Entwicklungsabläufen aufgedeckt werden sollen.

Sprachpsychologen: empiristische Position

Im Gegensatz dazu versuchen die Vertreter des empiristischen Ansatzes (meist Sprachpsychologen), die situative Bedingtheit sprachlicher Äußerungen und ihren funktionalen Zusammenhang zu erfassen. Sie abstrahieren nicht von konkreten Zusammenhängen, sondern versuchen die Abhängigkeit sprachlichen Verhaltens von außersprachlichen Faktoren aufzudecken. Dazu werden Daten meist mittels Experiment oder Pseudolongitudinal-Untersuchung erhoben (vgl. dazu die Ausführungen über die Untersuchung von de Villiers/de Villiers auf S. 61f.).

Der behavioristische Erklärungsversuch

Der Behaviorismus ist die Lehre vom Verhalten. Sprache wird in diesem Erklärungsrahmen als eine spezifische Form menschlichen Verhaltens angesehen. Genau wie anderes Verhalten wird es durch Bekräftigung (Belohnung bzw. Lob oder Tadel) verstärkt. Einer der älteren Erklärungsansätze stammt von dem Behavioristen Skinner. Bezeichnenderweise lautet der Titel seines Buches *Verbales Verhalten* (vgl. Skinner 1957). Seine Ausgangsthese lautet: Der Mensch wird zum Sprechen abgerichtet. Er entwickelt also Verhaltensgewohnheiten. Nach Skinner gibt es keine grammatischen Regeln. Es gibt nur Verhaltensgewohnheiten.

Menschen werden zum Sprechen abgerichtet

Das Abrichten geschieht mit Hilfe klassischer Konditionierung, wenn ein Wort z. B. im Zusammenhang mit einer Situation gelernt wird. Es geschieht aber auch, indem spontanes Verhalten bzw. spontane Äußerungen verstärkt werden (operantes Konditionieren). Bekanntlich ahmen kleine Kinder das Verhalten anderer gerne nach. Auch solches Verhalten (Imitation) kann natürlich verstärkt werden. Allgemein gilt, daß Lebewesen dazu tendieren, Verhalten, das verstärkt bzw. belohnt wurde, häufiger zu zeigen. Auf diese Weise kann imitiertes Verhalten allmählich geformt werden. Bezogen auf den Spracherwerb bedeutet das: Von den Äußerungen, die Kinder produzieren, werden die besonders verstärkt, die der Sprache der Erwachsenen am nächsten kommen. So werden die kindlichen Äußerungen der Erwachsenensprache allmählich angeglichen. Da Verstärkung und Belohnung durch andere (z. B. Betreuungspersonen) erfolgt, nehmen die Behavioristen an, daß für den Erwerbsprozeß das Lernumfeld und die Betreuungspersonen besonders wichtig sind. An so etwas wie Reifung glauben sie nicht.

Belohnung formt Verhalten

Aufgabe 35

Was spricht für, was gegen diesen Erklärungsansatz?

Der linguistische Erklärungsversuch

Mit seiner Rezension von Skinners Buch leitete Chomsky eine neue Phase in der Erforschung der menschlichen Sprache ein (vgl. Chomsky 1959). Er und seine Schüler gehen davon aus, daß die Sprache eine spezifisch menschliche Fähigkeit ist, die eine genetische Grundlage haben muß, da die sprachliche Entwicklung in verschiedenen Sprachen und Kulturen ähnlich abläuft. Seiner Meinung nach müßte die Lernumgebung eine untergeordnete Rolle spielen. Jede Erstsprache wird in wenigen Jahren erworben. Die oben angeführte Gleichförmigkeit des Entwicklungsablaufs während der Anfangsphase scheint dies zu bestätigen (vgl. Kap. 2.1.2). Und schließlich, so argumentiert Chomsky, könnten die Kinder keine sprachliche Kompetenz entwickeln, wenn sie alleine auf die unvollständigen und fehlerhaften Äußerungen ihrer Betreuungspersonen

Sprache entwickelt sich auf genetischer Grundlage

angewiesen wären. In neueren Publikationen von Chomsky-Anhängern wurde zudem darauf hingewiesen, daß Kindern eigentlich nie gesagt wird, welche ihrer Sätze richtig sind und welche falsch. Ohne diese Informationen seien Kinder jedoch nicht in der Lage, die Grammatik einer Sprache zu erwerben (vgl. z. B. Pinker 1984).

Aufgrund solcher Annahmen gehen die Vertreter dieses Ansatzes von einem a n g e b o r e n e n S p r a c h e r w e r b s m e c h a n i s m u s aus. Zwar wird eingeräumt, daß zunächst einmal Sprachdaten gehört und verarbeitet werden müssen, damit dieser Mechanismus in Gang gesetzt wird. Nach ihrer Meinung spielen gehörte Äußerungen aber eine untergeordnete Rolle.

Argumente: Einwortstadium

Für einen solchen Mechanismus spreche auch die Tatsache, daß Kinder z. B. während einer Anfangsphase nur einzelne Wörter gebrauchen, obwohl sie bereits über einen größeren Wortschatz verfügen und also durchaus in der Lage wären, Wörter zu kombinieren.

Übergeneralisierung

Auch ein anderer Umstand scheint für einen Erwerbsmechanismus zu sprechen: Die Übergeneralisierung. Sie spricht für den Versuch der Kinder, sprachliche Regeln induktiv zu erschließen. Wenn ein Kind z. B. die Regeln für die Bildung der schwachen Verben einmal herausgefunden hat, überträgt es diese automatisch auf die starken oder unregelmäßigen Verben, die es zuvor korrekt gebrauchte. Es produziert damit also Fehler, die es nie gehört haben kann.

Erwerbsprinzipien

Ebenso glaubt man, daß Erwerbsprinzipien, wie sie oben (vgl. S. 59) formuliert wurden, für eine Programmierung sprechen: Kinder achten sogar bei künstlichen Sprachen mehr auf Endungen als auf Vorsilben (vgl. Kuczaj 1979).

Gegenargumente:

Es gibt freilich auch einige Gegenargumente. Linguistische Beschreibungen sind Abstraktionen, deren Beziehung zum aktuellen Produktionsprozeß unklar ist. Insofern sind diese Theorien eigentlich empirisch nicht überprüfbar.

Verständlichkeit von Passivsätzen

Man hat z. B. längere Zeit angenommen, daß Passivsätze schwerer verständlich sein müssen, weil sie nach der Theorie der generativen Grammatik aus Aktivsätzen abgeleitet werden. Diese Auffassung schien anhand von Daten aus der Sprachentwicklung belegbar. Passivsätze werden (wie oben ausgeführt) relativ spät erworben. Es konnte jedoch auch gezeigt werden, daß Passivsätze manchmal leichter verständlich sind als Aktivsätze, ein Umstand, der kaum in diesen Erklärungszusammenhang paßt (vgl. Olson/Filby 1972).

Korrekturen

Inzwischen gibt es zudem Untersuchungsergebnisse, die zeigen, daß Mütter von Zweijährigen ungrammatische Äußerungen häufiger wiederholen und erweitern als grammatisch korrekte Formen (vgl. Hirsch-Pasek u. a. 1984). Außerdem tendieren Eltern dazu, nach grammatisch falschen Äußerungen ihrer Kinder Fragen zu stellen und Äußerungen zu wiederholen und zu paraphrasieren, um Kindern damit Gelegenheit zu geben, korrekte Formen zu hören und zu übernehmen (vgl. Penner 1987). Offenbar wird Kindern also doch (direkt, vielleicht aber häufiger indirekt) signalisiert, wann ihre Äußerungen korrekt sind und wann nicht.

Sprache der Betreuer

Oben wurde bereits darauf hingewiesen, daß Eltern ihre Sprache für ihre Kinder verständlicher machen, d. h. langsamer, deutlicher, aber auch korrekter sprechen als gewöhnlich. Und schließlich wissen wir aufgrund der neueren Forschung auch, daß der Spracherwerb nicht bereits um das 4. Lebensjahr abgeschlossen ist, wie viele Psycholinguisten glaubten. Kurz: Viele Annahmen der Nativisten haben sich als zu undifferenziert oder falsch erwiesen. Dies gilt insbesondere für die Annahme, daß Kinder nur Äußerungen hören müssen, damit ihr Spracherwerbsmechanismus in Gang gesetzt wird.

Tatsächlich scheinen I n t e r a k t i o n s e r f a h r u n g e n (d. h. ein handelnder Umgang mit Sprache) eine wichtige Voraussetzung für eine erfolgreiche sprachliche Entwicklung zu sein.

Entwicklungspsychologische Erklärungsversuche

Sprachentwicklung abhängig von kognitiver Entwicklung

Entwicklungspsychologen aus der Piaget-Schule vertreten die Auffassung, daß die Sprachentwicklung Teil der allgemeinen kognitiven Entwicklung ist und daß mithin die sprachliche Entwicklung von der kognitiven abhängt.

Sie glauben nicht an einen angeborenen Spracherwerbsmechanismus. Ihrer Meinung nach wird die Sprache aber auch nicht im Sinne der Behavioristen erlernt. Vielmehr erwirbt ein Individuum nach ihrer Auffassung seine Sprache durch die beständige (kognitive) Auseinandersetzung mit seiner Umwelt.

Entwicklungspsychologie orientiert sich an Performanzdaten

Im Unterschied zu den Psycholinguisten gehen die Entwicklungspsychologen davon aus, daß sprachliche Daten nicht im Hinblick auf eine Kompetenz interpretiert und rekonstruiert werden sollten. Sie orientieren sich vielmehr an Performanzdaten und an Fehlern, die Kinder während des Erwerbsprozesses machen, weil diese oft Aufschlüsse über Verarbeitungs- und Entwicklungsprozesse geben. Anders formuliert: Die Entwicklungspsychologen glauben, daß die kognitive Entwicklung sich im Spracherwerbsprozeß widerspiegelt.

kognitive Voraussetzungen für Sprachgebrauch

Es besteht offenbar ein Zusammenhang zwischen dem Gebrauch von Wörtern wie *weg* oder *da* und der Entwicklung eines Objekt- bzw. Permanenzbegriffs am Ende der sensumotorischen Phase. Erst wenn Kindern klar wird, daß ein Objekt auch weiterexistiert, wenn es aus dem Blickfeld entschwunden ist, beginnen sie solche Wörter zu gebrauchen. Man hat auch nachweisen können, daß der produktive Gebrauch von Morphemen erst dann einsetzt, wenn die Kinder die zugrunde liegenden Bedeutungen verstanden haben. Dies gilt z. B. für den Gebrauch von Pluralmorphemen.

Zusammenhang zwischen semantischer und kognitiver Entwicklung

syntaktische und morphologische Fähigkeiten davon relativ unabhängig

Es gibt jedoch, wie wir oben gesehen haben, nicht nur Abhängigkeiten der sprachlichen Entwicklung von der kognitiven, sondern auch umgekehrt eine Abhängigkeit der kognitiven Entwicklung von sprachlichen Impulsen. Und schließlich gibt es eine Krankheit (*Turner's*-Syndrom), die bei Patienten mit einer Reduktion kognitiver Fähigkeiten verbunden ist, nicht jedoch mit Reduktionen im Bereich syntaktischer und morphologischer Fertigkeiten. Auch der Fall *Genie* (vgl. S. 30) legt die Vermutung nahe, daß zwar die semantischen und kognitiven Fähigkeiten eng miteinander verbunden sind, daß aber die syntaktisch-morphologischen Fähigkeiten davon relativ unabhängig sind (vgl. z. B. Curtiss 1981). Die genaue Beziehung zwischen kognitiver und sprachlicher Entwicklung ist jedoch nach wie vor erklärungsbedürftig.

Der sozial-interaktive Erklärungsansatz

Wechselwirkung zwischen Kind und Betreuer

Die Vertreter dieses Ansatzes gehen, wie die Psycholinguisten, davon aus, daß sprachliche Strukturen und Regeln existieren. Aber während die Behavioristen das Kind eher als passiven Rezipienten betrachten, die Psycholinguisten als spezialisierten Sprachverarbeiter und die Kognitivisten als konstruktiv vorgehendes, intelligentes Wesen, gehen die Vertreter dieses Ansatzes davon aus, daß Kinder ihre Betreuungspersonen ebenso beeinflussen wie diese umgekehrt ihre Kinder. Mit anderen Worten: Zwischen einem Kind, das eine Erstsprache erwirbt, und seinem Lernumfeld besteht eine dynamische W e c h s e l b e z i e h u n g.

Die Interaktionisten betrachten die Sprache als ein Instrument zur Herstellung sozialer Kontakte. Bei der Sprachentwicklung haben die Eltern ihrer Meinung nach zunächst die Hauptaufgabe zu übernehmen. Denn sie müssen ihre Sprache den Bedürfnissen und Fähigkeiten ihrer Kinder so anpassen, daß diese leichter verstehen und lernen können.

Bedeutung wird ausgehandelt

Vom Standpunkt der Interaktionisten aus betrachtet ist der Spracherwerb weder mit angeborenen Fähigkeiten noch mit Konditionierung und Imitation angemessen erklärbar. Vielmehr kommt der auf die Fähigkeiten der Kinder abgestimmten Betreuersprache eine zentrale Rolle zu. Zudem wird ihrer Meinung nach Bedeutung nicht einfach gelernt, sondern Bedeutung wird a u s g e h a n d e l t, wobei die Reaktionen der Kinder die Auswahl der Äußerungen der Eltern ebenso beeinflussen, wie die vereinfachte Redeweise der Betreuungspersonen die Verarbeitungs- und Lernprozesse der Kinder.

Für diesen Ansatz sprechen zweifellos die Ergebnisse von Untersuchungen zur sprachlichen Interaktion zwischen Eltern und Kindern. Kinder hören lieber vereinfachte Sprache als unvereinfachte (vgl. z. B. Fernald/Kuhl 1987) und Kleinkinder scheinbar am liebsten ihre eigenen Mütter. Wir wissen auch, daß Kinder durch ihre Reaktionen viel stärker auf die Interaktion Einfluß nehmen, als bisher angenommen wurde.

Kinder beeinflussen Eltern und umgekehrt

Allerdings hat man auch festgestellt, daß nicht alle Merkmale angepaßter Sprache (d. h. der vereinfachten Sprache der Betreuer), die man bisher für relevant hielt, in allen Sprachen der Erde beobachtbar sind. Hier gibt es also auch noch Unklarheiten.

Insgesamt gewinnt man den Eindruck, daß der Ablauf eines so komplexen Prozesses wie des Spracherwerbs nicht von einem Faktor alleine (z. B. einer richtig abgestimmten Betreuersprache) determiniert werden kann. Wahrscheinlich hat eine optimal abgestimmte Betreuersprache eine lernerleichternde Funktion.

Aufgabe 36

Worin unterscheiden sich der kognitive und der sozial-interaktive Erklärungsansatz? Nennen Sie Vor- und Nachteile beider Konzeptionen.

Zusammenfassung

Abschließend kann man sagen, daß keiner der vorgestellten Theorieansätze wirklich befriedigt. Jeder versucht, einen anderen Aspekt in den Mittelpunkt der Erklärungen zu stellen, ohne daß dadurch das multifunktionale Beziehungsgeflecht, in das Sprache eingebettet ist, in seiner Wechselwirkung durchschaubarer würde. Zweifellos beeinflussen all die genannten Faktoren den Spracherwerb. Ihr Einfluß scheint jedoch, je nach Alter, Lebensumständen und Erfahrungen, unterschiedlich zu sein.

Aufgabe 37

Bitten Sie Bekannte, Ihnen zu erklären, wie sie glauben, daß der Spracherwerb abläuft. Zu welchem Erklärungsansatz tendieren Ihre Bekannten?

Versuchen Sie nun, Ihrer oder Ihrem Bekannten die Grundannahmen der verschiedenen spracherwerbstheoretischen Ansätze (linguistischer, behavioristischer, entwicklungspsychologischer und sozial-interaktiver Ansatz) mit einfachen Worten zu erklären.

Literaturhinweise

Weiterführende Literatur:

Bruner, J. (1987): *Wie das Kind sprechen lernt.*

Chomsky, N. (1958): *Rezension von Skinners „Verbal Behavior"*, 25 – 49.

Grimm, H. (1977): *Psychologie der Sprachentwicklung* [Bd. 1, Kap. 1].

Kegel, G. (1974): *Sprache und Sprechen des Kindes.*

Oksaar, E. (1977): *Spracherwerb im Vorschulalter. Eine Einführung in die Pädolinguistik.*

Skinner, B. F. (1957): *Verbal behaviour*, 12 – 24.

Szagun, G. (1980): *Sprachentwicklung beim Kind. Eine Einführung* [darin: Kap. 3].

Teil II: Aneignung einer fremden Sprache

Bisher wurden Bedingungen beschrieben, die den raschen und reibungslosen Ablauf des Erstspracherwerbs bestimmen. Wir wollen diese Darstellung nun erweitern und die Bedingungen für die nachzeitige Aneignung einer fremden Sprache erläutern. Inwiefern unterscheiden sich die Bedingungen für den Erstspracherwerb von denen für die nachzeitige Aneignung einer fremden Sprache?

4 Sprachlernvoraussetzungen

4.1 Biologische Voraussetzungen

4.1.1 Hirnreifung

Das Nervensystem eines Menschen ist so beschaffen, daß mehrere Sprachen erlernt werden können. Im biologischen Sinne ist also mit dem Erlernen einer fremden Sprache ein Prozeß der Selbstentfaltung verbunden. Er kann sich „verjüngend" auf Lerner auswirken.

Wir wissen heute, daß sich die Erstsprache parallel zur Hirnreifung entwickelt und daß vom Spracherwerb wichtige Anstöße zu Veränderungen im Nervensystem des Gehirns ausgehen. Diese Entwicklung dauert wahrscheinlich bis um das dritte oder vierte Lebensjahr. Denn Kinder, die zwei Sprachen gleichzeitig lernen, haben bis in dieses Alter oft Schwierigkeiten, beide Systeme auseinanderzuhalten.

Unterschiede zwischen Erst- und Zweitspracherwerb

Wird eine zweite Sprache nach dem dritten bzw. vierten Lebensjahr erworben, muß sie in bereits bestehende Strukturen des Gehirns integriert werden, weil die erwähnten Veränderungen im Nervensystem des Gehirns kaum mehr stattfinden. Aufgrund dieses qualitativen Unterschiedes sprechen wir ab dem dritten bzw. vierten Lebensjahr vom n a c h z e i t i g e n Erwerb einer fremden Sprache (vgl. auch McLaughlin 1984, 101).

Anders formuliert: Je früher eine fremde Sprache erworben wird, desto wahrscheinlicher ist es, daß sich noch spezifische „Schaltungen" (neuronale Vernetzungen) im Gehirn herausbilden. Je später eine fremde Sprache erworben wird, desto stärker ist der Lerner auf bestehende Strukturen angewiesen, in die die neue Sprache „integriert" werden muß (vgl. Jacobs 1988, 324).

Für solche Zusammenhänge sprechen Ergebnisse der Hirnforschung. Sie besagen, daß die Verarbeitung einer zweiten Sprache im Gehirn stärker verteilt erfolgt als bei einer Erstsprache (vgl. Albert/Obler 1978, 242; Ojemann/Whitaker 1978). Dies gilt auch für die Verarbeitung weiterer Sprachen. Aus neurobiologischer Sicht ist also der nachzeitige Erwerb einer fremden Sprache etwas völlig anderes als der Erwerb einer oder mehrerer Sprachen vor dieser Zeit. Dies gilt auch dann, wenn der nachzeitige Erwerb einer zweiten Sprache in informellen (sog. „natürlichen") Situationen erfolgt (vgl. Jacobs 1988, 328).

Nun könnte man vermuten, daß der nachzeitige Erwerb aufgrund solcher Ausgangsbedingungen mit größeren Schwierigkeiten verbunden sein müßte als der Erstspracherwerb bzw. der gleichzeitige Erwerb zweier Sprachen. Dies ist jedoch in der Regel nicht der Fall, da mit der zunehmenden Beherrschung der Erstsprache und der damit verbundenen Automatisierung immer weniger Kapazität für die Verarbeitung der Erstsprache benötigt wird, so daß Platz für neue Aufgaben, z. B. die Verarbeitung einer weiteren Sprache, entsteht. Hochbegabte Sprachenlerner scheinen zudem über besondere neurologische Voraussetzungen zur Speicherung zu verfügen (vgl. Obler 1989, 154ff.).

Nach allem, was wir heute wissen, gibt es jedoch auch Parallelen zwischen dem Erstspracherwerb und der nachzeitigen Aneignung einer fremden Sprache. Selbst Erwachsene, die eine zweite Sprache unter günstigen Bedingungen lernen, scheinen in manchen Bereichen ähnliche Entwicklungsstadien zu durchlaufen wie Kinder (vgl. McLaughlin 1984, 70). Man vermutet daher, daß sich Erwerbsprozesse nicht wesentlich voneinander unterscheiden. Auftretende Unterschiede werden meist auf reifungsbedingte Entwicklungsprozesse (im Bereich der Kognition) und früher erlernte Sprachen zurückgeführt (vgl. Singleton 1989, 127ff.).

Parallelen zwischen Erst- und Zweitspracherwerb

Ähnliches gilt für die Hemisphärendominanz. Zu Beginn des nachzeitigen Erwerbs übernimmt die rechte Hemisphäre nachweislich wieder eine dominierende Funktion. Offenbar ist während der Anfangsphase die Verarbeitung von gestalthaften Eindrücken, z. B. von nonverbalen und prosodischen „Gestalten“ besonders wichtig, weil Bedeutungen fremdsprachlicher Ausdrücke häufig nicht verstanden oder nur indirekt erschlossen werden können.

Verstehensprozesse sind in der Anfangsphase also stärker auf nichtsprachliche Elemente angewiesen. Lerner werden daher versuchen, aufgrund eines globalen Situationsverständnisses die Bedeutung von Äußerungen zu erraten. Gleichzeitig werden sie aber lernen, den fremden Lautstrom zu gliedern und Einheiten herauszulösen und zu analysieren. Bei der Aufdeckung und Analyse von Elementen und Strukturen der fremden Sprache helfen ihnen prosodische und nonverbale Elemente, die oft Äußerungseinheiten (bzw. propositionale Strukturen) widerspiegeln und mit deren Hilfe sich Aussagen oft leichter erfassen lassen. Beginn und Ende von Bedeutungseinheiten werden z. B. vom Sprecher häufig durch ein Heben oder Absenken des Kopfes oder durch Handgesten signalisiert.

Verstehensprozesse stützen sich anfangs verstärkt auf prosodische und nonverbale Elemente

Während also die rechte Hemisphäre (RH) in der Anfangsphase des Erwerbs einer zweiten Sprache (sowohl bei Kindern als auch bei Erwachsenen) wieder eine leitende Funktion übernimmt (vgl. Albert/Obler 1978, 243ff.), gewinnt die linke Hemisphäre mit zunehmender Beherrschung der zweiten Sprache erneut an Bedeutung. Es gibt allerdings Hinweise darauf, daß die Verarbeitung um so stärker rechtshemisphärisch bleibt, je später eine fremde Sprache erworben wird (vgl. Genesee 1982, 317).

RH anfangs dominant, LH gewinnt wieder zunehmend an Bedeutung

Unterschiede bei der Verarbeitung scheinen durch Bedingungen der jeweiligen Erwerbs- bzw. Lernsituation zu entstehen. Informelle Situationen begünstigen z. B. eine rechtshemisphärische Verarbeitung. Auch Lerner mit einem geringeren Bildungsstand verarbeiten eher rechtshemisphärisch oder auch ambilateral*, während Lerner mit einem höheren Bildungsstand zu einer stärkeren linkshemisphärischen Verarbeitung tendieren (vgl. Albert/Obler 1978, 247).

Verarbeitung abhängig von Lern- bzw. Kontaktsituationen und Bildungsvoraussetzungen

Wie lassen sich solche unterschiedlichen Verarbeitungsweisen erklären?

Wir haben oben im Zusammenhang mit dem Erstspracherwerb ausgeführt, daß Informationen über die Situation, in der sich jemand befindet, über das nonverbale Verhalten des Gesprächspartners und über Geprächsformeln in der RH bearbeitet werden. Dies scheint auch für die Aneignung einer fremden Sprache zu gelten.

Nun wissen wir, daß Alltagsgespräche kognitiv nicht sehr anspruchsvoll sind. Jedenfalls scheinen sie in keiner Beziehung zum Intelligenzquotienten eines Individuums zu stehen (vgl. Genesee 1976). Informelle Lernsituationen können daher eine rechtshemisphärische Verarbeitung begünstigen. Dagegen werden kognitiv anspruchsvollere sprachliche Formen, die z. B. beim Umgang mit Schriftsprache eine Rolle spielen, eine linkshemisphärische Verarbeitung erforderlich machen. Denn Benutzer schriftsprachlicher Formen sind vermehrt auf sprachimmanente und metasprachliche Merkmale angewiesen (vgl. Cummins 1984, 11ff.). Die stärkere LH-Dominanz bei höher Gebildeten könnte also mit dem vermehrten Gebrauch komplexerer (z. B. schriftlicher) Sprachformen zusammenhängen.

Alltagsgespräche kognitiv nicht anspruchsvoll

Für die Aneignung einer fremden Sprache ist neben den Entwicklungsprozessen im Großhirn auch das Zwischenhirn (das sogenannte „limbische System") von Bedeutung. Oben haben wir ausgeführt, daß es für affektive und emotionale Prozesse verantwortlich ist. Diese Prozesse begünstigen, wie wir wissen, eine tiefere und dauerhaftere Speicherung (vgl. Oeser/Seitelberger 1988, 93 u. 100f.). Daneben beeinflußt das limbische System aber auch Motivation, Sprechflüssigkeit und Aufmerksamkeitsspanne eines Lerners. Mit anderen Worten: Sprachlernprozesse sollten limbisch fundiert sein, d. h., die Lerner sollten wirklich etwas mitteilen wollen und mit dem Mitzuteilenden auch möglichst positive Gefühle verbinden.

limbisches System und Mitteilungsbedürfnis

In welcher Weise das limbische System an Sprachlernprozessen beteiligt ist, hängt vom Alter eines Lerners ab, von seiner emotionalen Beteiligung, seiner Motivation und der allgemeinen Lernsituation (vgl. Paradis 1985, 13ff.).

Aufgabe 37

Stellen Sie Vermutungen an, wie es mit der „limbischen Fundierung" im Zweit- bzw. Fremdsprachenunterricht aussieht, soweit Sie ihn kennengelernt haben.

Und: Mit Hilfe welcher Verfahren ließe sich bei Lernern im Sprachunterricht eine solche „limbische Fundierung" herstellen?

zitierendem Sprachgebrauch fehlt oft limbische Fundierung

Ist es nicht häufig so, daß Schüler aufgerufen werden und sprechen, weil sie an der Reihe sind oder weil es die Struktur eines vorgegebenen Dialogs verlangt, nicht aber, weil sie etwas sagen wollen? Man spricht in diesem Zusammenhang auch von einem zitierenden Gebrauch der fremden Sprache, weil Äußerungsformen zu Demonstrationszwecken (der Lehrkraft oder den Mitschülern zeigen, daß man Formen beherrscht!) verwendet werden. Solchen Äußerungen fehlt oft eine „limbische Fundierung".

Selbststeuerung begünstigt limbische Fundierung

Lamendella (1977) hat die Hypothese aufgestellt, daß die Verarbeitung einer zweiten Sprache im Gehirn von den jeweiligen Erwerbsbedingungen abhängt. Informelle Bedingungen, in denen die neue Sprache eher beiläufig erworben wird, so meint er, sind meist stärker limbisch fundiert. Hingegen unterstützen formelle Bedingungen, die z. B. häufig im Unterricht mit älteren Lernern vorherrschen, kognitiv gestütztes Problemlösungsverhalten. Tatsächlich gibt es Hinweise darauf, daß sprachliches Material, das mit Hilfe von Übungen (z. B. *pattern drill*) erarbeitet wurde, anders gespeichert wird als sprachliches Material, das eher beiläufig erworben wird (vgl. Paradis 1985, 16).

Auch soziale und psychologische Faktoren scheinen Verarbeitungsformen im Gehirn zu beeinflussen (vgl. Tollefson/Firn 1983, 27). Menschen, die sich eine fremde Sprache aneignen, bilden also keine homogene Gruppe. Sie werden sich vielmehr nach der Art des Erwerbs (formell – informell), nach der vorherrschenden Erwerbsmodalität (mündlich oder schriftlich), der dominierenden Vermittlungsmethode, dem Erwerbsalter, der Lerngeschichte, der gefühlsmäßigen Beteiligung sowie der Häufigkeit des Gebrauchs der Zweitsprache unterscheiden. Und schließlich sollte man nicht vergessen, daß sich auch die Beziehungen zwischen Erst- und Zweitsprache, d. h. Nähe (bzw. Verwandtschaft) oder Entfernung zwischen beiden Sprachen (und den damit verbundenen Lebensformen) auf die Verarbeitung auswirken (vgl. dazu Kap. 4.2).

Zusammenfassung

Untersuchungen von zwei- und mehrsprachigen Individuen haben gezeigt, daß nachzeitig erworbene Sprachen im Gehirn anders gespeichert und verarbeitet werden als Erstsprachen oder gleichzeitig mit ihnen erworbene Zweitsprachen. Denn nachzeitig erworbene Sprachen müssen mit bereits bestehenden neuronalen Vernetzungen bearbeitet und verarbeitet werden. Man vermutet, daß hochbegabte Sprachenlerner über besondere neurologische Voraussetzungen verfügen, die das Speichern erleichtern (vgl. Obler 1989, 154ff.).

Funktional betrachtet gibt es jedoch Parallelen zwischen dem Erstspracherwerb und der Aneignung einer weiteren Sprache. Sie zeigen sich z. B. bei der Verarbeitung der Sprachen im Großhirn, wo die rechte Hemisphäre anfangs wieder eine leitende Funktion übernimmt, die allerdings mit zunehmender Kompetenz in der fremden Sprache mehr und mehr auf die linke Hemisphäre übergeht. Die Verarbeitung im Gehirn wird jedoch auch von Bildungsvoraussetzungen bzw. vom Gebrauch spezifischer Sprachformen, von der Lernsituation (formell – informell), von Erwerbsmodalitäten, Vermittlungsformen sowie vom Alter der Lerner beeinflußt. Insbesondere die „limbische Fundierung" scheint bei der Aneignung einer fremden Sprache eine wichtige Rolle zu spielen.

Aufgabe 38

Was bedeuten unterschiedliche neuronale Verarbeitungsweisen für den Unterricht? Wie könnte man sie bei der Planung von Unterricht und der Auswahl von Formen der Vermittlung berücksichtigen?

Aufgabe 39

Jüngere Lerner und ungeübte Sprachenlerner stützen sich bei ihrer Orientierung und Verständigung besonders auf nonverbale und prosodische Elemente.

Wie könnte man einer solchen Verarbeitungstendenz vorübergehend entgegenkommen?

Weshalb sollte man später versuchen, solche Vermittlungsformen zu wechseln?

Literaturhinweise

Weiterführende Literatur:

List, G. (1982): *Neuropsychologie und das Lernen und Lehren fremder Sprachen,* 149 – 172.

List, G. (1987): *Neuropsychologische Voraussetzungen des Spracherwerbs,* 87 – 99.

Wode, H. (1988): *Einführung in die Psycholinguistik, Theorien, Methoden, Ergebnisse,* 60 – 80.

4.1.2 Lebensalter

Aufgabe 40

Wie haben Sie als Kind eine fremde Sprache gelernt?

Inwiefern lernen Sie heute eine fremde Sprache anders?

Woran können Sie sich erinnern?

Viele Menschen sind der Meinung, daß mit zunehmendem Alter fremde Sprachen immer schwerer erlernt werden. Manche glauben, daß nach der Pubertät eine fremde Sprache nicht mehr richtig erlernt werden kann. Lehrer, die unterschiedliche Altersgruppen (z. B. Kinder und Jugendliche) unterrichten müssen, sollten wissen, was man über altersspezifische Unterschiede herausgefunden hat, damit sie diese bei ihrer Unterrichtsplanung und -durchführung angemessen berücksichtigen können.

Kinder eignen sich fremde Sprachen scheinbar mühelos an

Alltagsbeobachtungen scheinen für eine solche Auffassung zu sprechen. Kinder eignen sich fremde Sprachen oft „spielend" (d. h. ohne formale Unterweisungen) an. Insbesondere Aussprache und Intonation bereiten ihnen offenbar weniger Schwierigkeiten, so daß sie schon nach kurzer Zeit kaum mehr von Erstsprachlern (bzw. Muttersprachlern) unterscheidbar sind. Älteren Lernern fällt dies bekanntlich schwerer.

Ursache:
sensible Phase?

Gibt es vielleicht so etwas wie eine sensible Phase für den Spracherwerb? Gibt es eine Zeit, nach der eine vollständige Kompetenz in einer Zweitsprache nicht mehr erworben werden kann?

Tatsächlich wurde eine solche Auffassung in den 50er und 60er Jahren von Wissenschaftlern vertreten (vgl. z. B. Lenneberg 1967). Dabei stützte man sich auf Beobachtungen und Untersuchungen von geistig behinderten Kindern und auf Fallgeschichten von Menschen, die durch Unfälle oder Krankheiten Hirnschäden davongetragen und dadurch die Fähigkeit zum Sprechen teilweise oder ganz verloren haben (sog. „Aphasiker").

Nun ist es zweifellos fraglich, ob man von solchen Untersuchungen auf die Entwicklung normaler Kinder schließen kann. Problematisch wird es aber, wenn aufgrund derartiger Befunde Hypothesen über den Erwerb von Zweitsprachen oder über mögliche sensible Phasen formuliert werden.

sensible Phase
für den Bereich der
Intonation

Man geht heute davon aus, daß eine sensible Phase für den Erwerb einer korrekten Intonation einer Sprache existiert. Im übrigen scheinen höhere Fähigkeiten (wie die Beherrschung einer Sprache) stark von Anreizen im Umfeld und von Erfahrungen beeinflußt zu werden. Nach allem, was wir wissen, ist der Erhalt der Plastizität des Gehirns ebenso von äußeren wie von inneren Anstößen und Impulsen abhängig. Mit anderen Worten: Die Plastizität unseres Gehirns scheint nicht unabhängig zu sein von Erfahrungen, insbesondere von neuen Einsichten und Erkenntnissen.

Hält das Lernen fremder Sprachen also jung?

Wer sich mit seiner Umwelt auseinandersetzt, sich geistig betätigt, trägt also mit dazu bei, daß die Plastizität seines Gehirns länger erhalten bleibt. In der Forschung wird neuerdings sogar von „erweiterten oder unbegrenzten sensiblen Phasen" (Munro 1986, 501) gesprochen. Völlig unbegrenzt dürften sie kaum sein. Aber es erscheint doch möglich, durch „geistige Gymnastik", die z. B. mit dem Erlernen einer fremden Sprache verbunden ist, seine geistige Flexibilität (bzw. die Plastizität seines Gehirns) länger zu erhalten als ohne eine solche Betätigung. In diesem Sinne kann man dann sagen, daß das Erlernen einer fremden Sprache jung hält.

Noch ein anderes Argument wird in diesem Zusammenhang angeführt. Man vermutet, daß sich auch biologische Faktoren (z. B. Herzschlagfrequenz oder Alterungsprozesse) einer Kontrolle durch den Lerner nicht völlig entziehen. Beispiele dafür wären Effekte, die durch autogenes Training oder Yoga-Übungen zu erzielen sind. Folglich dürften diese Faktoren auch für ältere Erwachsene (d. h. Lerner über 40 Jahre) nicht die unüberwindlichen Hindernisse darstellen, als die sie in Alltagsgesprächen gerne dargestellt werden. Dies gilt natürlich nur dann, wenn sie nicht in ungünstiger Weise durch andere Faktoren verstärkt werden (vgl. Jacobs 1988, 327).

Untersuchungen zu Auswirkungen des Lerneralters auf die Aneignung einer fremden Sprache

Aufgabe 41

Bevor Sie den folgenden Abschnitt lesen, versuchen Sie sich bitte zu erinnern, wie Sie selbst als Jugendliche/r oder Erwachsene/r Zweit- bzw. Fremdsprachen gelernt haben. Was ist Ihnen dabei leicht- und was schwergefallen?

Um die Beziehung zwischen dem Lerneralter und der Aneignung einer fremden Sprache zu klären, wurden in den 60er und 70er Jahren eine Reihe von Untersuchungen durchgeführt. Man hat z. B. in den USA die Aussprache von Einwanderern durch Einheimische beurteilen lassen und festgestellt, daß bei Lernern, die als Kinder eingereist waren, nur selten ein fremder Akzent in der Aussprache hörbar war, daß hingegen von Lernern, die als Jugendliche oder Erwachsene eingewandert waren, mehr als die Hälfte einen „ausländischen" Akzent aufwiesen (vgl. z. B. Asher/Garcia 1969; Oyama 1976).

Diese Untersuchungen scheinen Alltagsbeobachtungen zu bestätigen. Sie haben jedoch eine Reihe von Schwächen. So wurden Zweitsprachler z. B. aufgrund sehr kurzer Sprachproben beurteilt. Außerdem wurde die Länge des Aufenthaltes in den USA vernachlässigt. Berücksichtigt man auch die Aufenthaltsdauer der Probanden, so sind die Ergebnissse nicht mehr eindeutig (vgl. Cummins 1981; Long 1990).

Aussprache wird mit zunehmendem Lebensalter schwieriger

Neuere Untersuchungen zu diesem Themenbereich zeigen uns zweierlei: Das Erlernen der Aussprache einer fremden Sprache scheint mit zunehmendem Alter schwieriger zu werden. Dies gilt insbesondere dann, wenn die Zweitsprache nur in formellen (unterrichtlichen) Kontexten erworben wird (vgl. Patakowski 1980). Vor allem der Erwerb einer korrekten Intonation ist offenbar nach dem elften Lebensjahr nicht mehr problemlos möglich (vgl. Singleton 1989, 89). Das gilt jedoch nicht in gleicher Weise für die Artikulation. Denn selbst junge Erwachsene (Studierende) sind bei entsprechender Motivation und bei entsprechendem Training in der Lage, die Aussprache einer für sie fremden (bzw. entfernteren) Sprache akzentfrei zu erlernen (vgl. Neufeld 1978).

syntaktische und morphologische Fertigkeiten relativ unabhängig von phonologischen

Die Beherrschung von syntaktischen und morphologischen Phänomenen scheint sich relativ unabhängig von phonologischen Fähigkeiten zu entwickeln (vgl. Snow/Hoefnagel-Hohle 1978). Kinder eignen sich phonologische Aspekte leichter an als Erwachsene, haben dafür aber Schwierigkeiten mit morphologischen und syntaktischen Aspekten. Ältere Lerner (d. h. Jugendliche und junge Erwachsene) werden sich aufgrund ihrer kognitiven Möglichkeiten in der Regel stärker auf morphologische und syntaktische Phänomene konzentrieren und dafür phonetische und intonatorische Aspekte vernachlässigen.

Schwierigkeiten mit der Aussprache lassen sich aber nur zum Teil auf unterschiedliche Lernpräferenzen und kognitive Fertigkeiten zurückführen. Daneben müssen noch andere Faktoren berücksichtigt werden. So spielt z. B. mit zunehmendem Alter die eigene Aussprache als Identitäts- oder Gruppenzugehörigkeitsmerkmal eine Rolle. Denn die korrekte Nachahmung einer fremden Aussprache ist immer mit einer – zumindest vorübergehenden – Selbstentfremdung verbunden, die verunsichern kann. Deshalb ziehen ältere Lerner es häufig vor, mit deutlich hörbarem Akzent zu artikulieren. Kinder, deren Identitätsentwicklung* erst begonnen hat, haben solche psychischen Probleme zumeist nicht oder nur in abgeschwächter Form. Insgesamt ist zu vermuten, daß sich mit zunehmendem Alter auch die Wirkung sozioökonomischer und affektiver Faktoren verstärkt, so daß die Aneignung einer fremden Sprache für ältere Lerner dadurch erschwert wird (vgl. Schumann 1986, 385ff.).

sozialpsychologische Faktoren beeinflussen die Aussprache älterer Lerner

Es ist bekannt, daß kleinere Kinder gerne imitieren und dabei ganzheitlich verfahren. Sie imitieren nicht nur die Aussprache, sondern zugleich Körperbewegungen, die Stimmführung, den Akzent etc. Nach der Pubertät, wenn im kognitiven Bereich das Stadium der formalen Operation erreicht wurde, wenn metasprachliche und metakognitive Fähigkeiten* sich weitgehend entwickelt haben und die Lerner begonnen haben, eine erste Identität auszubilden, sind sie in der Lage, Einzelaspekte bewußter zu verarbeiten, ja mehrere Aspekte gleichzeitig zu kontrollieren. Hinzu kommt, daß auch die Konzentrationsspanne mit zunehmendem Alter wächst und die Speicherfähigkeit sich durch metakognitve Verfahren erhöht. Dies alles trägt dazu bei, daß ältere Lerner sich Elemente und Regeln, die bewußter gebraucht werden (z. B. Wörter, syntaktische Regularitäten) schneller aneignen können als Kinder. Automatisierte Prozesse hingegen, wie sie z.B. für die Aussprache erforderlich sind, werden weniger beachtet und daher auch häufig nicht richtig erlernt. Bezogen auf die Aussprache bedeutet dies: Ältere Lerner begnügen sich oft mit ungenauer und fehlerhafter Aussprache.

bewußte Verarbeitung fällt Älteren im allgemeinen leichter

Aussprachekorrekturen bei Älteren besonders schwierig

Aus den oben genannten Gründen sind Aussprachekorrekturen in einer neu zu lernenden Sprache für ältere Lerner vielfach mit Problemen verbunden. Denn sie müssen sich etwas, was gewöhnlich automatisiert abläuft, plötzlich bewußtmachen. Schlimmer noch: Die erlebte Selbstentfremdung wird durch Korrekturen des Lehrers verstärkt, wodurch wiederum Ängste und Abwehrhaltungen ausgelöst werden können. Lehrer von älteren Lernern sollten daher mit viel „Fingerspitzengefühl" korrigieren. Günstig ist es, wenn die Aussprache indirekt geübt werden kann, z. B. anhand von Zungenbrechern, kurzen und witzigen Gedichten oder Theaterszenen. Allerdings ist es auch dann notwendig, daß der Lehrer oder eine Tonbandaufnahme als Modell dienen, so daß die Lerner versuchen können, sich am Modell zu orientieren und ihre Aussprache diesen Modellen anzunähern. Es kann auch helfen, wenn man mit älteren Lernern (nach Möglichkeit in ihrer Erstsprache) über Fehler, ihre Ursachen und Funktionen spricht und ihnen bewußtmacht, daß Fehler notwendige Zwischenschritte sind auf dem Weg zu einer fremdsprachlichen Kompetenz.

zeitlicher Aufwand bei Kindern und Erwachsenen

Wenn man den Zweitspracherwerb von Kindern, Jugendlichen und Erwachsenen vergleicht, so zeigt sich, daß die Annahme, Kinder seien bessere Zweitsprachenlerner, wissenschaftlich nicht haltbar ist. Man gewinnt im Gegenteil den Eindruck, daß Kinder langsamer lernen.

Man kann dies an einem hypothetischen Zahlenbeispiel verdeutlichen. Wenn ein Kind sich von seinem ersten bis zum sechsten Lebensjahr in einer normalen Sprachumgebung aufhält, so hört und produziert es in dieser Zeit ca. 9.000 Stunden Sprache. Ein junger Erwachsener, der in einem Intensivkurs eine fremde Sprache lernt, wird ein vergleichbares Niveau nach etwa 1.800 Unterrichtsstunden erreichen (die Stundenzahl ergibt sich bei zwei Stunden pro Tag und ca. 30 Monaten Unterricht, vgl. dazu die Tabelle auf S. 77/78; vgl. auch McLaughlin 1984, 53, der sogar von weniger, nämlich ca. 1.300 Unterrichtsstunden, ausgeht).

Könnte man daraus schließen, daß die Zeit bei der Aneignung einer fremden Sprache keine große Rolle spielt?

Diese Frage läßt sich nicht klar beantworten. Der oben angeführte Zahlenvergleich ist zwar beeindruckend, aber nicht realistisch. Nehmen wir z. B. die 9.000 Stunden, die ein Kind Sprache hören soll. Selbst wenn ein Kind 9.000 Stunden Sprache hört, heißt das nicht, daß es zuhört und verarbeitet. Kinder können sich ja auch ausblenden, d. h. einfach nicht auf die gehörte Sprache achten. Wer aber will entscheiden, wann ein Kind wirklich zugehört hat?

Angaben über Unterrichtsstunden eines Sprachkurses scheinen dagegen zuverlässiger zu sein. Sie zeigen jedoch nur die eine Hälfte der Bemühungen. Denn nach dem Unterricht wird jeder Lerner – je nach Bedarf – üben bzw. sich mit der fremden Sprache weiter beschäftigen. So gaben z. B. Fremdsprachenstudenten bei einer Befragung an, daß sie zwischen 6,5 und 14 Stunden wöchentlich zusätzlich für das Selbststudium aufwenden (vgl. Esser/Nowak 1986, 223). Bei der Armee-Schule (einer Elite-Schule) wird dieser Anteil wahrscheinlich sogar höher liegen. Letztlich sind das aber Schätzungen und nicht Ergebnisse empirischer Untersuchungen.

Auslandsaufenthalte

Daß es wahrscheinlich einen Zusammenhang zwischen der Zeit und dem erreichten Sprachentwicklungsstand gibt, haben Untersuchungen zu Auslandsaufenthalten gezeigt (vgl. Carroll 1967). Auch Erwachsene scheinen von solchen Aufenthalten und den damit verbundenen Kontaktsituationen zu profitieren (vgl. Towell 1987). Allerdings spielen dabei neben der Zeit auch andere Faktoren (z. B. die Motivation, die Nähe oder Ferne der Erstsprache zur Zielsprache) eine wichtige Rolle.

Jugendliche und jüngere Erwachsene (bis ca. 40 Jahre) – das zeigen Untersuchungsergebnisse und Erfahrungen in Sprachkursen – nutzen ihre kognitiven Vorteile und durchlaufen sprachliche Entwicklungsphasen im allgemeinen schneller als Kinder.

Gilt dies auch für ältere Erwachsene, d. h. für Erwachsene, die älter als vierzig Jahre sind? Untersuchungen dazu liegen bisher kaum vor. Da aber die Schärfe der Sinneswahrnehmungen mit zunehmendem Alter abnimmt, dürfen wir annehmen, daß ältere Erwachsene auch langsamer lernen werden als Jugendliche oder jüngere Erwachsene. Dazu ein Beispiel. Während z. B. 85% der Kinder im Alter von fünf bis vierzehn Jahren über normale Hörfähigkeiten verfügen, gilt dies nur noch für 12 % der über Fünfundsechzigjährigen. Nachlassende Gehörleistungen erschweren (bzw. verhindern) auch die korrekte Wahrnehmung lautlicher Unterschiede und damit auch eine korrekte Aussprache.

ältere Erwachsene: Nachlassen der Hörfähigkeit

Ähnliches gilt für die Sehschärfe, die mit etwa 18 Jahren voll entwickelt ist und dann allmählich abnimmt. Die Abnahme beschleunigt sich um das 55. Lebensjahr (vgl. Singleton 1989, 142ff.). Aufgrund solcher Voraussetzungen benötigen ältere Erwachsene z. B. mehr Zeit zum Aufnehmen von sprachlichen Daten. Dadurch bedingt verlangsamen sich auch ihre Lernprozesse.

Sehschärfe

Insgesamt scheint die Zeit aber nicht die zentrale Rolle zu spielen, die wir ihr im allgemeinen zuschreiben (vgl. Harley 1986, 21f. und 123). Es wird vermutet, daß neben der Zeit auch andere Faktoren (z. B. soziokulturelle Rahmenbedingungen, sprachliche Fertigkeiten, die erlernt werden sollen) für die Aneignung von größerer Bedeutung sind. Mit anderen Worten: Unter ungünstigen Lebensbedingungen kann sich das Erlernen einer fremden Sprache auch dann schwierig gestalten, wenn ausreichend Zeit zu Verfügung steht, dafür aber z. B. kein attraktiver Sprachkontakt möglich ist.

der Faktor „Zeit“

Dennoch sollte man den Faktor Zeit nicht unterschätzen. Setzt doch die Beherrschung einer Sprache auf hohem Niveau die genaue Kenntnis von Lebensformen, von kulturspezifischen Interaktionsformen und Bedeutungszuschreibungen voraus. Die aber können häufig nur in authentischen Situationen erworben werden, da sich die komplexen Zusammenhänge zwischen Situationen und sprachlichen Ausdrücken vielfach nicht so beschreiben lassen, daß sie pädagogisch genutzt werden können. Ein Lerner müßte also viel Zeit für Sprachkontakt haben und den Gebrauch der fremden Sprache in unterschiedlichsten Situationen erleben und erproben können. Mit anderen Worten: Jugendliche und Erwachsene werden sich wohl Grundlagen einer Zweitsprache schneller aneignen als Kinder, werden aber, bei fehlender Zeit, diese Sprache nicht in gleicher Weise beherrschen lernen wie Kinder, denen mehr Zeit und Energie zur Verfügung steht.

Man vermutet, daß Kinder zwar anfangs langsamer lernen, daß sie aber auf lange Sicht die Jugendlichen und Erwachsenen überrunden. Wären Kinder also auf lange Sicht doch die besseren Sprachenlerner, wie Forscher vermuten (vgl. z. B. Krashen u. a. 1982)? Wenn man den für die Beherrschung einer fremden Sprache erforderlichen zeitlichen Aufwand berücksichtigt und die Notwendigkeit, in authentischen Situationen (bzw. Lebensformen) zu lernen, so scheint diese Hypothese durchaus plausibel.

Aufgrund der vorliegenden Untersuchungsergebnissse lassen sich jedoch keine klaren Aussagen bezüglich einer Überlegenheit von jüngeren über ältere Lerner (oder umgekehrt) machen. Selbst im Bereich der Aussprache ist keine deutliche Überlegenheit von Kindern nachweisbar (vgl. für Deutsch als Fremdsprache Olsen/Samuels 1973). Es zeigt sich vielmehr, daß insbesondere unter formalen (unterrichtlichen) Bedingungen ältere Kinder schneller lernen als jüngere (vgl. Bühler 1972; Ervin-Tripp 1974), Jugendliche schneller als Erwachsene (vgl. Asher/Price 1967) und Erwachsene wiederum schneller als ältere Kinder. Dabei scheinen ältere Lerner von ihren kognitiven Potentialen zu profitieren (vgl. Termaine 1975; Horwitz 1983) und sich vor allem formale (bzw. sequentielle) Aspekte fremder Sprachen schneller anzueignen (vgl. z. B. Harley 1986).

Untersuchungsergebnisse unklar

Vermutlich spielen auch kognitive Reifungsvorgänge eine Rolle. Denn mit dem Eintritt in das Stadium der formalen Operationen und der Möglichkeit, gleichzeitig mehrere Aspekte zu berücksichtigen, können Entwicklungsstadien rascher durchlaufen werden.

Insgesamt wird dadurch das Sprachenlernen allerdings auch komplizierter (vgl. Rosansky 1975, 97).

Wir haben oben (vgl. Kap. 1.3.1) bereits darauf aufmerksam gemacht, daß auch die Lernsituationen und die Sprache, mit der ältere Zweitsprachenlerner konfrontiert werden, wesentlich komplexer sind als bei jüngeren Lernern, daß also auch dadurch das Erlernen einer fremden Sprache erschwert wird. Dafür verfügen ältere Lerner über mehr Lebenserfahrung und über mehr kognitive Möglichkeiten, so daß sie durchaus in der Lage sind, diese Nachteile (wenigstens zum Teil) auszugleichen (vgl. die Zusammenfassung bei McLaughlin 1984, 54ff.; Wode 1981, 315).

Zusammenfassung

Obwohl im allgemeinen davon ausgegangen wird, daß mit zunehmendem Lebensalter (insbesondere nach der Pubertät) eine fremde Sprache nicht mehr „richtig“ erlernt werden kann, zeigen Untersuchungsergebnisse, daß biologische Reifungsvorgänge dafür nur bedingt verantwortlich gemacht werden können.

Andere Faktoren, die man in diesem Zusammenhang zur Erklärung herangezogen hat, waren Zeit, kognitiver Entwicklungsstand und sozialpsychologische Voraussetzungen. Zeit alleine scheint aber keine zentrale Rolle zu spielen, sofern kein sehr hohes sprachliches Niveau angestrebt wird. Hingegen kann ein Zusammenwirken der genannten Faktoren das Erlernen einer fremden Sprache sowohl erleichtern als auch erschweren.

Hingewiesen werden muß in diesem Zusammenhang auch auf die unterschiedlichen Lernsituationen und die in ihnen gebrauchte Sprache. Gewöhnlich sind informelle Situationen, insbesondere Spielsituationen, einfacher, enthalten viele Wiederholungen und werden durch Mimik und Gestik gestützt. Mit anderen Worten: Sie sind verständlicher, so daß Kinder davon profitieren können. Informelle Kontaktsituationen älterer Lerner sind dagegen häufig komplexer und erschweren so die Aneignung. Werden Lernsituationen hingegen strukturiert und durch die Einbeziehung von Mimik und Gestik verständlicher gemacht, wie in gutem Fremdsprachenunterricht, so können ältere Lerner davon sogar mehr profitieren als Kinder.

Abschließend kann man sagen, daß ältere Menschen unter informellen Bedingungen vielfach schlechtere Lerner sind als Kinder, während sie sich unter formellen Bedingungen Kindern überlegen erweisen. Da die meisten Untersuchungen aber nur kurze Phasen aus Lerngeschichten erfassen, ist nach wie vor unklar, ob diese Aussagen auch für den Erwerb eines hohen Sprachentwicklungsstandes gelten, auf dem die fremde Sprache praktisch wie eine Erstsprache gehandhabt werden kann. Und schließlich sollte man nicht vergessen, daß Kinder gewöhnlich auch über mehr Energie verfügen, da sie alle ihre Kräfte auf die Aneignung konzentrieren können, während Erwachsene zumeist erst einmal arbeiten müssen, ehe sie sich der fremden Sprache widmen können.

Aufgabe 42

Welche Bereiche einer fremden Sprache lernen Kinder in der Regel leichter, für welche Bereiche interessieren sich gewöhnlich Jugendliche und Erwachsene?
Welche Konsequenzen lassen sich daraus z. B. für die Ausspracheschulung ableiten?

Literaturhinweise

Weiterführende Literatur:

Apeltauer, E. (1992): *Sind Kinder bessere Sprachenlerner?*, 6 – 20.

Fthenakis, W. R. u. a. (1985): *Bilingual-bikulturelle Entwicklung des Kindes. Ein Handbuch für Psychologen, Pädagogen und Linguisten* [darin: Kap. 3: Der Zusammenhang zwischen Lebensalter und Zweitspracherwerb].

Mägiste, E. (1985): *Gibt es ein optimales Alter für den Zweitsprachenerwerb?*, 184 – 189.

Vogel, K. (1991): *Lernen Kinder eine Fremdsprache anders als Erwachsene? Zur Frage des Einflusses des Alters auf den Zweitspracherwerb*, 539 – 550.

4.2 Die Erstsprache als Hilfe und Hindernis

„Der Erwerb einer Zweitsprache ist abhängig vom Entwicklungsgrad der Erstsprache."

Wygotski

Sprachen sind – wie Menschen – eigentlich gleich. Aber offenbar gibt es, ähnlich wie bei Menschen, einige Sprachen, die sich mehr gleichen als andere. Ein Franzose wird z. B. Spanisch leichter lernen als Russisch, während das z. B. nicht für einen Bulgaren gelten dürfte (Fromkin/Rodman 1974, 236).

Wir wissen aus Erfahrung, daß man sich Nachbarsprachen in der Regel rascher aneignen kann als entferntere Sprachen. Mit Englisch oder Deutsch als Erstsprache würde ein „durchschnittlicher Lerner" nur ein Jahr brauchen, um z. B. Dänisch oder Spanisch fließend sprechen zu können. Dazu müßte er allerdings jeden Tag zwei Unterrichtsstunden erhalten. Eine Unterrichtsstunde pro Tag scheint dafür nicht auszureichen.

Bei entfernteren Sprachen (z. B. Polnisch oder Russisch) sind schon achtzehn Monate Unterricht erforderlich und ein dreimonatiger Aufenthalt im Land der Zielsprache. Ähnliches gilt für die dritte Sprachengruppe (z. B. Ungarisch, Finnisch, Türkisch), für die (im Vergleich zur ersten Gruppe) die doppelte Zeit benötigt würde. Tonale Sprachen (z. B. Chinesisch oder Vietnamesisch) oder semitische Sprachen (z. B. Arabisch oder Hebräisch) bereiten Mitteleuropäern offenbar besondere Schwierigkeiten. Um in diesen Sprachen einen vergleichbaren Sprachstand zu erreichen, würde unser „durchschnittlicher Lerner" etwa dreißig Monate benötigen.

Die in der folgenden Tabelle angeführten Werte sind Durchschnittswerte. Doch nur die wenigsten Menschen dürften die Zeit und Gelegenheit haben, um zwei Stunden pro Tag an einem Sprachkurs teilnehmen zu können. Dagegen sind Kinder und Schüler zuweilen in einer solchen privilegierten Position. Die Tatsache aber, daß eine Unterrichtsstunde pro Tag offenbar nicht ausreichen würde, um eine Sprache fließend sprechen zu können, zeigt uns, wie intensiv man sich mit der fremden Sprache auseinandersetzen müßte.

[Sprachstand, der von einem durchschnittlichen Lerner mit Englisch als Erstsprache in Monaten erreichbar ist; z. B. Deutsch: 2 Unterrichtsstunden (= U-std.) pro Tag; Grundkenntnisse in drei Monaten, fließend in zwölf]

Sprache	U-std./Tag	niedrig (f. Reise)	höher (f. Geschäft)	hoch (fließend!)
Germanisch/				
Romanisch	1	6	–	–
Französisch				
Deutsch	2	3	6	12
Spanisch				
Dänisch	3	2	5	9

[um einigermaßen fließend sprechen zu können etwa 480 U-std.]

Sprache	U-std./Tag	niedrig (f. Reise)	höher (f. Geschäft)	hoch (fließend!)
Indoeuropäisch	1	8	–	–
Russisch				
Polnisch	2	4	12	18*
Persisch				
Griechisch	3	3	9	15*

[18* bedeutet ca. 720 U-std. + mindestens 3 Monate in dem Land, in dem die Zielsprache gesprochen wird.]

Sprache	U-std./Tag	niedrig (f. Reise)	höher (f. Geschäft)	hoch (fließend!)
Uralaltaisch	1	9	–	–
Finnisch				
Ungarisch	2	6	15	24*
Türkisch				
Usbekisch	3	4	12	18*
[* ca. 960 U-std. + dreimonatigen Auslandsaufenthalt]				
Tonale Sprachen/ Semitische Spr.	1	9	–	–
Chinesisch	2	6	16	30*
Thai				
Arabisch	3	4	15	24*
[* ca. 1200 U-std. + dreimonatigen Auslandsaufenthalt]				

Cleveland et al. 1960 und Northeast Conference Reports 1981, p. 41

Erstsprache als Orientierungsraster

Lerner gehen in der Regel davon aus, daß die neu zu lernende Sprache ähnlich funktioniert wie die bereits erworbene Erstsprache. Wir könnten auch sagen: Sie folgen ihren sprachlichen Gewohnheiten und greifen dabei auf Fähigkeiten und Fertigkeiten zurück, die sie während des Spracherwerbs entwickelt haben.

Erfahrungen und Weltwissen als Verstehenshilfen

Untrennbar verbunden damit sind die Erfahrungen und das Wissen eines Lerners. Denn sowohl Verstehen als auch Sprechen setzt Wissen über Zusammenhänge voraus. Über solches Wissen kann ein Lerner aufgrund unterrichtlicher Vermittlung, aber auch aufgrund von Lebenserfahrungen verfügen (vgl. Kap. 4.1.2).

Jüngere Lerner können weder auf eine voll entwickelte Erstsprache zurückgreifen noch auf voll entwickelte kognitive Fertigkeiten oder auf das Wissen älterer Lerner. Mit anderen Worten: Jüngere Lerner können sich nicht in gleicher Weise auf sprachliche Gewohnheiten, insbesondere aber auf im Verlauf des Erstspracherwerbs entwickelte Fähigkeiten und Fertigkeiten stützen. Folglich wird sich bei ihnen auch der Einfluß der Erstsprache auf die Aneignung einer fremden Sprache nicht in gleicher Weise bemerkbar machen wie bei älteren Lernern. Wir werden darauf zurückkommen, wollen aber zunächst einmal mögliche Einflüsse auf Rezeption (Verstehen) und Produktion (Sprechen) darstellen.

4.2.1 Einflüsse auf das Verstehen

Erwartungen und Hörgewohnheiten als Lernhindernisse

Sprachliches Verstehen setzt die Fähigkeit zu differenziertem Hören voraus. Gewöhnlich geht man davon aus, daß jeder normal entwickelte Mensch differenziert hören kann. Aber Hören ist genauso eine Fähigkeit, die man entwickeln oder vernachlässigen kann, wie Sehen oder Schmecken. Ein Musiker oder empirisch arbeitender Sprachwissenschaftler wird vermutlich differenzierter hören können als jemand, der sich nicht intensiver mit akustischen Signalen beschäftigt. Denn selbst beim konzentrierten Zuhören hört man erfahrungsgemäß nicht nur, was gesagt wird, sondern ergänzt das Gehörte oft unbewußt. Erwartungen und Hörgewohnheiten erweisen sich deshalb zuweilen als hartnäckige Hindernisse beim Lernen einer fremden Sprache.

Sie können dieses Phänomen bei sich selbst oder in Ihrer Arbeitsgruppe überprüfen. Hier zwei Vorschläge:

Machen Sie eine Tonbandaufnahme von einem Gespräch zwischen Bekannten. Verschriftlichen Sie drei Minuten von diesem Gespräch. Hören Sie die Aufnahme anschließend nochmals wenigstens dreimal ab. Wo haben Sie etwas gehört, was nicht zu hören war? Wo haben Sie etwas ausgelassen, was zu hören war?

Machen Sie nun eine Aufnahme von einem Unterrichtsgespräch im Fach Deutsch als Fremdsprache und verschriftlichen Sie fünf Minuten von dieser Aufnahme. Überprüfen Sie Ihre Transkription. Wo haben Sie etwas gehört, was nicht gesagt wurde, wo etwas überhört?

Aufgabe 43

Im allgemeinen wird Verstehen durch Ähnlichkeiten von Elementen oder Strukturen erleichtert. Wenn solche Ähnlichkeiten zwischen Ausgangssprache (bzw. Erstsprache eines Lerners) und Zielsprache (bzw. Zweitsprache) bestehen, entsteht oft ein Gefühl von Vertrautheit und Bekanntheit.

Ähnlichkeiten erleichtern das Aneignen

Nehmen wir z. B. die Langvokale des Deutschen. In Sprachen, in denen es Langvokale gibt (z. B. im Dänischen, Niederländischen, Spanischen oder Italienischen) wird die Unterscheidung zwischen Lang- und Kurzvokalen kaum Schwierigkeiten bereiten. Hingegen werden Lerner, in deren Muttersprache keine Langvokale vorkommen (wie im Neugriechischen oder Polnischen) oder in denen Langvokale im Sprachsystem eher eine marginale Rolle spielen (z. B. im Türkischen), mit der Diskriminierung der Langvokale Schwierigkeiten haben.

Beispiel: Langvokal

Ähnliches gilt für die Intonationsfrage, die es z. B. im Deutschen und Englischen gibt. Einem Engländer wird das Verstehen von deutschen Intonationsfragen daher leichtfallen, weil er mit bekannten Strukturen konfrontiert wird. Wenn dagegen ein Türke Deutsch lernt, wird er automatisch nach einer Fragepartikel suchen, weil Fragen in seiner Erstsprache so gekennzeichnet werden. Er wird der Intonation folglich anfänglich weniger Beachtung schenken. Ähnliches gilt für Lerner mit Russisch als Erstsprache.

Beispiel: Intonationsfrage

Wir orientieren uns beim Erlernen fremder Sprachen an Strukturen und Elementen unserer Erstsprache. Werden ähnliche Strukturen und Elemente entdeckt, fällt uns die Aneignung leichter. Der Lernprozeß wird dann den Charakter eines Umstrukturierungsprozesses annehmen.

verwandte Sprachen erfordern Umstrukturierung

Bei größerer Distanz zwischen zwei Sprachen (z. B. bei Deutsch und Türkisch) ist eine solche Umstrukturierung kaum noch möglich. Ein Lerner muß sich daher weitgehend neu orientieren. Dadurch wird der Erwerbsprozeß aufwendiger und einem Erstspracherwerb ähnlicher. Aber während ein Kind unbefangen an eine zu erlernende Sprache herangeht, wird ein älterer Lerner auch bei entfernteren Sprachen von seinen Sprachlernerfahrungen ausgehen, die ihn dann jedoch häufig in die Irre führen werden.

entferntere Sprachen erfordern Neuorientierung

Ähnlichkeiten kommen aber nicht nur sprachlichen Gewohnheiten entgegen. Ähnliches oder Vertrautes läßt sich auch schneller erfassen, einordnen und speichern. Denn vertraute Formen und Inhalte werden rascher verarbeitet als unvertraute. Allgemein gilt, daß Lernprozesse erleichtert werden, wenn neue Elemente zu alten in Beziehung gesetzt werden können, d. h. wenn Ähnlichkeiten erkennbar sind (vgl. Ringbom 1987, 33f.).

Ähnlichkeiten erleichtern Verarbeitung, Speicherung und Verstehen

Legt man beispielsweise einem Teppichhändler eine Reihe von Teppichen vor, so wird er sich an diese (unabhängig von Schulbildung und Kultur) besser erinnern können als ein nicht in diesem Beruf tätiger Tourist (vgl. Wagner 1978; 1981).

Ähnliches gilt natürlich auch für das Lernen fremder Sprachen. Lernt ein Deutscher beispielsweise Englisch, so werden ihm z. B. Ähnlichkeiten zwischen Wörtern auffallen (vgl. <frei> und <free>), während er beim Lernen entfernterer Sprachen wie z. B. Türkisch (vgl. <frei> : <serbest>) ohne (bzw. mit nur wenigen) Anhaltspunkten auskommen muß. Allerdings können lautliche Ähnlichkeiten auch zu falschen Schlußfolgerungen verleiten. Man denke etwa an das Englische *became*, das nichts mit *bekam* zu tun hat, oder an das türkische *yaka*, das nicht *Jacke*, sondern *Kragen* bedeutet. Solche „falschen Freunde" spielen vor allem bei der Sprachproduktion eine Rolle.

Mischsprachen* wie das Englische besitzen eine beträchtliche Zahl von Wörtern aus verschiedenen Sprachen. Dadurch wird der Zugang zu diesen Sprachen erleichtert. „Eine Stichprobe aus den ersten 1000 Seiten des *Concise Oxford Dictionary* ergibt folgende Zahlen: Wörter romanischen Ursprungs (Latein, Französisch, Italienisch, Spanisch) 53,6 %, germanischen Ursprungs (Altenglisch, Skandinavisch, Holländisch, Deutsch) 31,1 %, griechischer Herkunft 10,8 %" (Bodmer 1955, 2f.). Ähnliches gilt für das Deutsche: Unter einer Zufallsstichprobe von 200 Eintragungen im *Großen Duden* waren 14 % der Wörter griechischen und 14 % lateinischen Ursprungs, 12 % englischen, 10 % französischen sowie 4 % italienischen Ursprungs. Außerdem enthielt die Stichprobe noch je ein Wort arabischer, japanischer, dänischer und polnischer Herkunft.

„Mitnahmeeffekt"

Verwandte Wörter lassen sich schneller erlernen. Dies belegt eine Untersuchung, in deren Verlauf das Englischlernen von Spaniern und Arabern verglichen wurde. Dabei wurde festgestellt, daß die Spanier sich den Wortschatz im Bereich der offenen Wortklassen (d. h. Nomen, Verben, Adjektive und Adverbien) schneller aneigneten als die Araber. Interessanterweise wurden von den Spaniern nicht nur verwandte Wörter schneller gelernt, sondern auch Wörter, die keine Ähnlichkeit zu Wörtern ihrer Erstsprache aufwiesen (vgl. Ard/Homburg 1983). Mit anderen Worten: Verwandte Elemente scheinen sich insgesamt positiv auf den Erwerbsprozeß auszuwirken und in einer Art „Mitnahmeeffekt" auch die Aneignung unbekannter Wörter zu erleichtern.

höherer Sprachstand begünstigt Aneignung durch zunehmende Vertrautheit mit der fremden Sprache

Dieser Anfangsvorteil wird jedoch allmählich ausgeglichen. Denn je länger man eine Sprache lernt, je besser man sie beherrscht, desto vertrauter wird sie. Und auch dies wirkt sich positiv auf Lernprozesse aus: Fortgeschrittene können deshalb in der Regel mehr neue Wörter speichern als Anfänger (vgl. Cook 1977, 43).

Ähnlichkeiten im lexikalischen Bereich erleichtern aber nicht nur den Aneignungsprozeß, sondern auch das Verstehen einer fremden Sprache, weil Wörter verstanden werden können, deren Bedeutung noch nicht erlernt wurde (vgl. Palmberg 1985, 91). Bei entfernteren Sprachen (vom Deutschen aus z. B. Türkisch oder Persisch) ist ein solches Erschließen von Bedeutungen nicht (oder nur selten) möglich, wie folgende Beispiele aus fünf Sprachfamilien zeigen:

germanische		romanische		slawische		iran.	türk.
Deutsch	Englisch	Franz.	Ital.	Poln.	Russ.	Pers.	Türk.
Hand	hand	main	mano	reka	ruka	dast	el
Schule*)	school	école	scuola	szkola	schkóla	madrasä	okul**)
blau	blue	bleu	blu	niebiesky	sinij	abi	mavi
			azzuro				
Haus	house	maison	casa	dom	dom	chanä	ev

*) *Schule* kommt aus dem Lateinischen *schola* und bedeutet *Innehalten von der Arbeit, Muße, Ruhe*.
**) *okul* wird von der Wurzel *ok* abgeleitet, was *Pfeil* bedeutet; *oku* bedeutet *rufen* aber auch *lesen*.

Allgemein gilt, daß Wörter der Zielsprache, die direkte Entsprechungen in der Herkunftssprache haben, schneller erlernt werden als solche, die keine solchen Entsprechungen haben (vgl. Taylor 1976). Dies wird jeder aufgrund eigener Lernerfahrungen bestätigen können. Aber das „besser merken können" bedeutet noch nicht, daß das Wort dann auch wirklich beherrscht wird. Denn ein Wort zu beherrschen kann Unterschiedliches bedeuten (vgl. Ringbom 1987, 37). Es kann z. B. heißen, daß man

Wörter mit direkten Entsprechungen werden leichter gelernt

- sich an das Wort in einem bestimmten (oder in verschiedenen) Kontext(en) erinnern oder es ohne Kontext abrufen kann,
- eine Form des Wortes kennt oder auch mögliche Ableitungen,
- syntaktische Anwendungsbedingungen kennt,
- sich eine Grundbedeutung ungefähr gemerkt hat oder mehrere Bedeutungen genauer kennt,
- weiß, in welchen Kollokationen (d. h. syntagmatischen Verbindungen) es vorkommen kann,
- Assoziationen, die mit dem Wort in der Zielsprache gewöhnlich verbunden werden, kennt,
- mit idiomatischen Bedeutungen vertraut ist, in denen das Wort gebraucht wird,
- Bilder und Metaphern kennt, in denen dieses Wort vorkommt.

ein Wort beherrschen

Man sollte wissen, daß Wörter selbst in der Erstsprache nicht immer völlig beherrscht werden und sich im Bereich des Wortschatzes Schichtunterschiede besonders deutlich nachweisen lassen (vgl. Butzkamm 1989, 15). Jede fremde Sprache wird zunächst einmal mit Hilfe des semantischen Netzes der Erstsprache erschlossen und verstanden. Deshalb hängt das, was man in der fremden Sprache verstehen kann, auch davon ab, wie differenziert Wörter in der Erstsprache verstanden werden. Ein oberflächliches Verstehen kann Lerner dazu verleiten, sich mit „halbem Verstehen" in der fremden Sprache zu begnügen, während ein differenzierteres Verstehen in der Erstsprache den Lerner dazu veranlassen wird, nach weiteren Bedeutungen oder Gebrauchsweisen des fremden Wortes zu suchen. Mit anderen Worten:

ein differenziertes muttersprachliches Bedeutungsnetz begünstigt differenziertes Verstehen

Eine differenzierte Beherrschung der Erstsprache ist eine gute Lernvoraussetzung, eine wenig differenzierte Beherrschung kann zum Lernhindernis werden.

Aufgrund von experimentellen Untersuchungen wissen wir, daß phonologische Ähnlichkeiten fremder Wörter in der Anfangsphase des Lernprozesses am deutlichsten wahrgenommen werden (vgl. Ringbom 1987, 40). Mit zunehmendem Sprachstand verlieren diese Ähnlichkeiten jedoch an Bedeutung. Die Lerner konzentrieren sich nunmehr stärker auf semantische Ähnlichkeiten. Assoziationstests haben jedoch gezeigt, daß auch dann, wenn ein sehr hoher Sprachstand erreicht wurde, Lerner sich in Zweifelsfällen stärker auf phonologische als auf semantische Komponenten stützen (vgl. Meara 1978). Dieser Rückgriff auf die phonologische Komponente wird allerdings dann schwierig, wenn Störgeräusche eine Diskriminierung von Äußerungen oder Lauten verhindern. Darum sollte der Geräuschpegel im Zweit- bzw. Fremdsprachenunterricht bewußt niedrig gehalten werden.

anfangs: phonologische Ähnlichkeiten

später: semantische Ähnlichkeiten

in Zweifelsfällen: Rückgriff auf phonologische Komponente

Je weniger Ähnlichkeiten eine fremde Sprache für einen Lerner aufweist, desto stärker ist er auf sein „Weltwissen", d. h. seine Lebenserfahrungen und sein Allgemeinwissen, angewiesen. Mit Hilfe dieses Wissens versucht er, seine Wahrnehmungen zu strukturieren und zu interpretieren. Dabei wird automatisch der gesamte Kontext (insbesondere prosodische und nonverbale Elemente wie Lautstärke, Sprechgeschwindigkeit, Körperhaltung, Mimik, Gestik, Blickkontakt) verstärkt berücksichtigt.

Auch durch begleitende nichtverbale Handlungen kann der Eindruck der Vertrautheit (bzw. Ähnlichkeit) oder Nichtvertrautheit entstehen. Denn gesprochene Sprache ist ja immer eingebettet in nonverbales Verhalten, sei es, um Äußerungen zu verstärken, zu

prosodische und/oder nonverbale Elemente bewirken Vertrautheit oder Unvertrautheit

verdeutlichen, abzuschwächen oder auch zu substituieren. Meist sind sich Lerner gar nicht bewußt, was sie an einer Sprache oder den begleitenden Handlungen befremdet, da der Bereich der nonverbalen Kommunikation, obwohl elementarer Bestandteil von Verständigungshandlungen, ähnlich automatisiert und verinnerlicht ist wie Aussprache, Akzent und Intonation.

Ähnlichkeiten (bzw. Unähnlichkeiten) lassen sich grundsätzlich auf allen sprachlichen Ebenen und in allen Bereichen nonverbaler Kommunikation ausmachen: in den Bereichen von Prosodie, von Mimik und Gestik, aber auch auf der phonologischen, morphologischen, syntaktischen, semantischen und pragmatischen Ebene. Solche Ähnlichkeiten können sprachlichen Gewohnheiten entgegenkommen, können die kognitive Verarbeitung erleichtern, sie können aber auch Einstellungen zu einer fremden Sprache positiv oder negativ beeinflussen. Denn Ähnliches bzw. Vertrautes löst beim Lerner gewöhnlich andere Gefühle aus als Fremdes. So klingt Englisch für die Ohren eines Deutschen beispielsweise relativ vertraut, weil Betonungen (d. h. Intonationsmuster) Ähnlichkeiten aufweisen mit den im Deutschen gebräuchlichen (vgl. Kap. 3.1.1). Aber bereits ein abweichender Gebrauch kann den Eindruck der Fremdheit vermitteln. Man denke etwa an den Wortakzent im Französischen, der meist an die letzte Silbe eines Wortes gebunden ist, oder an das Polnische, wo er gewöhnlich auf die vorletzte Silbe fällt (vgl. Szemerenyi 1970, 76), während im Türkischen meist die zweite, im Deutschen hingegen die erste Silbe betont wird. Noch gravierender wirkt sich das Vorhandensein oder Fehlen eines zentralen Satzakzents aus. Da er im Türkischen fehlt, haben Lerner mit Deutsch als Erstsprache vor allem in der Anfangszeit Schwierigkeiten, gehörte Äußerungen angemessen zu gliedern.

Ähnlichkeiten erleichtern also dem Anfänger das Lernen, insbesondere das Verstehen einer fremden Sprache. Ähnlichkeiten können sich aber auch negativ auf den Lernprozeß auswirken, dann nämlich, wenn durch zu große Nähe zwischen beiden Sprachen (z. B. zwischen Niederländisch und Deutsch) Verwechslungen begünstigt werden. Nehmen wir beispielsweise das niederländische *leiding* und das deutsche *Leitung* oder das niederländische *smachten* und das deutsche *schmachten*. Solche Wörter lassen sich leicht verwechseln. Weil diese Verwechslungsgefahr Sprechern bewußt ist, tendieren sie u. U. zu Vermeidungsverhalten. So hielt ein niederländischer Hochschullehrer beispielsweise einen Vortrag auf deutsch, bat aber anschließend darum, zu Fragen zum Vortrag auf englisch antworten zu dürfen. Große Ähnlichkeit erschwert also die Beherrschung der fremden Sprache auf einem hohen Niveau.

große Ähnlichkeit kann Beherrschung auf hohem Niveau erschweren

Unähnlichkeit erschwert den Anfang

Für das Erlernen entfernterer Sprachen gilt genau das Umgekehrte. Die Anfangsphase ist für Lerner meist schwieriger, weil mehr Arbeit erforderlich ist und es länger dauert, bis sich sprachliches Verstehen einstellt. Spätere Lernprozesse werden allerdings auch nicht durch zu große Ähnlichkeiten behindert.

<u>Zusammenfassung</u>

Ähnliche oder vertraute Elemente oder Strukturen einer Zielsprache ermöglichen dem Lerner den Rückgriff auf Fertigkeiten, die er während seines Erstspracherwerbs entwickelt hat. Sie erleichtern ihm auch die kognitive Erfassung, Verarbeitung und Speicherung und tragen dazu bei, daß ihm die neue Sprache in gewisser Weise vertraut erscheint. Vertrautes verbinden wir gewöhnlich mit positiven Gefühlen. Lerner stützen sich dabei im lexikalischen Bereich zunächst auf ähnliche phonologische Merkmale, später vermehrt auf semantische.

Ähnlichkeiten können sich allerdings auch als Lernhindernisse erweisen, z. B. wenn sich Lerner mit oberflächlichem Verstehen begnügen oder wenn durch zu große Nähe zwischen zwei Sprachen Verwechslungen begünstigt werden. Entfernte Sprachen werden insbesondere während der Anfangsphase langsamer erlernt. Der weitere Verlauf des Lernprozesses wird jedoch durch Ähnlichkeiten nicht behindert.

Suchen Sie 10 Wörter, die im Deutschen und in Ihrer Erstsprache bzw. im Deutschen und in einer Ihrer Fremd- bzw. Zweitsprachen ähnlich klingen.

Inwiefern gibt es Überschneidungen im Bereich der Bedeutungen?

Im Rahmen welcher Themen oder Situationen könnte man Wörter, die ähnlich klingen und in der Erst- und Zweitsprache die gleiche Bedeutung aufweisen, im Anfangsunterricht als „vertraute Anknüpfungspunkte" nutzen?

Aufgabe 45

Lerner einer Zweitsprache sind bei ihrer sprachlichen Verarbeitung durch Nebengeräusche leichter störbar als „Muttersprachler". Überlegen Sie, was das für den Unterricht bedeuten könnte?

Aufgabe 46

Weiterführende Literatur:

Literaturhinweise

Bodmer, F. (1955): *Die Sprachen der Welt.*

Fthenakis, W. u. a. (1985): *Bilingual-bikulturelle Entwicklung des Kindes. Ein Handbuch für Psychologen, Pädagogen und Linguisten* [darin: Kap. 2].

Steinmüller, U. (1984): *Muttersprache,* 241 – 244.

Stölting, W. (1974): *Zur Zweisprachigkeit ausländischer Kinder – Probleme und Aufgaben,* 143 – 157.

Störig, H. J. (1987): *Abenteuer Sprache. Ein Streifzug durch die Sprachen der Erde.*

4.2.2 Einflüsse auf die Produktion

Ähnlichkeiten erleichtern nicht nur das Verstehen, sie können sich auch auf die Sprachproduktion positiv auswirken. So wird beispielsweise ein Engländer, der Deutsch lernt, die oben erwähnte Intonationsfrage schon nach kürzester Zeit beherrschen, weil dieser Fragetyp sowohl im Englischen als auch im Deutschen existiert. Hingegen dürfte derselbe Lerner, wenn er z. B. Türkisch oder Russisch lernen würde, zumindest anfangs dazu tendieren, die in diesen Sprachen erforderlichen Fragepartikeln auszulassen und Fragen statt dessen mit der in seiner Erstsprache typischen Intonationsmarkierung versehen.

Ähnlichkeiten erleichtern auch die Produktion sprachlicher Äußerungen

Man spricht in Fällen der Übertragung von Elementen oder Strukturen von einer Sprache auf eine andere von T r a n s f e r. Entstehen durch eine Übertragung mögliche oder korrekte zweitsprachliche Formen (z. B. bei der Intonationsfrage), spricht man von p o s i t i v e m T r a n s f e r. Entstehen durch die Übertragung Fehler, spricht man von n e g a t i v e m T r a n s f e r oder I n t e r f e r e n z (bzw. von einem Interferenzfehler*). Wenn Deutsche Türkisch lernen, entsteht durch den falschen Gebrauch der Intonationsmarkierung ein solcher Interferenzfehler. Aber auch die Auslassung der Fragepartikel gehört in den Bereich der Interferenzerscheinungen.

Transfer

positiver / negativer (Interferenz)

(1) **Geliyor?* [mit steigender Intonation]

[*kommen* + Gegenwart + 3. Pers. Sg. + Frageintonation]

[korrekt: *geliyor mu?*]

Beispiel

Über ähnliche Phänomene berichtet Wode (1981, 204) beim Lernen der Negation im Englischen durch Lerner mit Deutsch als Erstsprache. Er stellt allerdings fest, daß sich Lerner in unterschiedlicher Weise auf ihre Erstsprache stützen. Es gibt solche, bei denen der Einfluß der Erstsprache dominiert und andere, bei denen er nur selten erkennbar wird.

Einfluß der Muttersprache je nach Lerner unterschiedlich

„falsche Freunde“

Ein anderes Beispiel für Interferenz, an dem wir allerdings sehen können, daß formale, insbesondere lautliche Ähnlichkeiten im Bereich der Lexik (sog. „falsche Freunde“) auch Schwierigkeiten bereiten können, wäre:

(2) **Er bekam sehr zornig.* [von: *He became very angry.*]

[korrekt: *Er wurde sehr zornig.*]

Während Beispiel (1) vermutlich dadurch entstanden ist, daß ein Lerner seinen sprachlichen Gewohnheiten „blind“ gefolgt ist, indem er etwas automatisch übertragen hat (automatischer Transfer), dürfte das Beispiel (2) eher durch eine Verwechslung zustande gekommen sein. Verwechseln impliziert aber, daß ausgewählt und eine kognitive Operation mehr oder weniger bewußt durchgeführt wurde.

Tatsächlich hat man feststellen können, daß eine ganze Reihe von Transfererscheinungen auch zu beobachten sind, wenn Operationen bewußt durchgeführt werden. Dies ist vor allem dann der Fall, wenn Prozesse langsamer ablaufen, kognitiv leichter kontrollierbar sind und Wissen über die Erstsprache mit Wissen über die Zweitsprache kombiniert wird (vgl. Faerch/Kasper 1986, 56ff.). Beobachtbar ist das z. B., wenn ein Lerner versucht, eine lexikalische Lücke zu überbrücken, was er auf verschiedene Weise tun kann, beispielsweise durch

Transfer zur Überbrückung lexikalischer Lücken

Entlehnung

- direkte Entlehnung eines Wortes aus der Erstsprache (vgl. oben *bekam*),
- Entlehnung und Anpassung der Aussprache an die zielsprachlichen Regeln (wenn z. B. ein Deutscher das Wort <Papierkorb> im Englischen als [paperko:v] artikuliert),

wörtliches Übersetzen

- wörtliches Übersetzen (wenn z.B. ein Däne ein Kompositum seiner Muttersprache wörtlich ins Deutsche übersetzt und anstelle des Lexems <Gemüse> von <Grünsache> (Dän.: <grøntsager> spricht).

Insgesamt scheint es Bereiche zu geben, in denen Transfer häufiger beobachtbar ist (z. B. Aussprache, Lexik, Wortstellung, Redewendungen) und solche, in denen Interferenzerscheinungen seltener sind (z. B. im Bereich der Flexion).

Aufgabe 47

Suchen Sie nach „falschen Freunden“. Welche Wörter des Deutschen klingen ähnlich wie Wörter Ihrer Erstsprache, haben aber eine andere Bedeutung (z. B. „sensible“ im Englischen und „sensibel“ im Deutschen)?

Vermeidung

Lerner versuchen aber nicht immer, Elemente oder Strukturen aus ihrer Erstsprache zu übertragen. Sie tendieren auch dazu, Konstruktionen zu vermeiden, die in der Zielsprache (aber nicht in ihrer Ausgangs- bzw. Erstsprache) vorkommen. Man spricht in diesem Zusammenhang von Vermeidungsverhalten oder einfach von Vermeidung. So wurde z. B. beobachtet, daß chinesische und japanische Lerner des Englischen den Gebrauch von Relativsatzkonstruktionen, die in ihren Erstsprachen nicht existieren, vermeiden, während persische und arabische Lerner, die Relativsatzkonstruktionen aus ihren Erstsprachen kennen, diese auch zu gebrauchen versuchen und dabei viele Interferenzfehler machen (vgl. Schachter 1974).

Berücksichtigung bei der Sprachstandseinschätzung

Ähnlichkeit im Bereich der Produktion begünstigt also Interferenz, weshalb fortgeschrittene Lerner zu Vermeidungsverhalten tendieren. Unähnlichkeiten begünstigen hingegen Vermeidungsverhalten. Ein Lehrer sollte bei der Einschätzung eines Sprachstandes oder bei der Beurteilung einer schriftlichen Arbeit sich daher auch fragen, ob eine fehlerärmere Produktion durch Vermeidung einer bestimmten Konstruktion oder bestimmter Elemente zustande kam.

Die Begriffe *Transfer* und *Interferenz* entstammen dem Kontext der kontrastiven Analyse (vgl. Lado 1957). Man nahm an, daß Lehrer, die eine Zielsprache mit der Erstsprache ihrer Schüler verglichen haben, Lernprobleme ihrer Schüler besser verstehen und den Schülern folglich auch besser helfen könnten. Die Grundannahmen der kontrastiven Analyse lauteten:

Grundannahmen der kontrastiven Analyse

- Unterschiede zwischen Sprachen verursachen Lernschwierigkeiten,
- Ähnlichkeiten wirken sich lernerleichternd aus.

Bald schon mußte man jedoch erkennen, daß diese einfache Unterscheidung nicht ausreicht, weshalb Kontrasttypen konstruiert wurden, die bei der Einschätzung und Gewichtung sprachlicher Unterschiede helfen sollten. (vgl. z. B. die fünf Kategorien von Prator 1967 im Lösungsschlüssel auf S. 140f.).

Nun kann man zwar Unterschiede (bzw. Kontraste) zwischen Sprachen herausarbeiten und objektiv beschreiben. Welche davon sich dann aber tatsächlich als Lernhindernis auswirken, hängt von den subjektiven Voraussetzungen des einzelnen Lerners ab. Dazu gehören z. B. Vorwissen, Motivation, Sprachlerneignung und Sprachlernerfahrungen. Wenn beispielsweise ein Lerner sich schon mit einer zu lernenden Sprache beschäftigt hat, d. h. also über Vorwissen in dieser Sprache verfügt, wird er vermutlich schneller lernen als ein Landsmann, der über keinerlei Vorwissen verfügt. Und ein hoch motivierter Lerner wird sich von Kontrasten oder Schwierigkeiten nicht schrecken lassen. Ein sprachlich begabter Lerner, der z. B. über eine gute lautliche Diskriminierung verfügt und/oder über ein gutes Gedächtnis, wird andere Lernfortschritte machen als ein anderer Lerner, der diese Vorzüge nicht aufweist. Schließlich wird ein Lerner, der bereits eine oder zwei fremde Sprachen erlernt hat, über andere Lernstrategien zur Bewältigung von Lernschwierigkeiten verfügen als einer, der noch über keine fremde Sprache verfügen kann (vgl. Kap. 1.3.4 „Mehrsprachigkeit" sowie Apeltauer 1993).

Neben diesen genannten Faktoren werden auch Wahrnehmungs- und Lerngewohnheiten, Stereotype und Vorurteile gegenüber der zu lernenden Sprache und Kultur sowie die allgemeine Befindlichkeit des Lerners wirksam. Denn all diese Faktoren beeinflussen seine Wahrnehmung der fremden Sprache und Kultur.

In der Praxis stellte man auch fest, daß ein kausaler Zusammenhang zwischen sprachlichem Kontrast (zwischen Ausgangs- und Zielsprache) und Fehler nicht immer gegeben ist, daß insbesondere Lernschwierigkeiten nicht unbedingt mit der Produktion von Fehlern verbunden sein müssen (vgl. Jackson/Whitnam 1971). Andererseits können Ähnlichkeiten zwischen Sprachen – wie wir gesehen haben – die Entstehung von Fehlern begünstigen.

Kontraste sind nicht immer mit Lernschwierigkeiten verbunden

Daneben gibt es eine ganze Reihe von Fehlern, die offenbar zur Kategorie der entwicklungsbedingten Fehler gehören, d. h. zu Fehlern, die sich auch beobachten lassen, wenn eine bestimmte Sprache als Erstsprache erworben wird. Und schließlich gibt es auch Fehler, die sich weder auf Einflüsse der Ausgangs- noch auf Einflüsse der Zielsprache zurückführen lassen. Sie können z. B. durch Lehrmaterial, Übungsformen oder Sprachgebrauch des Lehrers bedingt sein (sogenannte „induzierte Fehler"*) oder durch aktuelle Bedingungen, z. B. Müdigkeit oder Angst. In letzterem Falle spricht man auch von Performanzfehlern*. Wenn wir einen Lerner auf einen Fehler aufmerksam machen und er sich selbst korrigieren kann, haben wir es mit einem Performanzfehler zu tun.

entwicklungsbedingte Fehler

induzierte Fehler

Performanzfehler

Lehrkräfte neigen dazu, Fehler auf eine bestimmte Ursache zurückzuführen. Solche monokausalen Erklärungen sind aber häufig nicht angemessen. Schließlich können Fehlerursachen variieren, so daß ein Lerner ein und denselben Fehler zu einem Zeitpunkt *t* aufgrund eines Faktors *F* (z. B. Einfluß der Muttersprache) machen kann, zu einem Zeitpunkt *t'* aber aufgrund eines anderen Faktors (z. B. *F'*: Müdigkeit).

Fehlerursachen variieren

Mit anderen Worten: Es gibt weder einen logischen noch einen psychologischen Grund dafür, daß ein Fehler nur durch eine unveränderliche Ursache ausgelöst wird (vgl. Ellis 1986, 35).

Aufgabe 48

> *Wenn Fehler auf verschiedenste Typen von Ursachen zurückzuführen sind, welche Schlußfolgerungen können Sie daraus für den Zweit- und Fremdsprachenunterricht ziehen?*

Sollte man daraus schließen, daß der Einfluß der Erstsprache auf den Lernprozeß doch nicht so groß ist wie ursprünglich angenommen wurde?

In einer Reihe von Untersuchungen hat man in den siebziger und achtziger Jahren versucht, den Anteil an Interferenzfehlern beim Lernen von Englisch als Zweitsprache zu bestimmen. Die Ergebnisse waren widersprüchlich. Einige Forscher konstatierten eine relativ hohe Anzahl an Interferenzfehlern (über 50 %), andere nur etwa drei Prozent. Die folgende Tabelle enthält im oberen Teil Untersuchungen mit Englisch als Zielsprache (vgl. Ellis 1986, 29), im unteren Teil solche mit Deutsch als Zielsprache.

Untersuchung	**% gefundener Interferenzfehler**	**Ausgangssprache und Lernergruppe**
Zielsprache: Englisch		
Grauberg 1971	36 %	Deutsch; Erwachsene; fortgeschritten
George 1972	33 % (ca.)	verschiedene; Erwachsene
Dulay & Burt 1974	3 %	Spanisch; Kinder; unterschiedlicher Sprachstand
Tran-Chi-Chau 1975	51 %	Chinesisch; Erwachsene; unterschiedlicher Sprachstand
Mukattash 1977	23 %	Arabisch; Erwachsene
Flick 1980	31 %	Spanisch; Erwachsene; unterschiedlicher Sprachstand
Lott 1983	50 % (ca.)	Italienisch; Erwachsene (Studenten)
Zielsprache: Deutsch		
Pfaff 1986	50 % (ca.)	Türkisch/Griechisch; 12 – 14 Jahre
Koskensalo 1988	25 %	Finnisch; 16 – 18 Jahre

schwierig, Interferenzfehler von entwicklungsbedingten zu unterscheiden

Die starke Streuung läßt sich einerseits dadurch erklären, daß es nicht immer einfach ist, sog. „Interferenzfehler" von entwicklungsbedingten Fehlern zu unterscheiden. Andererseits sieht man auch an der dritten Spalte (Ausgangssprache und Lernergruppe), daß es sich um heterogene Gruppen handelt, deren Voraussetzungen und Sprachlernsituationen kaum vergleichbar sein dürften. Hinzu kommen Erhebungsbedingungen (z. B. punktuell wie bei Dulay/Burt oder Pfaff oder kontinuierlich wie bei Koskensalo), die natürlich auch ihre Auswirkungen auf die Ergebnisse haben.

Nehmen wir z. B. die Untersuchung von Dulay/Burt 1974. Sie gehen davon aus, daß es universelle Erwerbsabfolgen (im Sinne Browns) gibt, wofür es – wie wir oben ausgeführt haben – Hinweise gibt. Übersehen wird bei dieser Argumentation allerdings, daß sich dennoch Unterschiede zwischen verschiedenen Lernergruppen feststellen lassen. In der Untersuchung von Dulay/Burt ist z. B. auffällig, daß von den beiden Gruppen (einer spanischen und einer chinesischen), die gleichzeitig Englisch lernten, die chinesischen Kinder immer schlechter abschnitten als die spanischen, d. h., daß sie länger zum Durchlaufen bestimmter Sprachentwicklungsphasen brauchten. Dabei ist dies, nach allem, was wir über den Einfluß der Erstsprache auf die Aneignung einer fremden Sprache wissen, nur zu verständlich. Schließlich gehört Englisch, vom Chinesischen aus betrachtet, zu den entfernteren Sprachen, während Englisch und Spanisch zur indoeuropäischen Sprachfamilie zählen und ein Spanier im Englisch viele vertraute Wortwurzeln entdecken wird, die romanischen Ursprungs sind.

unterschiedliche Erstsprachen sind mit unterschiedlicher Erwerbsdauer verbunden

Hakuta (1974a) stellt in seiner Langzeituntersuchung Abweichungen von der von Dulay/Burt propagierten Erwerbsabfolge fest. So wurde von dem fünf Jahre alten japanischen Mädchen, das er untersuchte, die Unterscheidung *definit/indefinit* sehr viel später erworben als von den Probanden von Dulay/Burt. Da es diese Unterscheidung in der Erstsprache von Hakutas Probandin (dem Japanischen) nicht gibt, können wir annehmen, daß hier der Einfluß der Erstsprache wirksam ist. Über ähnliche Abweichungen berichtet Fathman (1979) bei Lernern mit Koreanisch als Erstsprache und Englisch als Zweitsprache.

Solche Ergebnisse zeigen uns einerseits, daß sich die Erstsprache als Sprachlernvoraussetzung sehr wohl auf Lernprozesse auswirkt, sie zeigen uns andererseits, daß Transferleistungen nicht nur durch objektiv beschreibbare Ähnlichkeiten begünstigt werden, sondern auch durch

- den Sprachentwicklungsstand der Lerner (Anfänger machen mehr Interferenzfehler als Fortgeschrittene),
- die Lernsituation (in formellen Kontexten werden mehr Interferenzfehler gemacht),
- das Lerneralter (ältere Lerner verarbeiten vielfach bewußt vergleichend und machen daher häufig auch mehr Interferenzfehler als Kinder),
- das vom Lerner wahrgenommene Ausmaß des Kontrastes zwischen beiden Sprachen (Ähnlichkeiten begünstigen T r a n s f e r, zumindest kurzfristig, wahrgenommene Unterschiede können Transfer verhindern bzw. Vermeidungsverhalten begünstigen),
- Unwohlsein (ausgelöst z. B. durch Müdigkeit, Angst oder Streß), das die Produktion von Interferenzfehlern begünstigt, auch wenn diese bereits überwunden waren.

Schließlich sollte noch darauf hingewiesen werden, daß die Beeinflussung zwischen Sprachsystemen wechselseitig ist, daß also nicht nur die Erstsprache auf die zweite Sprache wirkt, sondern auch umgekehrt die fremde Sprache auf die Erstsprache. Wird die zweite Sprache z. B. häufiger gebraucht als die Erstsprache, kann dies mit einem Verlust von Teilkompetenzen in der Erstsprache verbunden sein.

Sprachsysteme beeinflussen sich gegenseitig

Aufgabe 49

Fragen Sie Fremde, die seit Jahren in Ihrem Land leben, wie sich ihre erstsprachliche Kompetenz im Verhältnis zur Zweitsprache entwickelt hat und in welchen Bereichen Teilkompetenzen gemindert worden bzw. verlorengegangen sind.

Interessanterweise scheinen Fertigkeiten im Bereich der Sprachwahrnehmung weniger stark durch Nichtgebrauch beeinflußt zu werden als Fertigkeiten im Bereich der Produktion. Wenn wir eine fremde Sprache längere Zeit nicht gebrauchen, verlernen wir sie wenigstens teilweise. Wir sind dann nicht mehr in der Lage, sie produktiv so zu gebrauchen, wie vorher. Hingegen bleiben rezeptive Fähigkeiten (z. B. Hörverstehen oder Lesen) weitgehend erhalten.

rezeptive Fertigkeiten sind resistenter gegen Vergessen als produktive

Zusammenfassung

Es besteht heute kein Zweifel darüber, daß die Erstsprache als Sprachlernvoraussetzung einen Einfluß auf die Aneignung einer fremden Sprache ausübt. Der Einfluß dürfte um so größer sein, je größer die Ähnlichkeiten zwischen der Erstsprache und der zu lernenden fremden Sprache sind. Je geringer die Beziehungen zwischen Ausgangssprache (Erstsprache) und Zielsprache sind, desto weniger kann ein Lerner auf seine Erstsprache bzw. auf im Zusammenhang mit ihr entwickelte Fertigkeiten zurückgreifen, so daß der Aneingungsprozeß eher Ähnlichkeiten mit einem (zweiten) Erstspracherwerb aufweisen wird. Vereinfacht können wir auch sagen:

Beim Lernen verwandter Sprachen müssen wir umstrukturieren, beim Lernen entfernterer Sprachen müssen wir neu aufbauen.

Allgemein gilt: Eine differenzierte Beherrschung der Erstsprache ist eine günstige Voraussetzung zum Erlernen einer fremden Sprache. Eine undifferenzierte Beherrschung kann sich als Nachteil erweisen (vgl. Olshtain u. a. 1990). Darum sollten Lehrkräfte wissen, über welche Kompetenz in der Erstsprache ihre Lerner verfügen. Sie sollten sich nicht durch Vermeidungsverhalten täuschen lassen und wissen, daß Fehler verschiedene Ursachen haben können. Vor allem aber sollten sie wissen, daß Fehler notwendige Zwischenschritte in einem Lernprozeß sind, den nicht nur der Lehrer, sondern auch der Lerner bestimmt (vgl. dazu auch Oomen-Welke 1991, 20f.).

Insgesamt sind Interferenzfehler, vor allem während der Anfangszeit, in formellen Kontexten und bei älteren Lernern beobachtbar, seltener bei fortgeschritteneren Lernern oder bei Kindern, die in informellen Situationen ihre Zweitsprache erwerben. Vermeidungsverhalten ist vor allem dann beobachtbar, wenn ein Lerner sprachliche Unterschiede zwischen Erst- und Zweitsprache (mehr oder weniger bewußt) wahrnimmt.

Unser Wissen über die Rolle der Erstsprache beim Zweitspracherwerb ist nach wie vor begrenzt. Die bisherigen Untersuchungen konzentrierten sich vor allem auf negative Einflüsse der Erstsprache (Interferenzen), während positive Effekte (z. B. Verstehens- und Lernerleichterungen durch Wiedererkennen von Ähnlichkeiten, sogenannter „positiver Transfer“) bisher wenig Beachtung gefunden haben. Letzteres gilt auch für die wechselseitige Beeinflussung beider Sprachsysteme.

Abschließend soll nochmals betont werden, daß eine scheinbar gleiche Aufgabe – eine fremde Sprache wie Deutsch zu lernen – für Lerner mit unterschiedlicher Ausgangssprache, unterschiedlichem Lebensalter und aus unterschiedlichen Kulturräumen keineswegs die gleiche Aufgabe ist.

Aufgabe 50

Welche typischen Interferenzfehler machen Lerner, die Ihre Erstsprache sprechen, wenn sie Deutsch lernen? Oder: Welche typischen Interferenzfehler machen Lerner, die Deutsch als Erstsprache sprechen, und z. B. Französisch oder Russisch lernen?

Aufgabe 51

Wo treten Transferfehler (bzw. Interferenzen) besonders häufig auf? Welche anderen Fehlertypen kennen Sie? Zählen Sie sie auf, und erläutern Sie diese Fehler anhand von Beispielen. Nennen Sie mögliche Fehlerursachen.
(Vgl. Sie hierzu auch Kapitel 8 der Fernstudieneinheit „Angewandte Linguistik im fremdsprachlichen Deutschunterricht“).

Literaturhinweise

Weiterführende Literatur:

Baur, R. S./Meder, G. (1989): *Die Rolle der Muttersprache bei der schulischen Sozialisation ausländischer Kinder,* 119 – 135.

Butzkamm, W. (1989): *Psycholinguistik des Fremdsprachenunterrichts* [darin: Kap. 4].

Kelz, H. P. (1984): *Typologische Verschiedenheit der Sprachen und daraus resultierende Lernschwierigkeiten: Dargestellt am Beispiel der sprachlichen Integration von Flüchtlingen aus Südostasien,* 92 – 106.

Rehbein, J. (1982): *Worterklärungen türkischer Kinder,* 122 – 157.

Rehbein, J. (1987): *Diskurs und Verstehen: Zur Rolle der Muttersprache bei der Textverarbeitung in der Zweitsprache,* 113 – 172.

Wode, H. (1988): *Einführung in die Psycholinguistik, Theorien, Methoden, Ergebnisse* [darin: Kap. 8].

4.3 Kognitive Voraussetzungen

4.3.1 Kognitive Entwicklung

Bereits oben wurde auf Unterschiede im Lernverhalten von jüngeren (Kinder) und älteren Lernern (Jugendliche, Erwachsene) hingewiesen. Kinder, so wurde ausgeführt, gehen eher spontan und intuitiv-ganzheitlich vor, während Erwachsene aufgrund ihrer kognitiven Möglichkeiten zu Verfahren tendieren, die eher analytisches und bewußt reflektierendes Vorgehen betonen. Die Übergänge zwischen beiden Vorgehensweisen sind fließend. Auffallend ist aber, daß Kinder bis zur Pubertät auf ihre Umgebung eher mit Offenheit reagieren, während nach der Pubertät Wahrnehmungen kontrollierter und bewußter gesteuert werden (vgl. Ceci/Howe 1982).

Diese unterschiedlichen Vorgehensweisen hängen einerseits mit funktionalen Spezialisierungen im Gehirn zusammen, andererseits mit alters- und erfahrungsbedingten Entwicklungen im kognitiven Bereich sowie mit dem in der Erstsprache erreichten Entwicklungsstand.

Erinnern wir uns: Sprachliche und kognitive Entwicklung verlaufen während des Erstspracherwerbs zunächst relativ unabhängig voneinander. Mit fortschreitender Differenzierung beeinflussen sie sich aber immer stärker gegenseitig. Es wird nun zunehmend schwieriger, beide Bereiche zu trennen. Wenn aber – wie oben ausgeführt – die Erstsprache dazu beiträgt, daß differenziert wahrgenommen und Erfahrungen rascher eingeordnet, verdichtet und gespeichert werden können, so ist davon auszugehen, daß dafür auch die im Zusammenhang mit dem Erwerb der Erstsprache entwickelten kognitiven Fertigkeiten (z. B. Diskriminierung, Klassifizierung, Abstraktion, Folgerung) verantwortlich sind. Und diese Fertigkeiten werden auch bei der Aneignung einer fremden Sprache von Bedeutung sein (vgl. John-Steiner 1985, 356f.).

sprachliche und kognitive Entwicklung verlaufen zunächst parallel, beeinflussen sich aber im Laufe der Entwicklung immer stärker gegenseitig

Wir können uns diese gegenseitige Abhängigkeit folgendermaßen vorstellen: Beim Erwerb einer Zweitsprache wird automatisch auf die bereits während des Erstspracherwerbs entwickelten Fähigkeiten und Fertigkeiten zurückgegriffen. Ein Lerner, der über viele und differenzierte Fähigkeiten und Fertigkeiten verfügt, wird dabei einem anderen überlegen sein, der nur über wenige und nicht sehr differenzierte Fertigkeiten verfügt. Mit anderen Worten: Lebenserfahrungen und Bildungsvoraussetzungen wirken sich positiv auf Sprachlernprozesse aus.

Lebenserfahrungen und Bildungsvoraussetzungen wirken sich positiv aus

Da beim Lernen einer fremden Sprache Vertrautes verfremdet wird, gerät das Instrument (die Sprache), das man bis dahin spontan und weitgehend unbewußt gebraucht hat, ins Blickfeld. Das dadurch bedingte Thematisieren von Sprache bewirkt wiederum ein verstärktes Bewußtwerden und Reflektieren von sprachlichen Zusammenhängen. Ähnliches gilt für die damit verbundene Verarbeitung von Information. Man spricht in diesem Zusammenhang auch von m e t a s p r a c h l i c h e n (d. h. über Sprache reflektierenden oder sich auf Sprache beziehenden) und m e t a k o g n i t i v e n Fähigkeiten (vgl. S. 90ff.).

Aneignungsprozesse begünstigen Entwicklung eines metasprachlichen Bewußtseins

Monolinguale Kinder richten ihre Aufmerksamkeit im Laufe der Entwicklung zunächst auf die äußere Welt. Sie versuchen diese zu erkunden, fragen z. B. nach den Namen für

Konventionalität von sprachlichen Zeichen wird früher bewußt

Gegenstände und entwickeln erst allmählich Interesse für die „Innenwelt" und für sprachliche Mittel, mit deren Hilfe über die „Außenwelt" gesprochen wird. Zweisprachig aufwachsende Kinder lernen dagegen früher, daß ein Objekt unterschiedlich benannt werden kann, z. B. als *Hund* und als *köpek*. Sie erfahren also eher, daß die Beziehungen zwischen sprachlichen Zeichen und Referenzobjekten konventionell sind und folglich ein sprachlicher Ausdruck durch einen anderen ersetzt werden kann. Aufgrund solcher Einsichten werden diese Kinder auch früher beginnen, Wörter beider Sprachen bewußt zu gebrauchen.

Metasprachliche Fähigkeiten

einen Ausdruck durch einen anderen ersetzen

Monolingualen Kindern fällt es schwer, Form und Inhalt eines Satze oder eines Wortes gesondert zu betrachten (vgl. Hakes 1980, 27). Auch das Ersetzen eines Ausdrucks durch einen anderen bereitet Schwierigkeiten. Dazu ein Beispiel:

> „Du weißt, im Deutschen heißt das *Flugzeug*. In unserem Spiel wollen wir es *Schildkröte* nennen. Kann eine Schildkröte fliegen?"
>
> Ben-Zeev 1977

Gegen ein solches Ansinnen protestieren monolinguale Kinder, weil Objektbezeichnungen für sie lange Zeit „Eigenschaften" von Objekten sind, die man nicht verändern darf. Anders Kinder, die eine zweite Sprache lernen. Ihnen bereiten solche Aufgaben weniger Probleme, weil sie bereits früh und selbständig beginnen, ihre beiden sprachlichen Systeme zu vergleichen (vgl. Lambert/Tucker 1972, 207).

metasprachliche Fähigkeiten werden besonders in Kontaktsituationen mit Sprechern der Zielsprache entwickelt

Es scheint, als ob das Erlernen einer fremden Sprache als eine Herausforderung besonderer Art erlebt wird, zu deren Bewältigung alle zur Verfügung stehenden Kräfte mobilisiert werden. Da die sprachlichen und kognitiven Fertigkeiten, über die Lerner verfügen, für den Erstspracherwerb entwickelt wurden, müssen sie den neuen Aufgaben angepaßt werden. Reicht dies nicht aus, werden neue Fähigkeiten entwickelt. Dies gilt z. B. für Korrekturen (einschließlich Selbstkorrekturen), für Kommentare, die sich auf sprachliche Formen beziehen oder für Sprachspielereien, sogenannte „metasprachliche" Fähigkeiten. Sie entwickeln sich besonders in Kontaktsituationen mit Muttersprachlern, weil Gespräche zwischen Lernern einer fremden Sprache und Sprechern, die die Zielsprache als Muttersprache sprechen, oft einen großen Anteil an solchen metasprachlichen Äußerungen aufweisen (vgl. Faerch/Kasper 1980, 50).

Metasprachliche Fähigkeiten, die im Laufe der Aneignung einer fremden Sprache entwickelt werden, ermöglichen auch einen bewußten und willkürlichen Gebrauch sprachlicher Mittel, nicht nur in der zweiten, sondern zugleich auch in der ersten Sprache. Man fängt z. B. viel eher an über Wortbildungsmuster nachzudenken, wenn man eine fremde Sprache lernt und entdeckt, daß dort ganz andere Reglen gelten. Es werden dabei nicht nur die Regeln der neuen Sprache gelernt. Häufig werden zugleich auch die bereits automatisch verwendeten Regeln der Erstsprache erstmals bewußt. Insofern besteht hier tatsächlich eine Wechselwirkung. Zudem erleichtern metasprachliche Fähigkeiten den Umgang mit abstrakteren (z. B. schriftsprachlichen) Formen (vgl. dazu auch Klein 1984, 151f.).

Metakognitive Fähigkeiten

Bereits im Alter von fünf Jahren sind Kinder fähig, beim Nacherzählen eines gehörten Textes wichtige von unwichtigen Informationen zu unterscheiden, während sich ihre Fähigkeit zum zusammenhängenden Erzählen erst allmählich entwickelt. Für das Textverstehen (z. B. beim Lesen) wurde festgestellt, daß unzulängliches Verstehen eines Textes teilweise dadurch bedingt ist, daß eigene Verstehensprozesse unzureichend überwacht und bewertet werden. Man spricht in diesem Zusammenhang auch von metakognitiven Defiziten. Im Verlaufe des Lese-Lern-Prozesses lernen Kinder solche Überwachungs- und Bewertungsprozeduren, d. h., sie entwickeln metakognitive Fähigkeiten. Solche Fähigkeiten spielen auch bei der Aneignung einer fremden Sprache, insbesondere bei der Selbststeuerung, eine wichtige Rolle.

Neben solchen Fähigkeiten werden auch Verfahren entwickelt, mit deren Hilfe Gedächtnisleistungen verbessert werden können. Es ist bekannt, daß jüngere Kinder zumeist über eine kürzere Konzentrationsspanne und über eine geringere Speicherkapazität verfügen als ältere Kinder, Jugendliche oder Erwachsene. Aufgrund von Untersuchungen wissen wir, daß jedes Individuum mit zunehmender Lebenserfahrung Wissen über das Gedächtnis bzw. Gedächtnisprozesse sowie Verfahren zur Steuerung von Gedächtnisprozessen (metakognitive Verfahren wie z. B. Wiederholung, Gruppierung, Elaborierung) entwickelt. Mit Hilfe solcher Verfahren läßt sich die Leistungsfähigkeit des Gedächtnisses verbessern (vgl. Esser/Nowak 1986, 221).

Entwicklungsstadien

Dabei werden offenbar drei Stadien durchlaufen (vgl. Flavell 1979, 236ff.):

1. Stadium: Kinder können metakognitive Verfahren noch nicht gebrauchen.
2. Stadium: Die Verfahren können unter Anleitung verwendet werden. Ein spontaner Gebrauch ist aber noch nicht beobachtbar.
3. Stadium: Lerner können Situationen identifizieren, in denen der Gebrauch eines metakognitiven Verfahrens (einer „Gedächtnisstrategie") hilfreich wäre und verwenden sie nun auch spontan.

Der Übergang von Stadium 1 zu Stadium 2 scheint entwicklungsbedingt zu sein, der Übergang zu Stadium 3 hingegen an Erfahrungen, d. h. an den Umgang mit spezifischen Lernproblemen gebunden. Denn auch Erwachsene haben vielfach noch mit dem spontanen Gebrauch von „Gedächtnisstrategien" Schwierigkeiten (vgl. Bialystok 1985, 260).

Wenn ein Lerner Informationen zu verarbeiten und zu speichern versucht, so muß er dazu Schlußfolgerungen ziehen (z. B. „lexikalische Schlüsse" oder „Schlüsse aufgrund des Kontextes") und die Ergebnisse auf dem Hintergrund seiner Lebenserfahrungen und seines Weltwissens interpretieren.

Gedächtnisstrategien

Um das so gewonnene Wissen zu speichern, kann er sich verschiedener Verfahren bedienen. Er könnte sich das, was er speichern will, einfach wiederholt (laut oder „stumm") vorsagen. Eine andere Möglichkeit bestünde darin, Dinge neu zu gruppieren oder mit anderen Elementen zu assoziieren. Ein Lerner kann sich aber auch bewußt „Eselsbrücken" bauen, indem er sich z. B. etwas bildhaft vorstellt oder Vorstellungen mit Emotionen oder Farben in Verbindung bringt (d. h. imaginiert); er könnte sein akustisch-rhythmisches Gedächtnis nutzen und Reime bilden oder einen Satz mit den Worten, die er sich merken will (vgl. Sperber 1989, 73ff. und 113ff.). Das alles könnte ihm helfen, Informationen besser zu speichern. Während älteren Lernern eine solche bewußte Lenkung von Gedächtnisaktivitäten zunehmend besser gelingt (vgl. Flavell 1979, 240), sind Kinder nicht in der Lage, solche Verfahren spontan zu gebrauchen. Zweifellos wird aber der Erwerb einer fremden Sprache (d. h. der Umgang mit den dabei anfallenden Lernproblemen) anregend auf die Entwicklung von „Gedächtnisstrategien" wirken.

Mnemotechniken

Welche Bedeutung der Entwicklung solcher metasprachlicher und metakognitiver Fähigkeiten bei Lernprozessen zukommt, zeigen Untersuchungen, die in der Kognitionspsychologie mit Experten und Anfängern durchgeführt wurden. Anfänger, so hat man herausgefunden, orientieren sich immer an Oberflächenphänomenen, z. B. an einer alphabetischen Reihenfolge von Wörtern. Experten hingegen gebrauchen Metaverfahren, um abstraktere Muster zu konstruieren, die ihnen Orientierung und Speicherung erleichtern. Zweisprachige Individuen sind z. B. in der Lage, Regelhaftigkeiten einer fremden Sprache schneller zu erschließen als ungeübte Lerner bzw. Monolinguale. Erfahrene (bzw. zweisprachige) Lerner verwenden unterschiedliche Verfahren und können daher auch flexibler auf Lernprobleme reagieren. Sie zeigen größere geistige

Experten verwenden Metaverfahren und reagieren flexibler

Flexibilität als Monolinguale, wenn es darum geht, eine einmal formulierte (vermutete) sprachliche Regel um- oder neuzuformulieren, z. B. um sie beobachtbarem Sprachgebrauch anzupassen (vgl. McLaughlin 1990, 124f.). Aufgrund solcher Untersuchungsergebnisse ist zu vermuten, daß erfahrene Sprachenlerner früher und häufiger als Monolinguale ihre Vorgehensweisen beim Erlernen einer fremden Sprache gezielt steuern und kontrollieren (vgl. auch Schmidt 1990). Dies gilt insbesondere für Lerner, die eine fremde Sprache unter formellen Bedingungen erworben haben. Sie scheinen über mehr metasprachliche Wahrnehmungsfähigkeiten zu verfügen als Lerner, die sich eine fremde Sprache unter informellen Bedingungen aneignen (vgl. Thomas 1988, 239f.).

Zusammenfassung

Der Zwang zu Problemlösungen, der im Verlaufe der Aneignung einer fremden Sprache immer wieder entsteht, erweist sich langfristig als Vorteil, wenn es gelingt, auch in der fremden Sprache ein hohes Niveau zu erreichen. Denn während der Aneignungsprozesse entwickeln Lerner besondere Fähigkeiten zur Wahrnehmung und Begriffsbildung, zur Abstraktion und zur Schlußfolgerung, kurz: zum produktiven und divergenten Denken*, so daß sie beim Problemlösen flexibler reagieren können als Monolinguale (vgl. Apeltauer 1987a, 10f. und 24ff.). Für zweisprachig aufwachsende Kinder gilt allerdings: Das Sprachverhalten ist noch weitgehend an die jeweilige Situation gebunden.

Aufgabe 52

Was versteht man unter metasprachlichen Fähigkeiten?

Aufgabe 53

Inwiefern unterscheiden sich metakognitive Fähigkeiten bei monolingualen und bilingualen Kindern?

Aufgabe 54

Wie könnte man Fähigkeiten zur Wahrnehmung und Begriffsbildung, zur Abstraktion und Schlußfolgerung gezielt im Unterricht entwickeln?

Literaturhinweise

Weiterführende Literatur:

Augst, G. (1978): *Metakommunikation als Element des Spracherwerbs,* 328 – 339.

Haecki-Buhofer, A. (1989): *Zum alltäglichen Sprachbewußtsein von Erwachsenen,* 161 – 175.

Klein, W. (1984): *Zweitspracherwerb. Eine Einführung,* 151ff.

Kutsch, S. (1989): *Sprachreflexive Fähigkeiten im Zweitspracherwerb,* 143 – 159.

Rösler, D. (1986): *Leistung und Grenzen metakommunikativer Elemente in Lehrwerken für Deutsch als Fremdsprache,* 36 – 59.

Sperber, H. G. (1989): *Mnemotechniken im Fremdsprachenerwerb.*

Yates, F. A. (1990): *Gedächtnis und Erinnern, Mnemotechnik von Aristoteles bis Shakespeare.*

4.3.2 Verarbeitungsprozesse

Beim Erlernen einer fremden Sprache spielen drei Prozesse eine besondere Rolle: Kontrolle, Automatisierung und Restrukturierung.

Die ersten beiden Begriffe dürften jedem, der einmal eine fremde Sprache gelernt hat, vertraut sein. Ein Lerner muß z. B. bestimmte Äußerungen artikulieren (und kontrollieren) können. Wenn er gelernt hat, die fremde Sprache fließend zu sprechen, hat er gewöhnlich das Artikulieren so weit automatisiert, daß es ohne sein Zutun ablaufen kann, d. h., daß er keine Kontrolle mehr ausüben muß. Prozesse, die wir automatisiert haben, sind uns meist auch nicht mehr bewußt. Wenn wir sie kontrollieren wollen, müssen wir sie uns erst wieder bewußtmachen. Angenommen, ein Lerner ist der

Auffassung, daß *ich komme* und *er käme* zum selben Paradigma gehören. Er wird dann *komme* und *käme* alternierend gebrauchen, bis er entdeckt, daß es so etwas wie den Konjunktiv gibt. Nun müßte er seine ursprüngliche Regel modifizieren (oder r e s t r u k t u r i e r e n).

Das Lernen einer fremden Sprache erfordert die Entwicklung unterschiedlicher Fertigkeiten. Als Sprecher sollte man z. B. zu einem Thema mit einer bestimmten Absicht Äußerungen formulieren können, was voraussetzt, daß man z. B.

Fertigkeiten

- artikulieren,
- Worte angemessen auswählen und anordnen,
- Sätze kohärent aufeinander beziehen und
- gesellschaftliche Konventionen beachten kann.

So betrachtet umfaßt das Sprechen einer Sprache viele Teilfertigkeiten, die untereinander in einer hierarchischen, nichtlinearen Beziehung stehen. Wer eine fremde Sprache beherrschen will, muß folglich diese Fertigkeiten erlernen und sie so integrieren, daß sie automatisch ineinandergreifen. Im Verlaufe des Erwerbsprozesses lassen sich dabei drei Phasen unterscheiden (vgl. Karmiloff-Smith 1986):

- *Phase 1:* Lerner orientieren sich an ihrer Erstsprache und an Eingabedaten. Sie nutzen Hinweise der Interaktionspartner. Es können jedoch nur kurze Äußerungen gebildet werden, die vielfach an eine bestimmte Situation gebunden sind. Mit anderen Worten: Das Sprachverhalten ist noch weitgehend an die jeweilige Situation gebunden. Werden längere Äußerungen gebraucht, so handelt es sich meist um ganzheitliche Formeln.

Orientierung an Erstsprache und situativem Kontext

- *Phase 2:* Lerner machen sich eigene Vorstellungen von sprachlichen Strukturen und Regeln. Sie beginnen, ihren eigenen Regeln zu folgen, und vernachlässigen darüber negative Rückmeldungen. So führt die Entdeckung, daß es ein bestimmtes Phänomen gibt, meist zum vermehrten Gebrauch auffälliger oder besonders häufig gebrauchter Formen. Beispielsweise wird im Deutschen bei den Artikeln meist *die* übergeneralisiert. Eine Lernersprach-Regel könnte lauten:
  Nomen werden mit „die" gebraucht, z. B. „die Tasche".

  Wenn ein Lerner nun zufällig nur richtige Formen gebraucht, könnte ein Lehrer zu der Auffassung neigen, daß das Artikelsystem schon beherrscht wird. Man müßte also maskuline Nomen in die Rede einflechten und sehen, ob der Lerner diese aufgreift. In diesem Zusammenhang wird auch von v e r d e c k t e n F e h l e r n gesprochen. Solche verdeckten Fehler können in Äußerungen, die aufgrund von unzulänglichen Regeln produziert wurden, enthalten sein. Ihren Defekt muß man oberflächlich aber nicht erkennen. Würde der Lerner hingegen *die Stuhl* äußern oder *die Papier*, so würde die vereinfachte Regel sofort deutlich werden.

  Vereinfachungen und Auslassungen sind typisch für Zwischenstufen auf dem Weg zu einer korrekten Beherrschung der Zielsprache. Man bezeichnet solche Zwischenstufen auch als Lernersprachsystem (vgl. Kap. 5.1).
  Wurden Äußerungen in der ersten Phase eher reflexhaft oder als Versatzstücke gebraucht, so werden sie nun in der zweiten Phase zunehmend mit einer bestimmten Absicht (intentional) konstruiert. Und es gibt Anzeichen dafür, daß Lerner versuchen, ihre internen Prozesse vermehrt zu kontrollieren.

Orientierung an inneren Regeln: Lernersprache

- *Phase 3:* Den Lernern gelingt es allmählich, die beiden gegensätzlichen Vorgehensweisen zu verbinden. Sie folgen nun sowohl äußeren Anregungen, d. h. Daten und negativen Rückmeldungen, als auch inneren Regeln (d. h. dem Lernersprachsystem). Dieses System wird allmählich verfeinert und so den allgemeinen Verwendungsweisen angepaßt.

Beachtung interner und externer Zusammenhänge

Differenzierung der Lernersprache

Da die Verarbeitungskapazität eines Menschen begrenzt ist, wird sich ein Lerner während der ersten Phase bemühen, Prozesse, die er zu kontrollieren gelernt hat (z.B. die Aussprache oder die Bedeutung eines Wortes), durch Wiederholung zu festigen und zu automatisieren, weil automatisierte Handlungen keine Kontrolle mehr erfordern und dadurch Kapazität für neue Aufgaben frei wird.

Verarbeitungsprozesse können bewußt oder unbewußt ablaufen

Verarbeitungsprozesse können sowohl bewußt (z. B. im Falle einer Selbstkorrektur) als auch unbewußt (z. B. in Form von Auslassungen einer Präposition beim Nachsprechen eines Satzes) ablaufen. Daneben gibt es Übergangsformen, wenn z. B. komplexere Zusammenhänge bewältigt werden müssen und dazu teilweise auf Regelwissen zurückgegriffen werden muß (vgl. O'Malley u. a. 1987, 298).

Wichtig ist für den Lerner, daß ein sprachliches Phänomen wahrnehmbar ist. „Je deutlicher sich etwas Einzuprägendes von einer Menge anderer Sachverhalte abhebt bzw. unterschieden werden kann, um so leichter wird es behalten." (Esser/Nowak 1986, 222). Umgekehrt gilt auch: Was man nicht wahrnimmt, kann man auch nicht lernen (vgl. Schmidt 1990, 143f.). Wahrgenommen und daher besonders gut gelernt werden Phänomene, die überraschend auftauchen oder häufig wiederkehren, ebenso augenfällige Phänomene (vgl. dazu auch Kap. 3.3.3). Daneben gibt es Strukturen oder Elemente, die erst wahrgenommen werden können, wenn ein bestimmter Sprachstand erreicht ist oder wenn durch eine Problem- oder Aufgabenstellung die Aufmerksamkeit entsprechend gelenkt wurde.

In all diesen Fällen erfordert Lernen ein beständiges Verändern kognitiver Strukturen, sei es, weil neue Daten zur Veränderung bestehender Vorstellungen (oder Vermutungen) Anlaß geben, sei es, weil sich Kategorien als zu eng oder zu weit erwiesen haben und nun angepaßt werden müssen. Dabei gibt es das allmähliche (kontinuierliche) Anpassen, das häufig mit Automatisierung verbunden ist, aber auch das diskontinuierliche (mit qualitativen Sprüngen verbundene) Lernen, auf das wir in der Alltagssprache mit Metaphern wie *jemandem geht ein Licht auf* oder *bei jemandem ist der Groschen gefallen* verweisen. Letztere Form nennen wir auch „einsichtiges Lernen".

Restrukturierung

Einsichtigem Lernen geht eine Umstrukturierung (R e s t r u k t u r i e r u n g) eines „inneren Musters" voraus. Restrukturierungen können eingeleitet werden durch einen Anstoß von außen (z. B. durch eine Fremdkorrektur) oder durch das Erkennen von Widersprüchen oder Unzulänglichkeiten. Sie können sich als Selbstkorrekturen äußern oder als – von außen nicht direkt wahrnehmbare – Restrukturierungen.

Sprachanfänger verwenden ein bestimmtes sprachliches Element zunächst meist in allen möglichen Kontexten. Nehmen wir z. B. den Erwerb der Präpositionen im Deutschen. Ähnlich wie beim Erstspracherwerb wird die Präposition *in* anfangs als „Allerwelts-Präpositon" verwendet. Etwas später wird ein weiteres Element (z. B. die Präposition *auf*) in der Lernersprache auftauchen. Zunächst werden nun beide Formen als freie Varianten gebraucht, ehe – auf einer höheren Erwerbsstufe (Phase 2) – beide Elemente vom Lerner mit unterschiedlichen Bedeutungen oder Funktionen in Verbindung gebracht werden. Erst wenn mehrere Präpositionen erworben wurden, wird der Gebrauch von *in* und *auf* allmählich den zielsprachlichen Normen angenähert werden (Phase 3). Dazwischen liegt eine funktionale Trennung, die eine Umstrukturierung (bzw. Rekonstruierung) erfordert.

Restrukturierungen beanspruchen Verarbeitungskapazität. Es kann daher vorkommen, daß während solcher Phasen Lerner wieder vermehrt Fehler machen, auch in Bereichen, die scheinbar sicher beherrscht wurden. Man spricht in diesem Zusammenhang auch vom Rückfall („back-sliding") in ein früheres Erwerbsstadium*.

wellenförmige Entwicklung der Lernersprache

> „Eine Zunahme an Fehlern in einem Bereich kann eine Zunahme an Komplexität in einem anderen widerspiegeln, durch die die Übergeneralisierung einer neu erworbenen Form begünstigt wird. Es kann sich aber auch einfach um eine Überlastung durch Komplexität handeln, die eine Neustrukturierung (Restrukturierung) erforderlich macht, oder eine Vereinfachung in einem Bereich des Systems." (Lightbown 1985, 177)

Mit anderen Worten: Wenn ein Lerner ein neues Element oder eine neue Struktur erwirbt, so kann die Kontrolle dieses Elements/dieser Struktur so viel Aufmerksamkeit erfordern, daß darüber relativ gut beherrschte Bereiche vernachlässigt werden müssen. Daher können dort wieder Fehler auftreten. Lerner tendieren dazu, neue Formen in vertrauten Kontexten zu erproben und verwenden vertraute Formen, wenn sie neue Gedanken ausdrücken wollen. Ähnliches gilt für Restrukturierungen.
Auch sie erfordern Verarbeitungskapazität, so daß in nicht voll automatisierten Bereichen wieder vermehrt Fehler produziert werden. Es ist möglich, daß Lerner, die sich dessen bewußt sind, während solcher Phasen Gesprächen ausweichen. Phasen der Stille (Verarbeitungs- bzw. Restrukturierungsphasen) sollten aus diesem Grunde auch im Sprachunterricht von Zeit zu Zeit eingeplant, vor allem aber – wenn Bedarf signalisiert wird – berücksichtigt werden.

Stille bzw. Stillarbeit kann Verarbeitung erleichtern

4.3.3 Bewußtheit bei der Verarbeitung

Wir haben oben (vgl. Kap. 1.3.2) zwischen dem Erwerben (d. h. dem eher beiläufigen) und dem Lernen (dem eher bewußten Aneignen) einer fremden Sprache unterschieden. Und wir haben darauf hingewiesen, daß die Übergänge zwischen beiden Formen fließend sind.

Nun gibt es Wissenschaftler (z.B. Krashen), die das Erwerben für effektiver halten als das Lernen, das sie mit bewußter Aneignung gleichsetzen. Es wird gesagt, daß

Krashen: Erwerben effektiver als Lernen

- Lernen keine Voraussetzung für einen Erwerb sei, (d. h., Erwerb kann ohne Lernen stattfinden) und daß
- niemand bewußt alle Regeln einer Sprache kennt.

Solche Aussagen mögen plausibel klingen, sind aber problematisch. Was wären die Konsequenzen? Sollte man im Unterricht auf die Bewußtmachung und Erklärung von sprachlichen Regeln verzichten?

Nach allem, was wir über das Lernen fremder Sprachen wissen, hätte dies die Ausblendung einer wichtigen Art der Aneignung zur Folge. Haben doch Zweitsprachenforscher und Fremdsprachenlehrer sowie Selbstbeobachtungen von Lernern (vgl. z. B. Gregg 1984) immer wieder gezeigt, wie bewußt und vergleichend phasenweise verfahren wird. Es soll hier darum nochmals kurz auf bewußtes und einsichtiges Lernen eingegangen werden.

auch bewußte Vergleiche sind „natürlich"

Wenn wir etwas in unserer Erstsprache formulieren, so achten wir gewöhnlich nicht auf die Worte und die syntaktischen Muster, die wir gebrauchen. Wir machen sie uns erst bewußt, wenn es zu Mißverständnissen kommt. Allerdings können wir dann eine bewußte Kontrolle ausüben, etwas korrigieren oder auch neu formulieren.

Im Gegensatz dazu ist der Gebrauch einer Zweitsprache mit mehr Bewußtheit verbunden. Erinnern wir uns: Bereits in der Anfangsphase stößt der Lerner auf Verfremdungen, die ihn zu bewußter, d. h. zu metasprachlicher und metakognitiver Verarbeitung nötigen. Wir achten z. B. plötzlich auf unsere Aussprache, betrachten sie sozusagen von einer Meta-Ebene aus.

fremde Sprache wird immer bewußter gebraucht

Die Verständigung in einer Zweitsprache erfolgt immer bewußter, als in der Erstsprache. Selbst dann, wenn Prozeßabläufe automatisiert wurden, verliert die bewußte Steuerung nicht an Bedeutung, bleibt der Gebrauch der Zweitsprache insgesamt kontrollierter als der Gebrauch der Erstsprache, weil eine zweite Sprache nur in Ausnahmefällen so automatisiert wird wie eine Erstsprache (vgl. Gass 1990, 36f.). Das läßt sich z. B. anhand von Reaktionszeiten auf Wörter in der Erst- und Zweitsprache nachweisen oder an dem in der Zweitsprache geringer entwickelten Sprachgefühl (vgl. Schachter 1988, 225).

Bewußtheit erfordert Konzentration und folglich Energie

Bewußtheit erfordert Konzentration und Verarbeitungskapazität, weshalb jeder, der eine zweite Sprache gelernt hat und sie einmal länger gebrauchen mußte, aus eigener Erfahrung weiß, daß dieser Gebrauch anstrengender ist als der Gebrauch der Erstsprache.

Man unterscheidet k o n t r o l l i e r t e und a u t o m a t i s i e r t e Informationsverarbeitungsprozesse und nimmt an, daß Lernprozesse am Anfang Aufmerksamkeit (eine kontrollierte Verarbeitung) erfordern (vgl. Schmidt/Frota 1986, 281). Während einer Übergangszeit, in der noch viele Fehler gemacht werden, findet (durch Wiederholung und Übung) allmählich eine Automatisierung statt. Prozesse, die einmal automatisiert wurden, laufen schneller ab als bewußt gesteuerte. Sie lassen sich aber vielfach auch nicht mehr unterdrücken, weshalb Umlernen mühseliger ist als Neulernen. Man denke z. B. an Hörgewohnheiten.

metakognitives Wissen

Kognitive Kontrolle setzt auch metakognitives Wissen (z. B. Wissen über Regeln) voraus (vgl. Brown u. a. 1983). Daß Lerner dieses Wissen oft nicht explizieren können bzw. dieses Wissen nach Abschluß des Lernvorgangs teilweise vergessen, ist nicht ungewöhnlich. Auch Grundschüler sind oft nicht in der Lage, die Multiplikation aus der Addition herzuleiten, obwohl sie meist so zu dieser Operation hingeführt werden. Dieses Vergessen des Lernweges ist nichts Ungewöhnliches, wird dadurch doch wieder Verarbeitungs- und Gedächtniskapazität für neue Lernaufgaben frei (vgl. auch O'Malley u. a. 1987, 294).

Es gehört übrigens zu den Besonderheiten von Lernprozessen, daß insbesondere ältere Lerner sich Abläufe häufig erst klarmachen müssen, ehe sie sie automatisieren können (vgl. Shiffrin/Schneider 1977).

Zusammenwirken bewußter und unbewußter Prozesse

Kontrolle und Lernen haben also während einer Anfangsphase etwas mit Bewußtheit zu tun, wobei wir uns natürlich im klaren darüber sein müssen, daß wir bewußt immer nur einen Teil dessen „übersehen" (bzw. steuern), was tatsächlich in unserem Inneren abläuft. Mit anderen Worten: Bei der Informationsverarbeitung wirken immer bewußte und unbewußte Prozesse zusammen (vgl. auch Butzkamm 1989, 96ff.).

Wenn wir nun etwas allmählich lernen und automatisieren, so spielen dabei bewußte Verarbeitungsprozesse eine geringere Rolle. Einsichtiges Lernen hingegen ist häufig mit Bewußtheit verbunden. Vor allem kann man sich nachträglich seine Einsicht „klarmachen", d. h. sie ins Bewußtsein heben.

einsichtiges Lernen

Beim Sprachenlernen gibt es Bereiche, die sich einer bewußteren Steuerung immer wieder entziehen. Man denke z. B. an die Aussprache, an Intonation, Akzent oder syntaktische Phänomene. Andererseits gibt es Bereiche, in denen uns Einsicht einen großen Schritt voranbringen kann, z. B. wenn ein Lerner folgende Regel erfaßt hat:

Die Vorsilbe *un-* verwandelt die Grundbedeutung eines Wortes, mit dem sie kombiniert wird, in sein Gegenteil (vgl. *unfreundlich, unselbständig, unehrlich, ungeschickt, unverständlich, unerfreulich, unbedacht* ...).

Mit Hilfe einer solchen Regel können alle potentiellen Bildungen (sofern die Bedeutung des Grundlexems bekannt ist) verstanden werden. Anders gesagt: Es gibt sprachliche Bereiche, die man sich eher ganzheitlich und mit viel Übung aneignet, und andere, in denen Einsicht Lernwege verkürzen helfen kann.

Welche Vorgehensweise ein Lerner wählt, wird nun einerseits vom sprachlichen Bereich abhängen, der gelernt werden soll, andererseits von den Lernvoraussetzungen. Wer wie Krashen ein Vorgehen als das einzig richtige propagiert, erinnert an jene Karikatur von Traxler, in der ein Lehrer alle Tiere (seine Schüler) versammelt und auffordert, auf einen Baum zu klettern, was natürlich den Affen viel Vergnügen bereitet, für Schildkröten und Krokodile hingegen unmöglich ist (vgl. Titelblatt der Studieneinheit *Probleme der Leistungsmessung*).

Es kommt also letztlich immer auf die besonderen Umstände oder Lernvoraussetzungen an. Eine Abgrenzung zwischen Lernen und Erwerben ist in Anbetracht der fließenden Übergänge, die wir in der Lebenspraxis vorfinden, schwierig. Eine Entscheidung für das eine oder andere Aneignungsverfahren muß von jedem Lerner in Abhängigkeit vom sprachlichen Lernbereich und den jeweiligen Lernervoraussetzungen selbst getroffen werden. Lehrer sollten daher versuchen herauszufinden, für welche Vorgehensweise bei ihren Schülern Präferenzen bestehen bzw. welche Vorgehensweisen durch Lerngewohnheiten und Sprachlernerfahrungen begünstigt werden.

Aufgabe 55

Welche sprachlichen Bereiche sind Ihrer Meinung nach bewußter Steuerung zugänglich, welche entziehen sich ihr? Begründen sie Ihre Auffassung.

Aufgabe 56

Wie eignen sich Kinder fremde Sprachen an? Wodurch verändern sich ihre Aneignungsprozesse? Und:
Wodurch unterscheiden sich Aneignungsprozesse von Erwachsenen von denen von Kindern?

Literaturhinweise

Weiterführende Literatur:

Butzkamm, W. (1989): *Psycholinguistik des Fremdsprachenunterrichts* [darin: Kap. VI].

Tönshoff, W. (1990): *Bewußtmachung – Zeitverschwendung oder Lernhilfe? Ausgewählte Aspekte sprachbezogener Kognitivierung im Fremdsprachenunterricht.*

4.3.4 Sprachlernstrategien

Bewußtes Steuern von Aneignungsprozessen scheint für bestimmte sprachliche Bereiche von Vorteil zu sein. Vor allem ältere Lerner, insbesondere Jugendliche und Erwachsene, können davon profitieren. In welcher Weise tun sie das? Ließen sich solche Verfahren auch im Unterricht vermitteln?

Während mit der Erstsprache gelernt werden muß, was eine Sprache ist und wie sie funktioniert, und das Kind sich erst allmählich darüber klar wird, daß und wie es spricht, muß der Lerner einer fremden Sprache vor allem herausfinden, wie er Gedanken oder Ideen in der fremden Sprache ausdrücken kann. Da er sich schon früh bewußt wird, daß es Entsprechungen (und Nicht-Entsprechungen) zwischen beiden Sprachen gibt, wird er versuchen, sich „Ausdrucksalternativen" zu erschließen. Ein solches Erschließen erfolgt zunächst intuitiv. Wenn jedoch Lernschwierigkeiten auftreten, versuchen Lerner, sich ihr Vorgehen bewußtzumachen und gebrauchen ihnen angemessen erscheinende Verfahren (vgl. Bialystok 1981, 72; O'Malley u. a. 1985).

Potentiell bewußt konzipierte Problemlösungsverfahren, die Lerner gebrauchen, um sich Teile einer fremden Sprache anzueignen, nennen wir S p r a c h l e r n s t r a t e g i e n. Sie sind k r e a t i v e Antworten auf konkrete Sprachlernprobleme und gelten als lehr- und lernbar.

Sprachlernstrategien

Sprachlernstrategien sind Techniken oder Vorgehensweisen, die Lerner verwenden, um sich Teile einer fremden Sprache besser (bzw. effektiver) aneignen zu können. Sie werden je nach Bedarf konzipiert und modelliert. Man kann fünf Typen von Sprachlernstrategien unterscheiden (vgl. dazu Oxford 1990):

1. metakognitive Strategien wie z. B. „hinhören", „bewußt nach Anwendungsmöglichkeiten suchen und sie nutzen", „Selbstkorrekturen", „Selbsteinschätzung von Lernfortschritten",
2. affektive Strategien, z. B. „Angst reduzieren", „Selbstermutigung", „Selbstbelohnung",
3. soziale Strategien, z. B. „nachfragen", „Kontaktsuche zu Sprechern der Zielsprache", „auf kulturelle Besonderheiten achten",
4. Gedächtnisstrategien, z. B. „gruppieren", „sich etwas lebhaft vorstellen" („Imaginieren"), „Rhythmus nutzen",
5. allgemeine kognitive Strategien, z. B. „Bedeutung raten aufgrund des Kontextes", „Gebrauch von einfacheren (unspezifischeren) Ausdrücken und von Gesten".

Lerngewohnheiten

Ein Gegenstück zu diesen kreativen Antworten sind stereotype Vorgehensweisen, deren Entstehung durch Wahrnehmungs- und Lerngewohnheiten begünstigt wird. Auf sie soll im nächsten Kapitel eingegangen werden. Neben Sprachlernstrategien hat man auch Kommunikationsstrategien unterschieden. Darunter faßt man Vorgehensweisen, die der Aufrechterhaltung der Kommunikation dienen. Dazu würde man z. B. Techniken zur Überbrückung von lexikalischen Lücken rechnen. Solche Kommunikationsstrategien (auch: Kompensationsstrategien) können aber auch zum Lernen der fremden Sprache genutzt werden. Darum werden wir hier nicht streng zwischen Sprachlern- und Kommunikationsstrategien unterscheiden.

Es liegt eine ganze Reihe von Untersuchungen zu Sprachlernstrategien vor (vgl. die zusammenfassenden Darstellungen bei Skehan 1989, Kap. 5; Ellis 1986, Kap.7; Oxford 1990; Wenden 1991). Sie lassen sich unter formalen und funktionalen Gesichtspunkten beschreiben und unterscheiden sich je nach Sprachlernvoraussetzungen und Sprachentwicklungsstand. Anfänger gebrauchen andere als Fortgeschrittene, jüngere Lerner andere als ältere.

Zu den Sprachlernstrategien von Sprachanfängern gehören z. B. Beobachtungs- und Interaktionsstrategien. Denn in den ersten Wochen neigen viele Lerner dazu, erst einmal zu beobachten und Gespräche zu vermeiden (vgl. dazu auch John-Steiner 1985, 359). Eine solche Beobachtungsphase kann bei introvertierten Lernern bis zu einem halben Jahr dauern, ehe die ersten, dann allerdings vielfach korrekten Äußerungen produziert werden. Während dieser scheinbar inaktiven (bzw. stillen) Phase wird also bereits intensiv gelernt.

Sprachlernstrategien von Anfängern: beobachten, interagieren

Eine andere Vorgehensweise zeichnet eher extrovertierte Lerner aus. Sie versuchen rasch, Kontakt zu bekommen, indem sie Interaktionen z. B. durch fragende Blicke, einen zur Seite geneigten Kopf oder Handgesten initiieren. Solche sozial-interaktiven Strategien sind Voraussetzung dafür, daß gelernt werden kann. Man hat beobachtet, daß jüngere Sprachanfänger sich dabei so verhalten, als ob alles, was gesagt wird, sich auf die aktuelle Situation beziehen würde. Sie schnappen Äußerungen auf und versuchen, sie zu gebrauchen, wobei sie so tun, als ob sie die Äußerungen bereits verstehen würden (R a t e s t r a t e g i e). Dabei achten sie offenbar auf wiederkehrende Elemente und bemühen sich, die richtige Bedeutung zu erraten (vgl. Hakuta 1974b und 1976; Wong-Fillmore 1979; Nemoianu 1980, 33ff.). Durch spielerisches Umgehen und Ausprobieren mit neuen Elementen und Strukturen werden so Reaktionen von Muttersprachlern getestet und akzeptable Gebrauchsmöglichkeiten erschlossen.

Raten

In der Anfangszeit kann man beobachten, wie Elemente und Strukturen der Erstsprache oft einfach übertragen (T r a n s f e r s t r a t e g i e), d. h. Wörter der Erstsprache in Äußerungen der Zweitsprache eingebaut werden, um lexikalische Lücken zu überbrücken. Ähnliches gilt für bestimmte syntaktische Konstruktionen oder für die Produktion bestimmter Laute oder Lautkombinationen. Strategien, die dazu verwendet werden, um solche Schwierigkeiten bei der Verständigung zu überspielen, werden Kommunikationsstrategien genannt. In der Hauptsache sind das Vermeidungsstrategien und Kompensationsstrategien. Zu den Vermeidungsstrategien gehören z. B. Äußerungsabbruch oder Themenwechsel. Kompensationstrategien sind z. B. einfachere Ausdrücke oder Paraphrasen, die gebraucht werden, wenn jemand „mit Händen und Füßen" redet, um sich verständlich zu machen (vgl. Kellerman 1991).

Transfer

Kommunikationsstrategien

Kompensationsstrategien

Bisher wurden vor allem Kommunikationsstrategien auf der lexikalischen Ebene untersucht (vgl. die Beispiele unten). Kommunikationsstrategien sind für die Gesprächspartner nicht immer verständlich, signalisieren aber Lern- und Kommunikationsbereitschaft, worauf die meisten Interaktionspartner mit Zuwendung und sprachlichen Vereinfachungen reagieren.

Später werden solche entlehnten Wörter gemäß den Ausspracheregeln der Zielsprache in ihrer Lautung angepaßt. Dies ist dann der Übergang von der Phase I, in der sich Lerner noch primär an Äußerungen ihrer Interaktionspartner und an ihrer Erstsprache orientieren, zur Phase II, in der allmählich eine Lernersprache (mit eigenem Regelsystem) aufgebaut wird. Die Lerner verzichten nun mehr und mehr auf direkte Übersetzungen und beginnen, Erst- und Zweitsprache klarer zu trennen, womit häufig auch eine „Neuentdeckung" der Erstsprache verbunden ist. Sprachlernstrategien, die nun gebraucht werden, stützen sich vermehrt auf die neu entwickelte Lernersprache (vgl. John-Steiner 1985, 363 ff.).

Lerner können nun in den fremdsprachlichen Äußerungen „Bedeutungs-Inseln" ausmachen, die ihnen die Orientierung erleichtern. Auf der Grundlage solcher Inseln, des Lernersprachsystems, ihrem Allgemeinwissen und ihrer Lebenserfahrung entwickeln sie zunehmend effektivere R a t e s t r a t e g i e n. G e n e r a l i s i e r u n g e n, die wie V e r e i n f a c h u n g e n aussehen (wenn z. B. unregelmäßige Verben plötzlich regelmäßig flektiert werden), sind häufig elaborative Vereinfachungen, d. h. Anzeichen für eine weitere Entfaltung des Lernersprachsystems (vgl. Meisel 1980, 37). Daneben gibt es auch reduktive Vereinfachungen, insbesondere dann, wenn anspruchsvolle Themen eine Vernachlässigung formaler Aspekte begünstigen. Außerdem werden auch

Vereinfachung reduktiv oder elaborativ

Selbstüberwachung
Selbstbewertung

metakognitive Strategien gebraucht, z. B. s e l e k t i v e W a h r n e h m u n g, S e l b s t ü b e r w a c h u n g und S e l b s t b e w e r t u n g (vgl. O'Malley u. a. 1985).

Strategien im lexikalischen Bereich

Im lexikalischen Bereich lassen sich in dieser Phase folgende K o m m u n i k a t i o n s - s t r a t e g i e n beobachten (vgl. Tarone 1977; Faerch/Kasper 1980; Faerch u. a. 1984, 154ff.; Chesterfield/Barrows-Chesterfield 1985; O'Malley u. a. 1985; Kellerman 1991):

- Paraphrase (mit oder ohne Bitte um Ausdruckshilfe),
- Gebrauch von allgemeineren Ausdrücken („Überbrückungswörter", z. B. *Ding* statt *Fahrrad* oder *Radiergummi*),
- Gebrauch von Ausdrücken mit teilweise gleicher Bedeutung (z. B. *gehen* für *laufen*),
- Wortprägungen (z. B.*Haarschneider* statt *Friseur*), die akzeptabel sind,
- nicht konventionalisierte Wortbildungen, d. h. Wortprägungen, die als falsch empfunden werden (z.B. **unschnell* oder **unheiß*),
- wörtliche Übersetzungen aus der Erstsprache (z. B. *Grünsachen* für *Gemüse* oder *Tierhaus* für *Käfig*),
- Selbstkorrekturen (mit Bitte um Formulierungshilfe [metasprachlich + metakognitiv!]),
- Bitte um Korrektur (metasprachlich!),
- offene oder verdeckte Bitte um Formulierungshilfe (metasprachlich),
- Bitte um Erklärung (metasprachlich + metakognitiv).

Überbrückungsstrategie

Von diesen Ü b e r b r ü c k u n g s s t r a t e g i e n (zur Überbrückung lexikalischer Lücken) erfordern besonders P a r a p h r a s e n und S e l b s t k o r r e k t u r e n Geduld vom Interaktionspartner. Andererseits gehören diese beiden Vorgehensweisen neben der B i t t e u m K o r r e k t u r sowie der offenen oder verdeckten B i t t e u m F o r - m u l i e r u n g s h i l f e zu den effektiveren Strategien.

Andere Überbrückungsverfahren, die häufig vom Gesprächspartner verstanden und akzeptiert werden, können nur in Ausnahmefällen die Funktion von Sprachlernstrategien übernehmen, dann nämlich, wenn der Gesprächspartner die „wörtliche Übersetzung", „Neuprägung" oder „unkonventionelle Wortbildung" nicht akzeptiert. Denn der Lerner erhält nur einen Anreiz zum Weiterlernen, wenn er darauf aufmerksam gemacht wird, daß er gegen sprachliche Konventionen (bzw. Gebrauchsnormen) verstoßen hat.

Aufgabe 57

Notieren Sie bitte konkrete Beispiele von Sprachlernstrategien, die Sie persönlich im Zweit- bzw. Fremdsprachenunterricht genutzt haben. Befragen Sie eine Bekannte/einen Bekannten dazu, und vergleichen Sie Ihren „Vorrat" an Strategien.

Strategien des „guten Sprachenlerners"

Risikostrategie

Es gibt Lerner, die ihre neuen Elemente oder Strukturen ausprobieren und dabei einer R i s i k o s t r a t e g i e folgen. Risikofreudige Lerner werden schneller wissen, ob ihre Vermutungen (Hypothesen) richtig sind oder nicht. Andere Lerner tendieren zu Vermeidungsverhalten und lernen daher langsamer oder gar nicht.

Es zeichnet gute Sprachlerner aus, daß sie, wann immer möglich, Gespräche mit Sprechern der Zielsprache initiieren, k e i n e A n g s t davor haben, sich zu blamieren, und beständig nach Mustern und Regularitäten suchen, d. h. ihre Lernersprache sowie die Sprache des Interaktionspartners (metakognitiv) überwachen (vgl. Rubin 1975, 21ff.; Reiss 1981, 122ff.). Sie lernen, Bedeutung aufgrund von nonverbalen und verbalen Hinweisen zu erraten, und bemühen sich, neu Gelerntes zu erproben, entweder praktisch oder, wenn das nicht möglich ist, mental (bzw. imaginativ), indem sie sich vorstellen, daß sie in ein Gespräch verwickelt wären.

Eingabedaten werden ausgehandelt

Gute Sprachlerner, so hat man herausgefunden, bringen zudem ihre Interaktionspartner dazu, v e r s t ä n d l i c h e Sprachdaten zu produzieren. Mit anderen Worten: Gute Lerner erarbeiten gemeinsam mit ihren Gesprächspartnern die für sie brauchbarsten „Eingabedaten", wozu sowohl metakognitive als auch metasprachliche Verfahren verwendet werden. Dies ist natürlich nur dann möglich, wenn sich der Interaktionspartner darauf einläßt, indem er gesprächserhaltende Strategien (d. h. Strategien zur Vermeidung von Gesprächsstörungen) gebraucht (vgl. Long 1982, 108ff.), z. B. indem er

gesprächserhaltende Strategien

- die Themenkontrolle freigibt (d. h. den Lerner bei Bedarf das Thema wechseln läßt, wenn dieser auf Ausdrucksgrenzen stößt),
- für den Lerner bedeutungsvolle Themen wählt (über Erfahrungen des Lerners spricht oder Themen wählt, die den Lerner interessieren),
- Themen knapp behandelt, so daß der Lerner seine Grenzen nicht zu deutlich erfährt,
- Themenwechsel vorbereitet, indem er z. B. deutlicher betont, längere Pausen macht, das Sprechtempo verlangsamt oder Schlüsselwörter hervorhebt.

Die am häufigsten gebrauchte Sprachlernstrategie scheint die S e l b s t ü b e r w a c h u n g (monitoring) im Gespräch oder beim mentalen Training zu sein sowie das E r r a t e n von Bedeutung unter Beachtung entsprechender Hinweise. Für weniger erfolgreiche Sprachenlerner könnte die Vermittlung von Mnemotechniken eine Hilfe sein (vgl. Reiss 1985, 515ff.; Sperber 1989).

Abschließend kann man sagen, daß die Erforschung von Sprachlernstrategien noch in den Anfängen steckt. Die Diskussion um die Vermittlung von Sprachlernstrategien im Unterricht hat jedoch bereits begonnen (vgl. z. B. Raasch 1983; Esser/Nowak 1986). Ein erster Versuch, Sprachlernstrategien gezielt im Unterricht zu vermitteln, liegt für das Englische vor (vgl. Wenden 1987).

<u>Zusammenfassung</u>

Unser Ausgangspunkt war das Zusammenwirken von kognitiven Fähigkeiten und der Aneignung einer fremden Sprache. Es wurde darauf hingewiesen, daß der Lernweg beim Erwerb einer Zweitsprache u. a. abhängig ist vom Entwicklungsstand in der Erstsprache. Denn die Lerner greifen automatisch auf Fähigkeiten zurück, die beim Erstspracherwerb entwickelt wurden. Diese Fähigkeiten müssen den neuen Aufgaben angepaßt werden. Gleichzeitig wird die Erstsprache neu entdeckt und von nun an bewußter (auch als Denkwerkzeug) gebraucht. Bewußter Gebrauch geht einher mit der Entwicklung metasprachlicher und metakognitiver Fähigkeiten, die den Lernern eine raschere Orientierung bei Lernproblemen und ein flexibleres Reagieren ermöglichen, z. B. metakognitive, affektive oder soziale Strategien.

Effektivere Problemlösungsverfahren sind in bestimmten sprachlichen Bereichen mit bewußter Steuerung verbunden. Bewußtere Verarbeitung ist jedoch, aufgrund der begrenzten menschlichen Verarbeitungskapazität, vielfach mit einer Vernachlässigung anderer sprachlicher Bereiche gekoppelt. Solche „Übergangsphänomene", die mit einer erhöhten Fehlerproduktion in den vernachlässigten Bereichen einhergehen, sind typisch für die „zweite Entwicklungsphase". Sie sind unter günstigen Lernbedingungen jedoch nicht von Dauer.

Da bereits jüngere Lerner zu bewußten Sprachvergleichen tendieren, und wir Erklärungen, die einsichtiges Lernen ermöglichen, meist wieder vergessen können, ohne darum Fähigkeiten, die erarbeitet wurden, einzubüßen, scheint es sinnvoll, einsichtiges und bewußtes Lernen gezielt in den sprachlichen Bereichen zu fördern, in denen es möglich ist. Dazu könnte die Bewußtmachung von Lernstrategien erfolgreicher Sprachenlerner gehören wie z. B. Selbstüberwachung, praktisches oder mentales Üben, Selbstkorrektur (mit Bitte um Formulierungshilfe), Bitte um Korrektur, Paraphrase sowie Bitte um Erklärung.

Lehrer fremder Sprachen sollten zudem gesprächserhaltende Strategien kennen. Ihr Einsatz kann sowohl in informellen als auch in formellen Situationen hilfreich sein.

Aufgabe 58

Beantworten Sie bitte noch einmal zur Wiederholung folgende Fragen:

1. Was sind Sprachlernstrategien?

2. Welche Möglichkeiten sehen Sie, gesprächserhaltende Strategien im Zweit- bzw. Fremdsprachenunterricht Deutsch zu gebrauchen?

Literaturhinweise

Weiterführende Literatur:

Desgranges, I. u. a. (1983): *Linguistische und interaktionelle Aspekte der Selbstkorrektur bei italienischen und türkischen Gastarbeiterkindern,* 89 – 104.

Dietrich, R. (1982): *Selbstkorrekturen. Fallstudien zum mündlichen Gebrauch des Deutschen als Fremdsprache durch Erwachsene,* 120 – 149.

Henrici, G./Herlemann, B. (1986): *Mündliche Korrekturen im Fremdsprachenunterricht.*

Henrici, G./Zöfgen, E. (Hrsg.) (1993): *Fremdsprache lehren und lernen, Themenheft: Fehleranalyse und Fehlerkorrektur.*

Kleppin, K./Königs, F. G. (1991): *Der Korrektur auf der Spur, Untersuchungen zum mündlichen Korrekturverhalten von Fremdsprachenlehrern.*

Rehbein, J. (1984): *Reparative Handlungsmuster und ihre Verwendung im Fremdsprachenunterricht.*

4.3.5 Wahrnehmungs- und Sprachlerngewohnheiten

Neben Sprachlernstrategien, den kreativen Antworten auf Sprachlernprobleme, gibt es, wie bereits oben erwähnt, stereotype Reaktionen. So erzählte mir einer meiner Schüler, daß er, wenn er einen Text zum ersten Mal hört, immer versucht, sich die „großen Wörter“ (gemeint: die Substantive) zu merken. Das Memorieren der „großen Wörter“ kann ihn aber daran hindern, Zusammenhänge zwischen den „großen Wörtern“ zu erfassen, weshalb er häufig den Sinn nicht erschließen konnte. Solche stereotype Reaktionen entwickeln sich einerseits aufgrund biologischer Voraussetzungen (vgl. Obler 1989), andererseits aufgrund von Erziehungsstilen von Eltern und Lehrern (vgl. Apeltauer 1988). Sie werden aber auch durch Lebenserfahrungen und das Umfeld geprägt, in dem ein Individuum aufwächst. Wiederkehrende Anforderungen und Aufgaben sowie vermittelte Interpretationen und Lösungswege tragen mit zur Herausbildung von Wahrnehmungs- und Lerngewohnheiten bei. Sie beeinflussen die Aufnahme, Verarbeitung, Speicherung und Nutzung von Informationen und damit auch das Lernen einer fremden Sprache.

kognitiver Stil: relativ stabile Verarbeitungspräferenz

Die Art und Weise, wie ein Individuum Eindrücke verarbeitet und wie es dabei nach sinnvollen Zusammenhängen bzw. nach Bedeutung sucht, bezeichnet man als kognitiven Stil (vgl. Baecher 1981, 323). Ein kognitiver Stil gilt als ein relativ stabiles individuelles Merkmal. Beeinflußt werden solche Bedeutungserschließungsprozesse jedoch nicht nur durch individuelle Verarbeitungsgewohnheiten, sondern auch durch kulturspezifische Erfahrungen und Erwartungen sowie durch Affekte und Emotionen eines Lerners. Kognitive Stile variieren daher je nach Kontext, zu lösender Aufgabe und emotionaler Gestimmtheit.

Tendenzen zu bestimmten Vorgehens- und Verarbeitungsweisen von Sprachlernern wurden in der Literatur häufiger beschrieben. Wir wissen z. B., daß es Kinder gibt, die Formeln sammeln und mit diesen zu experimentieren beginnen (vgl. Hakuta 1974b, 1976; Wong-Fillmore 1979). Andere Kinder tendieren dazu, Wörter zu sammeln oder konzentrieren sich auf das Erlernen von Regeln (vgl. Hatch 1974). Insgesamt scheinen sich jüngere Lerner eher auf ihr Gedächtnis zu stützen und dabei Formeln und Wörter besonders zu beachten, während ältere Lerner eher zu analytischem Vorgehen (d. h. zum Aufspüren von sprachlichen Regularitäten) neigen (vgl. Skehan 1989, 36f.).

Formelsammler
Wörtersammler
Regelsammler

Der Gebrauch bestimmter kognitiver Stile ist bei Erwachsenen relativ stabil, vermutlich, weil Erwachsene täglich bestimmte Routinearbeiten zu erledigen haben, wahrscheinlich aber auch aus ökonomischen Gründen, denn vertrauten Pfaden zu folgen, benötigt weniger Energie. Aber nicht nur Erwachsene, auch Kinder kennen bevorzugte Verarbeitungsweisen. Manche von ihnen tendieren z. B. bei der Aufnahme von Informationen zum visuellen Kanal, andere orientieren sich lieber an Höreindrücken und wieder andere wollen am liebsten mit Dingen umgehen, sie betasten und manipulieren. Lernpräferenzen und Verarbeitungsweisen können sich natürlich im Laufe der Entwicklung ändern.

bevorzugter
Wahrnehmungskanal:
visuell, auditiv, taktil

In der psychologischen Literatur wurde eine Vielzahl von kognitiven Stilen beschrieben (vgl. Brown 1980, 89ff.). Kognitive Stile scheinen einerseits Neigungen von Individuen zu entsprechen, sie scheinen sich andererseits aufgrund von Lernerfahrungen zu entwickeln. Zwei Formen sollen hier kurz erläutert werden: Umfeldsensibilität (bzw. Feldunabhängigkeit) und semantische Ambiguitätstoleranz.

umfeldsensibel
feldunabhängig

Lernstile wurden besonders im Bereich der visuellen Wahrnehmung erforscht. Dazu wurden Probanden komplexe Abbildungen (vergleichbar mit „Suchbildern") vorgelegt, auf denen Figuren erkannt werden sollten. Kinder haben mit der Entdeckung von Figuren in solchen Abbildungen Schwierigkeiten. Selbst Zehnjährige benötigen dazu etwa dreimal soviel Zeit wie Fünfzehnjährige (vgl. Bullens 1982, 440). Es gilt heute als gesichert, daß Menschen, die beim Wahrnehmen solcher Figuren Schwierigkeiten haben, sich auch im Bereich des Hörens als umfeldsensibel erweisen. Kurz: Ein Überangebot an Reizen kann sie verwirren. Weil sie sich häufig durch einen Kontext irritieren lassen, nennt man sie auch „umfeldsensibel". Umfeldsensible Lerner sind häufig geschickt im Umgang mit Menschen, „feldunabhängige" Menschen verfügen demgegenüber gewöhnlich über bessere analytische Fähigkeiten.

aus: Westhoff 1987, 31

Kinder sind in der Regel umfeldsensibler als Jugendliche und Mädchen umfeldsensibler als Jungen. Mit zunehmendem Alter nimmt die Umfeldsensibilität ab. Kulturvergleichende Untersuchungen haben gezeigt, daß es gruppenspezifische Grade an Feldabhängigkeit bzw. Feldunabhängigkeit gibt. Menschen, die in eher traditionellen Gesellschaften mit hierarchischen Familienstrukturen aufwachsen und zur Konformität erzogen wurden, reagieren eher umfeldsensibel. Menschen aus Kontexten, in denen der Individualismus besonders gefördert wird, reagieren dagegen häufig feldunabhängig. Umfeldsensible Lerner gehen an Lernaufgaben eher intuitiv-ganzheitlich heran und orientieren sich an Vorgaben (Mustern), feldunabhängige Lerner neigen zu selbständigem Beobachten, Überprüfen und Ausprobieren.

Eine andere Unterscheidung betrifft die semantische Ambiguitätstoleranz. Darunter versteht man die Art und Weise, wie jemand mit Unklarheiten oder Bedeutungslücken in Äußerungen oder Texten umgeht. Wer über eine hohe Ambiguitätstoleranz verfügt, wird insbesondere während der Anfangsphase mit dem Erlernen einer fremden Sprache wenig Schwierigkeiten haben. Er wird z. B. Kontakte zu Sprechern der Zielsprache schnell herstellen und schon bald ohne große Hemmungen „drauflosreden". Wer hingegen nur eine geringe Toleranz hat, wird mit Unsicherheiten zu kämpfen haben und daher vor allem anfangs sich nicht so gern auf Kontakte einlassen. Allerdings wird er später auch weniger Fehler machen, während zuviel Ambiguitätstoleranz die Entstehung von Fossilierungen* (vgl. S. 115f.) begünstigt.

Solche individuellen Verarbeitungstendenzen werden durch kulturspezifische Erziehungspraktiken und Lehrstile weiter geformt. Es entwickeln sich Lerngewohnheiten. Diese können sich als Lernhindernisse erweisen, wenn die Lerner mit für sie fremden unterrichtlichen Darstellungsformen, Erwartungen und/oder Reaktionen konfrontiert werden (vgl. z. B. Apeltauer 1985 und 1988).

Aus den Untersuchungen zu guten und weniger guten Sprachenlernern wissen wir, daß gute Sprachenlerner bestimmte Verarbeitungsweisen und Sprachlernstrategien bedarfsorientiert wechseln, d. h. ihre Lernprozesse in hohem Maße selbst steuern. Sowohl Präferenzen für bestimmte Verarbeitungsweisen und Sprachlernstrategien als auch der flexible Gebrauch, den sie von diesen Verfahren machen, zeichnen gute Sprachenlerner aus. Es ist gegenwärtig jedoch unklar, ob solche Verfahren und Vorgehensweisen auch schwächeren Sprachenlernern im Unterricht vermittelt werden können.

Aufgabe 59

Inwiefern unterscheiden sich Sprachlernstrategien von kognitiven Lernstilen?

Aufgabe 60

Zu welchen kognitiven Verarbeitungsweisen tendieren Sie selbst?
Welche kognitiven Stile und Sprachlernstrategien wurden während Ihrer Sozialisation besonders gefördert?

Literaturhinweise

Weiterführende Literatur:

Apeltauer, E. (1988): *Der Einfluß von Lerngewohnheiten und kognitiven Stilen auf den Zweitspracherwerb,* 3 – 14.

Lind, G. (1987): *Soziale Aspekte des Lernens: Ambiguitätstoleranz* [darin: Kap. 5].

4.4 Sozialpsychologische Faktoren

4.4.1 Affektive Faktoren

„Je mehr Angst ein Phänomen erregt, desto weniger scheint der Mensch in der Lage, es genau zu beobachten (...)“

Devereux 1976, 21

Aufgabe 61

Erinnern Sie sich an die Atmosphäre in Ihrem Klassenzimmer, als Sie Deutsch gelernt haben. Wann haben Sie sich wohl gefühlt, wann waren Sie angespannt? Wie wirkte Ihr Lehrer/Ihre Lehrerin auf Sie?

Versuchen Sie einem Bekannten/einer Bekannten das Arbeitsklima, das in Ihrer Klasse vorherrschte, zu beschreiben. Was beschreiben Sie, worauf verweisen Sie, um das Klima (bzw. die Atmosphäre) in der Klasse für einen Außenstehenden greifbar zu machen?

Wir haben über sprachliche Verarbeitungs- und Speicherungsprozesse bisher so geredet, als ob sich kognitive und affektive Bereiche klar trennen ließen. Dies geschah vor allem aus Gründen der Darstellung. In der Wirklichkeit alltagspraktischer Situationen sind beide Bereiche jedoch immer in komplexer Weise miteinander verbunden.
Das sehen wir z. B. daran, daß wir uns Dinge, die für uns mit starken Gefühlen verbunden sind, leichter merken als solche, zu denen wir keine gefühlsmäßige Beziehung herstellen können. Mit anderen Worten: Nicht nur die kognitive Verarbeitung ist für die Speicherung verantwortlich, sondern auch unsere gefühlsmäßige Anteilnahme. Widersprüchliche oder negative Gefühle (z. B. Ärger) können das Lernen ebenso erschweren wie Gleichgültigkeit. Hingegen prägen wir uns das, was uns wichtig ist, was wir mit starken, insbesondere mit positiven Gefühlen assoziieren, schneller und besser ein als Material, das uns unwichtig erscheint (vgl. Engelkamp 1985, 338ff.).

Gefühle helfen beim Speichern

Gefühle können sich dabei als Reaktionen auf etwas einstellen, sie können vom Zweitsprachenlerner aber auch in eine Situation oder ein Thema aktiv hineinprojiziert werden. Im ersteren Falle wird die Intensität der entstehenden Gefühle von der jeweiligen Interaktionsform vom Gesprächspartner oder vom Thema abhängen. Wird ein Lerner z. B. in ein Gespräch verwickelt, so ist das in der Regel mit stärkeren Affekten verbunden, als wenn er nur zuhören würde. Ähnliches gilt für Themen. Auch da gibt es solche, die viele Emotionen auslösen (z. B. *Umweltverschmutzung*) und andere, die nur wenige mobilisieren (z. B. *Zähne putzen*). Ein Lerner kann ein bestimmtes Thema oder eine Interaktion (z. B. ein Rollenspiel) aber auch emotional „aufladen“, indem er sich möglichst lebhafte Vorstellungen dazu bildet oder sich engagiert und damit Emotionen bei sich selbst freisetzt (vgl. Stevick 1976, 34ff.).

Lerner können Gefühle bewußt aktivieren

Gefühle beeinflussen aber nicht nur die Speicherung, sondern auch den aktuellen Gebrauch einer Zweitsprache. Sie können z. B. Sprechhemmungen auslösen, sie können sie aber auch „hinwegspülen“, so daß unerwartet flüssiges Sprechen möglich wird. Grundsätzlich gilt, daß Lerner mit einer starken emotionalen Beteiligung zu einer erhöhten Fehlerproduktion tendieren (vgl. Eisenstein/Starbuck 1989, 135).

Gefühle können Sprechhemmungen auslösen oder hinwegspülen

Anders formuliert: Emotionen haben für die Aneignung einer fremden Sprache eine große Bedeutung, weil sie die kognitive Verarbeitung steuern (vgl. Engelkamp 1985, 346) und die Speicherung erleichtern. Sie können sich aber auch negativ auswirken, indem sie Ängste oder Sprechhemmungen auslösen oder einfach eine vermehrte Fehlerproduktion begünstigen.

Lust beim Lernen einer fremden Sprache

Wer eine zweite Sprache lernt, vergrößert seine Einflußmöglichkeiten auf andere Menschen. Dieser Zuwachs an Macht und Einflußmöglichkeiten wird im allgemeinen

Funktionslust beim Aneignen einer fremden Sprache

positiv erlebt. Er kann auch eine Quelle der Funktionslust bilden, wenn Lerner z. B.entdecken, daß man mit einer bestimmten Handlung (etwa „grüßen") andere Leute zu einer Reaktion provozieren kann. Auf einer höheren Ebene kann Funktionslust entstehen, wenn ein Interaktionspartner (wie oben ausgeführt) dem Lerner Gelegenheit gibt, sich bzw. seine sprachlichen Fähigkeiten zu entfalten, indem er ihn z. B. Themen wählen und wechseln läßt. Funktionslust wird man aber auch erleben, wenn man mit seiner neuen Sprache etwas erreicht hat, z. B. nach einer Begegnung eine erste Verabredung. Schließlich kann das Lernen einer fremden Sprache auch ein intellektuelles Vergnügen sein, wenn neue Regeln entdeckt oder Vermutungen (Hypothesen) überprüft werden und sich als richtig erweisen. Dieser letztere Aspekt dürfte jedoch eher für einen eingeschränkten Lernerkreis von Bedeutung sein.

<u>Zusammenfassung</u>

Zusammenfassend kann man sagen, daß Lust beim Umgang mit der Sprache (Sprachlust) sich anregend und motivierend auf Lerner auswirkt, so daß diese sich intensiver und anhaltender um die fremde Sprache bemühen werden. Das wird in der Regel mit einer Beschleunigung von Lernprozessen verbunden sein.

Angst beim Lernen einer fremden Sprache

Das Lernen einer fremden Sprache ist jedoch gewöhnlich nicht nur mit Lustgefühlen verbunden. Meist lösen sich Lust- und Unlustgefühle ab, weil Lerner mit immer neuen Situationen und Problemen zurechtkommen müssen. Zwar ist prinzipiell jeder Mensch neugierig und möchte verstehen, wenn er eine fremde Sprache hört. Das Unvertraute in einer Situation (z. B. merkwürdige Laute, ungewohnte Betonungen, unverständliche Gesten) können jedoch als bedrohlich empfunden werden, so daß aus Angst oder Furcht dem natürlichen Bedürfnis nach „Verstehen" nicht nachgegeben wird. Ängste können also stärker sein als Neugier und dadurch Lernbereitschaft verhindern.

Angst

Sicherheit als notwendiges Grundgefühl

Kinder, aber auch Jugendliche und Erwachsene erforschen ihre Umwelt gerne „aus einem sicheren Hafen heraus." (Maslow 1973, 75). Denn das Bedürfnis, sich sicher und unbeschwert zu fühlen, ist stärker als Neugier. Wo Angst dominiert, zeigt sich ein Mangel an Neugier, zeigen sich Abwehrhaltungen (z. B „sich dumm stellen") oder ganz allgemein Lernschwierigkeiten.

Angst hat zwei Seiten

Angst hat jedoch zwei Seiten. Menschen, die in geordneten Verhältnissen leben und daher nur wenig Ängsten ausgesetzt sind, erscheint ihr Leben oft langweilig, weshalb sie z.B. gefährliche Sportarten wie Klettern oder Tauchen betreiben oder sich Pseudogefahren in Gruselfilmen aussetzen. Offenbar kann das Durchstehen von gefährlichen Situationen (z. B. während eines Abenteuerurlaubs) zumindest nachträglich lustvoll erlebt werden. Mit anderen Worten: Von Gefahr oder Angst kann auch ein motivierender Anreiz ausgehen.

Angst kann aktivieren oder lähmen

Daraus können wir schließen, daß es zwei Erscheinungsformen von Angst gibt: eine stimulierende und aktivierende Angst, die motivieren und Lernbereitschaft fördern kann und eine „lähmende Angst", die uns „überwältigen" und handlungsunfähig machen kann. Letztere, die „große Angst", gehört zweifellos zu den negativen Sprachlernvoraussetzungen.

Ob ein Lerner eine Situation als bedrohlich erlebt und viel Angst hat oder die Angst für überwindbar hält, hängt von zahlreichen Faktoren ab. Zweifellos gibt es gerade in diesem Bereich große individuelle Unterschiede. Denn was für den einen noch eine reizvolle Herausforderung sein mag, kann einen anderen bereits „lähmen". Ähnlich wie es Lerngewohnheiten gibt, so gibt es auch „Erlebnisgewohnheiten".

große individuelle Unterschiede im Erleben von Angst

Da wir im Laufe unserer Sozialisation auch lernen, Angst (z. B. durch Lächeln) zu verbergen oder zu unterdrücken, kann ein Interaktionspartner nicht immer feststellen, ob ein Individuum Angst hat, zumal Angst, aufgrund von Verdrängungsprozessen, dem Lerner vielfach selbst nicht bewußt ist.

Angst kann durch Situationen, Interaktionen und damit auch durch Aufgabenstellungen ausgelöst werden, insbesondere dann, wenn Lehrkräfte auf Fehler negativ reagieren. Ängste können z. B. durch Notengebung oder durch unangemessene Reaktionen einer Lehrkraft auf Fehler ausgelöst werden. Darum sind formelle (d. h. unterrichtliche) Situationen häufig mit Angst besetzt. Schüler, die Angst vor Mißerfolgen haben, entwickeln häufig ein „negatives Selbstkonzept", weil sie dazu tendieren, ihre Leistung schlechter zu bewerten als Lerner mit positivem Selbstkonzept (vgl. auch S. 100f. „gute Sprachenlerner").

Angst verbunden mit Selbstdarstellung

Angst kann z. B. ausgelöst werden, wenn ein Individuum einen „guten Eindruck" machen will, um ein angestrebtes Ziel zu erreichen, und feststellen muß, daß ihm das mißlingt. Dies wird einem Lerner beim Gebrauch seiner Zweitsprache häufiger passieren als beim Gebrauch seiner Erstsprache. Individuen reagieren darauf in der Regel mit einer verringerten Beteiligung an der Interaktion, sei es, indem sie häufiger freundlich nicken, „reflektierend" zuhören und Ergänzungsfragen stellen, sei es, indem bestimmte Themen vermieden werden, um nicht einen Eindruck der Uninformiertheit oder Unwissenheit zu erwecken (vgl. Schlenker/Leary 1985, 179ff.). Dadurch bedingt wird der Umgang mit der Zweitsprache weniger geübt, werden Sprachkontakte insgesamt reduziert, so daß Lerner auch weniger Anregungen zum Weiterlernen erhalten.

Angst kann schon durch den Gebrauch von fremden Bezeichnungen für vertraute Objekte ausgelöst werden. Schließlich ist unsere Erstsprache eng mit unseren Gefühlen und Erfahrungen verbunden. Sie ist ein Bestandteil unserer Identität. Wenn monolinguale Kinder sich daher anfangs weigern, ein vertrautes Objekt mit einem neuen (fremdsprachlichen) Namen zu benennen, so hat das sehr viel mit diesen ursprünglichen Gefühlen zu tun und mit der durch die zweitsprachliche Benennung bedingten Entfremdung.

Fehler als Bedrohung des Selbstbildes

Fehler, die ein Lerner macht, können zu Bedrohungen seiner eigenen Identität, des eigenen Selbstwertgefühls werden. Daraus folgt, daß Lerner einer fremden Sprache vor allem im Anfangsstadium besonders verletzbar sind. Klar strukturierte, insbesondere vertraute Lernsituationen können dazu beitragen, daß sich Ängste in Grenzen halten, so daß dennoch Lernbereitschaft entstehen kann und (kleinere) Ängste sogar motivierenden Charakter annehmen.

Überforderungserlebnisse

Ängste können auch ausgelöst werden, wenn ein Lerner versucht, eine fremde Sprache zu verstehen und dabei erkennen muß, daß er nichts oder fast nichts verstehen kann. Menschen, die beständig mit solchen Überforderungserlebnissen konfrontiert werden (z. B. ausländische Schüler in deutschen Schulen oder deutsche Schüler im Ausland), werden aggressiv oder depressiv, haben Konzentrationsstörungen und gelten als besonders krankheitsanfällig (vgl. Petzold 1968, 2ff.; Abramson u. a. 1978).

Sprechangst

Fehlerangst

Ausdrucksangst

Auch der aktive Gebrauch einer fremden Sprache kann mit Angst verbunden sein. Man spricht in diesem Zusammenhang von Sprechangst. Sie kann entstehen, wenn ein Lerner Angst hat, falsch zu artikulieren oder zu betonen und fürchtet, sich dadurch lächerlich zu machen. Sie kann aber auch entstehen, wenn er befürchtet, daß er Fehler macht (z. B. falsche Wörter gebraucht oder falsche Konstruktionen) und dadurch Mißverständnisse auslöst. Ein Extremfall ist die „latophobische Aphasie", d. h. Sprachlosigkeit aus Fehlerangst (vgl. Stölting 1987, 101f.). Schließlich kann Sprechangst auch entstehen, wenn ein Lerner versucht, Absichten oder Gedanken zu formulieren und dabei feststellt, daß ihm die sprachlichen Mittel dazu noch fehlen. Das Wissen um diese Unzulänglichkeit kann ihn ebenfalls zum Verstummen bringen (vgl. S. 96f. Sprachlernstrategien als ungünstige Strategien wären z. B.: *Themenvermeidung*, *Themenwechsel*, *Gesprächsabbruch* etc.).

Zusammenfassung

Das Lernen einer fremden Sprache ist immer mit Lust- und Angstgefühlen verbunden. Funktionslust, aber auch Freude darüber, sich mit anderen Menschen verständigen zu können, beeinflussen Lernprozesse positiv. Ähnliches gilt für Angst, die ein Lerner für bewältigbar hält. Auch sie kann anregend wirken. Große Ängste zerstören hingegen die

Lernbereitschaft und lösen häufig Flucht- oder Vermeidungsverhalten aus. Ängste können entstehen aufgrund von:

1. unvertrauten Situationen, Interaktionen oder Lernaufgaben,
2. Verstehensangst, d. h. Angst, etwas nicht oder falsch zu verstehen (bzw. zu hören, zu kombinieren oder zu folgern),
3. Sprechangst, d. h. Angst, etwas falsch oder unverständlich auszudrücken (weil etwas falsch betont oder ausgesprochen wird, durch falsche Wortwahl oder die Wahl falscher bzw. unangemessener Konstruktionen oder weil wegen fehlender sprachlicher Mittel Gedanken oder Absichten nicht oder nicht angemessen vermittelbar sind),
4. Leistungsangst, ausgelöst durch das subjektive Empfinden, daß man einer Leistungsanforderung nicht gewachsen sei.

Aus Untersuchungen wissen wir, daß sich Ängste auf gute Lerner im allgemeinen eher anregend auswirken, während sie durchschnittliche oder schwächere Lerner (bzw. Lerner mit einem negativen Selbstkonzept) eher behindern. Möglicherweise entstehen bei der letzteren Gruppe größere Ängste aufgrund von Mißerfolgserlebnissen und antizipiertem Versagen. Lerner mit „gesundem Selbstvertrauen" bzw. einem „positivem Selbstkonzept" scheinen sich durch Ängste nicht so beeinflussen zu lassen, wie Lerner mit einem „negativem Selbstkonzept" (vgl. Skehan 1989, 115ff.).

Aufgabe 62

Bei welchen Gelegenheiten hatten Sie beim Lernen des Deutschen Ängste oder Hemmungen zu überwinden? Wann ist es Ihnen nicht gelungen, diese Ängste/Hemmungen zu überwinden? (Versuchen Sie sich diese Situationen so konkret wie möglich ins Gedächtnis zu rufen!) Wie haben Sie darauf reagiert, wie haben Sie kompensiert?

Der Gebrauch einer fremden Sprache kann Angst und Hemmungen auslösen, aber auch Sprechhemmungen „hinwegspülen". Befragen Sie Freunde und Bekannte, die eine fremde Sprache erlernt haben, an welche Situationen sie sich erinnern.

Aufgabe 63

Woran kann man erkennen, daß ein Lerner sich überfordert fühlt? Welche Strategien werden von solchen Lernern bevorzugt? Welche Möglichkeiten hat man als Lehrer, einem Schüler in solchen Situationen zu helfen?

Literaturhinweise

Weiterführende Literatur:

Daniels, K./Mehn, I. (1985): *Konzepte emotionalen Lernens in der Deutsch-Didaktik.*

Göbel, R. (1987): *Arbeit mit leistungsheterogenen Gruppen im Zweitsprachunterricht,* 235 – 261.

Kump, S. u. a. (1987): *Angst und Erfolgszuversicht in der ersten Hälfte des Studiums* [Kap. 4].

Solmecke, G./Boosch, A. (1981): *Affektive Komponenten der Lernerpersönlichkeit und Fremdsprachenerwerb: Ergebnisse eines Forschungsprojekts.*

Stölting, W. (1987): *Affektive Faktoren im Fremdsprachenerwerb,* 99 – 110.

Selbstwertgefühl und Selbstvertrauen

Bedeutung des Selbstbildes

Was versteht man unter „Selbstwertgefühl"? Im allgemeinen wird damit der Wert bezeichnet, den ein Individuum sich selbst zuschreibt, z. B. gut, klug, einfühlsam, hilfsbereit usw. zu sein. Diese subjektive Selbsteinschätzung (Selbstkonzept) drückt sich in Einstellungen und Urteilen eines Menschen aus, z. B. in der Art, wie er sich darstellt, sowohl verbal als auch nonverbal, was er mitteilt und welche Ausdrucksmittel er dazu verwendet.

Jeder Mensch hat das Bedürfnis nach Selbstachtung. Wer sich selbst achten kann, kann auch Neugier und Kreativität entwickeln. Wird das Bedürfnis nach Selbstachtung enttäuscht, so entsteht ein „Gefühl der Minderwertigkeit, der Schwäche und der Hilflosigkeit" (Maslow 1981, 73). Deshalb erwartet jeder Mensch zunächst einmal, daß seine Selbsteinschätzungen akzeptiert oder bestätigt werden (vgl. Laing 1961, 82ff.). Wird unsere Vorstellung von uns selbst, insbesondere unsere Selbstbewertung von einem Gesprächspartner in Frage gestellt, wird das häufig als Angriff auf die eigene Person interpretiert.

Selbstbild als Bestandteil von Identität

Nun kann man sich in Alltagssituationen natürlich auch über abweichende Einschätzungen verständigen oder eigene Vorstellungen modifizieren. Denn unsere Vorstellung von uns selbst wird ja immer durch unsere Interaktionserfahrungen geprägt, d. h. durch die positiven oder negativen Reaktionen unserer Gesprächspartner, die wir auf unser Verhalten oder unsere Erscheinung zurückführen.

Selbstbild wird ausgehandelt

Es ist aber keineswegs so, daß wir solche Reaktionen einfach nur registrieren. Vielfach gehen wir offen oder verdeckt dagegen an, versuchen z. B. unsere Gesprächspartner mit Charme davon zu überzeugen, daß ihr Eindruck falsch ist, daß wir mehr wert sind als sie glauben. Mit anderen Worten: Wir versuchen im Gespräch mit anderen unsere persönliche Bedeutung auszuhandeln.

Doch zu solchen Aushandlungsprozessen sind differenzierte sprachliche Mittel erforderlich. Wo sie fehlen (wie z.B. beim Erlernen einer Zweitsprache), werden Verständigungs- oder Aushandlungsprozesse schwierig, wird es leicht zu Mißverständnissen, zu Verletztheiten oder gar Feindseligkeiten kommen, die sich ihrerseits wiederum auf Kontakt- und Lernbereitschaft auswirken werden.

Ausdrucksgrenzen in der fremden Sprache dabei hinderlich

Interessanterweise gilt dies jedoch nicht allgemein. Denn wenn ein Lerner über ein hohes Selbstwertgefühl verfügt, kann er solche Angriffe leichter verkraften (vgl. Brown 1980,105). Wahrscheinlich ist ein positives Selbstkonzept in informellen Lernsituationen genauso wichtig wie in formellen und Voraussetzung dafür, daß Kontakte mit Sprechern der Zielsprache gesucht und genutzt werden (vgl. Clément/Kruidenier 1985,35). Ebenso dürfte es sich unter formellen Bedingungen günstig auswirken, weil Lerner mit einem hohen Selbstwertgefühl in der Regel weniger Angst haben, eine fremde Sprache zu gebrauchen und daher im allgemeinen auch besser lernen (vgl. Gardner u. a. 1989, 303).

Leider wissen wir nicht, ob ein „gesundes Selbstvertrauen", wie man in der deutschen Umgangssprache sagt, das Erlernen einer fremden Sprache erleichtert oder ob besonders begabte Sprachenlerner aufgrund ihrer Erfolgserlebnisse beim Lernen der Zweitsprache mehr Selbstvertrauen entwickeln und so ihr Selbstwertgefühl erhöhen. Beides wäre denkbar.

Wahrscheinlich wird es sowohl das eine als auch das andere geben. Es wird den Lerner mit positivem Selbstkonzept geben, der sich eine fremde Sprache leichter aneignen wird, sowie Menschen, die Mißerfolge antizipieren. Und es wird daneben den Lerner geben, der z. B. in der Anfangsphase der Aneignung häufig Erfolgserlebnisse hat, so daß er mehr Selbstvertrauen entwickeln kann und seine Lernprozesse dadurch positiv beeinflußt werden.

positives Selbstbild erleichtert Aneignung, negatives erschwert sie

Gefühlsübertragung durch den Interaktionspartner

Bisher haben wir uns primär mit dem Lerner beschäftigt. Aber das sprachliche Verhalten eines Lerners wird ja nicht nur durch seine eigenen Gefühle und Gedanken bestimmt, sondern auch durch die Reaktionen seines Interaktionspartners und durch dessen Gefühle.

Selbstbild verändert durch Zuschreibungen

Bekanntlich hat jeder Mensch Gefühle und trägt diese mehr oder weniger offen zur Schau. Und obwohl es Kulturtechniken gibt, die uns helfen sollen, Gefühle zu kanalisieren, indem z. B. gute Gefühle gezeigt, schlechte abgeschwächt oder versteckt werden, kennt doch fast jeder das Phänomen der Stimmung, die jemand erzeugt oder hinterläßt.

Gefühlsübertragungen

Emotionen und Affekte eines Individuums, insbesondere eines Gesprächspartners, bleiben also nicht ohne Wirkung. Und obgleich es keine direkten Übertragungen geben dürfte, so wissen wir doch, daß indirekt Übertragungen stattfinden (vgl. Rosenthal 1966).

Bedeutung in informellen Situationen geringer als in formellen

Lerner können also von den Gefühlen ihrer Interaktionspartner beeinflußt werden. Solche Übertragungseffekte wurden in der Psychoanalyse beschrieben (vgl. z. B. Devereux 1976, 64ff.). Ihre Bedeutung für das Erlernen fremder Sprachen bedarf noch der wissenschaftlichen Erforschung. Wir dürfen aber vermuten, daß der Einfluß von Gefühlen eines Interaktionspartners in informellen, symmetrischen Situationen geringer ist als in formellen Situationen. Denn unter formellen, d. h. unterrichtlichen Bedingungen, kann ein Lerner sich solchen Einflüssen nur schwer entziehen, so daß übertragene Gefühle zu Determinanten von Sprachlernprozessen werden können. Wenn beispielsweise eine Klasse beschlossen hat, einen Fremdsprachenlehrer zu ärgern und nicht zu lernen, so kann der Lehrer trotz seiner Bemühungen vielleicht keine Lernerfolge feststellen. Mit älteren Schülern könnte man darüber reden und so das Klassenklima verbessern.

In informellen Situationen ist ein Ausweichen zwar prinzipiell möglich, jedoch dann nutzlos, wenn ein Lerner wiederholt mit ähnlichen Gefühlen konfrontiert wird, z. B. wenn die Sprecher der Zielsprache ihm immer wieder mit Geringschätzung begegnen. Solche Formen der Diskriminierung haben Auswirkungen auf das Selbstkonzept. Um diese Wirkungen zu verringern oder zu neutralisieren, werden Lerner der Zielsprache die „anderen" durch „Stereotype" abwerten und abwehren (vgl. Quasthoff 1989). So werden die Deutschen von manchen Türken als „kalt" oder „materiell orientiert", „hartherzig" oder „gefühllos" bezeichnet. Mit Menschen, die so sind, will man eben nichts zu tun haben. Nach einer solchen Etikettierung kann man sich leichter distanzieren bzw. Kontakte vermeiden. Dies gilt natürlich auch für Deutsche, die Kontakten mit Ausländern aus solchen vorgeschobenen Gründen aus dem Weg gehen.

Solche negativen Einstellungen und Gefühle werden oft schon während der Sozialisation (d. h. vor eigenen Erfahrungen) vermittelt. Durch derartige „kollektive Einstellungen" (oder Vorurteile) können Minoritäten diskriminiert oder auch aufgewertet werden. So halten manche Deutsche Skandinavier für bessere Ausländer („Edelausländer"), Afrikaner hingegen eher für „schlechte" Ausländer. In der Lehrerausbildung und in Sprachkursen sollte man Einstellungen daher mehr Aufmerksamkeit schenken. Nur so können solche Einstellungen abgebaut und differenziert werden.

Aufgabe 64

1. *An welchen sprachlichen Mitteln, an welchen Verhaltensweisen, erkennt man einen Schüler mit wenig oder mit viel Selbstwertgefühl?*
2. *Wenn Schüler wenig Selbstvertrauen haben, wie könnte ein Lehrer darauf reagieren?*
3. *Welche Möglichkeiten gibt es, um die Übertragung negativer Gefühle in einer Lernergruppe zu verringern? Welche unterrichtlichen Maßnahmen würden Sie dazu verwenden?*

Literaturhinweise

Weiterführende Literatur:

Kleinsteuber, H. J. (1991): *Stereotype, Images und Vorurteile – Die Bilder in den Köpfen der Menschen,* 60 – 69.

Quasthoff, U. (1989): *Ethnozentrische Verarbeitung von Informationen: Zur Ambivalenz der Funktionen von Stereotypen in der interkulturellen Kommunikation,* 37 – 63.

4.4.2 Motivation

Wenn jemand in kurzer Zeit eine fremde Sprache erlernt, so sagt man: Er muß motiviert gewesen sein. Aber was bedeutet das? Wann ist jemand motiviert? Ist eine hohe Motivation Voraussetzung oder Folge von Lernerfolg?

Man ist in Untersuchungen vor allem der letzten Frage nachgegangen und hat dabei festgestellt, daß tatsächlich ein kausaler Zusammenhang zwischen hoher Motivation und erfolgreicher Aneignung einer fremden Sprache besteht (vgl. Hakuta u. a. 1987, 312; Skehan 1989, 64ff.). Allerdings scheint sich Lernerfolg auch positiv auf Motivation auszuwirken (vgl. Gardner 1983, 229ff.). Allgemein gilt Motivation heute als „Schlüssel zum Lernerfolg" (vgl. Brown 1980, 112).

Motivation Schlüssel zum Lernerfolg

Aufgabe 65

> *Weshalb haben Sie Deutsch oder eine andere Fremdsprache gelernt? Welches Motiv hat bei Ihnen dominiert?*

Aber was ist „Motivation"?

Motivation ist ein „Konstrukt", mit dem wir versuchen, Vorlieben (Präferenzen) eines Menschen für die eine oder andere Sache oder Handlung zu erklären. Allerdings ist der Zusammenhang zwischen Tat und Motiv nur selten so einfach und klar wie in Kriminalgeschichten. Häufig sind mehrere, oft sogar widerstreitende Motive Ursache für die Durchführung einer Handlung (vgl. Maslow 1981, 83). Und auch dabei spielen Gefühle wie Angst und Lust eine wichtige Rolle.

Handlungen haben oft mehrere Motive

Im allgemeinen werden bei der Motivation drei Komponenten unterschieden (vgl. Gardner 1983, 223):

1. die Einstellung zu einem Ziel, die positiv oder negativ sein kann,
2. der Wunsch, dieses Ziel zu erreichen,
3. die Bereitschaft des Lerners, Anstrengungen auf sich zu nehmen, um dieses Ziel zu erreichen.

Über die Entstehung von Motiven zum Sprachenlernen gibt es verschiedene Auffassungen. Man nimmt an, daß jeder Mensch aufgrund seiner Sozialisation spezifische Einstellungen (kulturspezifische Vorstellungen) entwickelt. Diese beziehen sich auch auf fremde Sprachen und Kulturen. Deutsche haben z. B. gegenüber dem Englischen als Weltsprache häufig eine positive Einstellung, während die englische und amerikanische Kultur für sie eher eine untergeordnete Rolle spielen (vgl. Solmecke/Boosch 1981, 155). Anders ist dies z. B. bei Sprachen wie dem Türkischen.

kollektive Einstellungen beeinflussen Motivation

Beispiel 1

Auf Mitteleuropäer übt die türkische Kultur eine gewisse Faszination aus. Sie gilt als interessant, aber auch als frauenfeindlich. Da in den Augen vieler deutscher Frauen „Männerkulturen" jedoch etwas Negatives sind, haben Frauen zuweilen mit der Aneignung des Türkischen Schwierigkeiten. Dies scheint auch dann zu gelten, wenn bereits eine fremde Sprache erfolgreich erlernt wurde. Solche Einstellungen können also Motive überlagern bzw. neutralisieren.

Neben solchen allgemeineren Einstellungen, die sich vielfach auf tradierte Vorurteile oder Stereotype zurückführen lassen, entwickelt jeder Lerner aufgrund von Erfahrungen individuelle Einstellungen und Einschätzungen gegenüber seiner Kontakt- bzw. Lernsituation, die sich von den in seiner Ethnie vorherrschenden unterscheiden können.

individuelle Einstellungen entwickeln

So wie sich individuelle Einstellungen je nach gemachten Erfahrungen verändern, wandeln sich auch kollektive Einstellungen, wenn z. B. Bezugspersonen (wie Eltern) an Bedeutung verlieren und neue Bezugspersonen oder Gruppen (z. B. „peergroup") an Bedeutung gewinnen.

Beispiel 2

So erzählte mir ein Friese, der mit einer Nicht-Friesin verheiratet ist, daß sein Sohn sich längere Zeit weigerte, mit ihm Friesisch zu sprechen. Die Trennung „eine Person, eine Sprache“, wie sie in der Literatur beschrieben (und empfohlen) wird (vgl. z. B. Ronjat 1913; Kielhöfer/Jonekeit 1983, 18f.; Saunders 1982, 29ff.) funktionierte also nicht. Nachdem der Sohn aber sechs Jahre alt geworden war, begann er sich für die Tätigkeiten seines Vaters zu interessieren. Und wie selbstverständlich begann er, nun auch Friesisch mit dem Vater zu sprechen.

Interesse verändert Einstellung

Beispiel 3

Ein schottischer Bekannter, der mit einer Deutschen verheiratet ist, erzählte mir, daß sich sein Sohn für die Sprache seines Vater lange nicht interessiert habe. Er wuchs zunächst mit Deutsch auf, lernte später in der Schule Englisch und nutzte nun den Vater als englischen Gesprächspartner, weil ihm Englischkenntnisse in seiner „peergroup“ offensichtlich Ansehen verschafften. Mit ca. 17 Jahren, als die „peergroup“ an Bedeutung verloren hatte und er sich stärker auf seine individuelle Besonderheit zu konzentrieren begann, bat er seinen Vater, ihn den schottischen Heimatdialekt zu lehren.

altersspezifischer Wandel von Einstellungen

Grundgefühle: Furcht vor Assimilation, Wunsch nach Integration

Vor allem zwei antagonistische Grundmotive scheinen eine besondere Rolle zu spielen: Die Furcht vor Assimilation und der Wunsch nach Assimilation oder Integration. (vgl. dazu Clément/Kruidenier 1985, 23ff.)

Assimilation

Unter Assimilation versteht man die Anpassung eines Individuums an eine neue Umgebung unter Aufgabe seiner ursprünglichen Identität. So waren z. B. die „assimilierten Juden“ im Deutschland des 19. Jahrhunderts vielfach „deutscher“ als die Deutschen. Eine solche Anpassungsbereitschaft kann sich positiv auf Sprachlernprozesse auswirken, wenn die Lerner bereits über eine weitgehend entwickelte Erstsprache verfügen, z. B. nach der Pubertät. Aufgrund von Anpassungsprozessen (Assimilationsprozessen) können aber auch irritierende Ängste vor dem Verlust der eigenen (ersten) Sprache und Kultur entstehen, wodurch das Weiterlernen erschwert oder verhindert werden kann. Solche Irritationen lassen sich z. B. bei türkischen oder griechischen Schülern in Deutschland beobachten, die durch die zunehmende Ausländerfeindlichkeit immer wieder damit konfrontiert werden, daß sie nicht (bzw. noch nicht) dazugehören, sich aber gleichzeitig auch nicht mehr als Türken oder Griechen bezeichnen würden.

Integration

Im Gegensatz zur Assimilation wird mit Integration die Aufnahme in die gastgebende Gesellschaft bezeichnet, bei der die „Gäste“ ihre Identität bewahren oder produktiv verändern können. So verstehen sich heute manche türkischen Jugendlichen in Deutschland als „Türken und Deutsche“, weil sie mit beiden Sprachen und Kulturen zurechtkommen und ihre spezifische Identität auch gegen Assimilationswünsche von deutscher oder türkischer Seite erfolgreich verteidigen.

Furcht vor Assimilation ungünstig für Aneignung

Furcht vor Assimilation ist in der Regel mit einer negativen Einstellung zur Sprachlernsituation verbunden, Bereitschaft zur Assimilation hingegen mit einer positiven. Eine Bereitschaft zur totalen Assimilation läßt sich vor allem dann beobachten, wenn eine fremde Sprache und Kultur als technologisch überlegen oder fortschrittlicher gilt, so daß Lerner zu einer Identifizierung mit den Mitgliedern dieser Ethnie und Kultur tendieren (vgl. die amerikanische oder westeuropäische „Konsum-(Un-)Kultur“, die von vielen für „fortschrittlich“ gehalten wird.).

Da aber, wie wir oben zu zeigen versucht haben, die Erstsprache eine wichtige Voraussetzung für die Aneignung jeder weiteren Sprache ist, besteht bei Assimilationsbereitschaft immer die Gefahr, daß die Erstsprache vernachlässigt und die Aneignung der fremden Sprache dadurch letztlich wieder erschwert wird.

Aufgrund des oben genannten Gegensatzes (Furcht vor Assimilation, Wunsch nach Integration) ergeben sich erste positive oder negative Einstellungen zur Lernsituation. Diese werden jedoch zusätzlich durch das „sprachliche Milieu“, d. h. die gesellschaftlichen Bedingungen, insbesondere Kontakt- und Lernsituationen, geprägt.

In monolingualen Gesellschaften, in denen die Lerner keine Möglichkeiten zum Kontakt mit Sprechern der Zielsprache haben, d. h. also in einer fremdsprachlichen Lernsituation, in der ein zielsprachliches Milieu fehlt, wird durch die oben genannten Grundgefühle ein Rahmen für die Motivation abgesteckt. Daneben existieren freilich auch noch andere Interessen und Gefühle. Schließlich kann man eine fremde Sprache aus unterschiedlichsten Gründen lernen, z. B. weil man sie für seine berufliche Karriere braucht (instrumentelle Motivation), weil es die Eltern so wollen (Elternmotivation), weil man damit an Ansehen gewinnen kann (Prestigemotiv), weil man wissensdurstig ist und sich über Land und Leute informieren will (Wissensmotiv) oder weil man redselig ist und sich gern mit Menschen aus fremden Kulturen unterhält (Kommunikationsmotiv) (vgl. Apelt 1986, 26f.). Alle diese Motive scheinen jedoch durch die beiden oben genannten Grundgefühle dominiert und relativiert zu werden.

Bedeutung der Kontakt- und Lernsituation

Motivation

Anders sind die Einflüsse auf die Lernermotivation, wenn ein Lerner sich im Land aufhält, in dem die Zielsprache gesprochen wird. In einer solchen zweitsprachlichen Situation können Grundeinstellungen durch die Häufigkeit und Qualität sprachlicher Kontakte beeinflußt werden. Aber nicht nur Sprachkontakte, sondern auch die Einstellung der zielsprachlichen Gruppe zu den Lernern, insbesondere die Ermutigung und Unterstützung, die die Lerner durch diese Gruppe erfahren, wirkt sich auf die Motivation aus (vgl. Hakuta u. a. 1987, 304). Als deutscher Besucher habe ich z. B. in den USA, in Kanada, Italien oder der Türkei eine solche Unterstützung erfahren. Aber wie ist das umgekehrt? Die Deutschen sind z. B. Fremden gegenüber häufig sehr zurückhaltend. Zudem werden viele Deutsche Süditalienern oder Türken anders begegnen als Nordamerikanern oder Skandinaviern.

Häufigkeit und Qualität sprachlicher Kontakte

Besonders betroffen von solchen „kollektiven Einstellungen" (Vorurteilen oder Stereotypen) sind Migranten, die als Minoritäten in einer Majoritätsgesellschaft existieren müssen. Ihnen wird meist keine „motivationale Unterstützung" gewährt. Im Gegenteil: Vielfach machen solche Lerner die Erfahrung, daß ihnen die Sprecher der Zielsprache ablehnend gegenüberstehen. Bei der Entstehung eines solchen Eindrucks spielen auch Massenmedien eine nicht unerhebliche Rolle (vgl. z. B. Berichte über messerstechende Türken in deutschen Boulevard-Blättern! Über die Hilfsbereitschaft der Türken wird dagegen selten berichtet.) Auf diese Weise kann selbst eine anfänglich hohe Motivation zerstört werden. Nicht in allen Fällen werden Lerner dadurch entmutigt. Intellektuelles Differenzierungsvermögen und ein positives Selbstkonzept können dagegen immunisieren.

motivationale Unterstützung

Das Selbstwertgefühl hängt auch von der jeweiligen „ethnischen Selbstwahrnehmung" ab. Entsteht durch Zuschreibungen der Majoritätsgesellschaft ein negatives ethnisches Selbstbild, wird dies in der Regel zu Abgrenzungen und Verweigerungen Anlaß geben. Denn jede Gruppe ist bestrebt, ein positives Selbstbild zu pflegen oder ein solches durch entsprechende Maßnahmen aufzubauen. Zur Beseitigung negativer Selbstbilder werden folgende Strategien verwendet (vgl. Tajfel/Turner 1986):

1. individuelle Mobilität, d. h. der Versuch einzelner, sich durch einen wirtschaftlichen Aufstieg in der gastgebenden Gesellschaft aufzuwerten,

2. Neudefinition der Gruppe, Verstärkung des Gruppenzusammenhalts; Selbstaufwertung und Aufwertung der eigenen Erstsprache und Kultur bzw. Entwicklung einer neuen sprachlichen Varietät (Gruppensprache),

3. Konflikt zwischen den Gruppen.

Die erste Reaktionsweise zeigen viele Einwanderer in Nordamerika, die zweite z. B. konservative türkische Gruppen in Deutschland, die dritte beispielsweise farbige Einwanderer in England.

<u>Beispiel</u>

Vergegenwärtigen wir uns einmal, welche Konsequenzen sich aus der zweiten Strategie für die Motivation ergeben. Selbstaufwertung ist meist mit einer Abwertung und

Distanzierung der anderen Gruppe verbunden. Durch die Verstärkung des Gruppenzusammenhalts (z. B. durch häufigere Besuche) und die Aufwertung der eigenen Sprache und Kultur wird ein Lerner einer solchen Gruppe weniger Sprachkontakte mit Sprechern der Zielsprache suchen und zudem seine Einstellung der Zielsprache und -kultur gegenüber verändern. Die Betonung der soziokulturellen Distanz zwischen der eigenen und der fremden (zielsprachlichen) Kultur wird sich insgesamt negativ auf seine Motivation auswirken.

Zusammenfassung

Wir haben gesehen, daß die Motivation eines Lerners sich aus verschiedenen Quellen speist. In fremdsprachlichen Situationen entsteht Motivation

- aus Grundeinstellungen, die gesellschaftlich vermittelt sind (z. B. Integrative oder Instrumentelle Motivation, Prestige-, Eltern-, Wissens- und Kommunikationsmotivation),
- aus Grundgefühlen, die sich als Reaktion auf Lernsituationen einstellen (z.B.auf Lehrer, Unterrichtsmaterial, Lernklima),
- durch das Selbstwertgefühl des Lerners.

In zweitsprachlichen Situationen wird die Motivation zusätzlich beeinflußt durch

- Häufigkeit und Qualität von außerunterrichtlichen Sprachkontakten,
- die motivationale Unterstützung oder Ablehnung, die die Lerner durch die Sprecher der Zielsprache erfahren,
- das „ethnische Selbstbild“, das auch durch „Zuschreibung“ entsteht, sowie durch die Reaktionen auf ein „negatives ethnisches Selbstbild“.

Natürlich wirken sich auch in fremdsprachlichen Lernsituationen Sprachkontakte (mit dem Fremdsprachenlehrer) sowie motivationale Unterstützung (durch den Lehrer) auf die Lernermotivation aus. Ihr Einfluß dürfte insgesamt aber geringer sein als in informellen Situationen. Dies zeigt sich z. B. auch daran, daß Sprachkontakte in informellen Situationen in der Regel häufiger und intensiver sind als in formellen Situationen. Und was die motivationale Unterstützung angeht, so dürfte sie in informellen Situationen eher akzeptierbar sein als im Unterricht. Schließlich kann ein Lehrer schon aus Zeitgründen nicht in jeder Unterrichtsstunde jeden Schüler ermutigen. Zudem können Ermutigungen durch häufigen Gebrauch auch entwertet werden, so daß sie ihre Wirkung verlieren.

Aufgabe 66

1. Was versteht man unter „integrativer“, was unter „instrumenteller Motivation“?

2. Was versteht man unter „motivationaler Unterstützung“?

Aufgabe 67

In welcher Form beeinflussen „kollektive Einstellungen“, d.h. Vorurteile und Stereotype die Motivation eines Lerners?

Aufgabe 68

Auf negative ethnische Selbstbilder reagieren Gruppen in verschiedener Weise. Nennen Sie solche Reaktionen und ihre Auswirkung auf Fremdsprachenlerner.

Literaturhinweise

Weiterführende Literatur:

Apelt, W. (1986): *Tendenzen und Erkenntnisse der Motivationsforschung,* 24 – 29.

Cropley, A. J. (1984): *Sprachkonflikt aus sozialpsychologischer Sicht,* 180 – 196.

Solmecke, G. (Hrsg.) (1976): *Motivation im Fremdsprachenunterricht.*

5 Zur Entwicklung von Lernersprachen

Wir haben bisher viele Faktoren kennengelernt, die die Aneignung einer fremden Sprache beeinflussen. Wie aber geht der Aneignungsprozeß selbst vor sich? Gibt es Merkmale, die sich dabei immer wieder beobachten lassen?

Bevor wir uns den Besonderheiten von Lernersprachen zuwenden, wollen wir daran erinnern, daß die für die Aneignung einer fremden Sprache benötigten Auswahl- und Lernprozesse von Lernern zum größten Teil selbst gesteuert werden. Steuerungsversuche im Unterricht können daher niemals mehr sein als Angebote, die auf der Grundlage von Sprachstandseinschätzungen konzipiert werden. Steuerungsversuche werden folglich die Bedürfnislage einzelner Lerner nicht immer treffen.

Lernprozesse werden größtenteils vom Lerner selbst gesteuert

5.1 Merkmale von Lernersprachen

Die Entwicklung einer Lernersprache ist im Idealfall ein Prozeß fortschreitender Differenzierung und Restrukturierung, in dessen Verlauf die Fähigkeiten, zielsprachliche Äußerungen zu verstehen und zu produzieren, beständig verbessert werden. Am Anfang dieses Entwicklungsprozesses steht der Lerner, der noch keine zielsprachlichen Formen versteht, am Ende der Fortgeschrittene, der über eine Vielzahl von Äußerungsformen frei verfügen kann. In der dazwischenliegenden Zeit können wir beobachten, wie einzelne Formen aufgegriffen und gebraucht werden, zunächst vereinzelt, dann immer häufiger, bis sie schließlich konsequent Verwendung finden.

Lernersprachentwicklung

ein Prozeß fortschreitender Differenzierung

Anfangs unterscheiden sich Lerneräußerungen von korrekten zielsprachlichen Äußerungen durch die Vernachlässigung vieler Elemente (z. B. Funktionswörter, Vorsilben, Endungen) sowie durch eine eigenwillige Wortstellung. Selbst Verben oder Substantive werden in dieser Zeit oft ausgelassen, wenn es der Kontext zuläßt.

anfangs Vernachlässigung von Elementen

Neben solchen Vernachlässigungen tendieren Lerner auch dazu, jede neue Form zunächst mit einer Bedeutung und/oder Funktion in Verbindung zu bringen (vgl. Andersen 1984). Beispielsweise wird *da* erst einmal zur Kennzeichnung lokaler und etwas später auch temporaler Beziehungen gebraucht. Damit wird das Prinzip „eine Form – eine Bedeutung" verletzt, weshalb Lerner sich zuweilen behelfen, indem sie das lokale *da* als [da] und das temporale als [d] artikulieren (Rehbein 1987 b, 224ff.). Dieses „Eins-zu-eins-Prinzip" scheint nicht nur für neue Wörter zu gelten, sondern auch für die Aneignung von syntaktischen und morphologischen Strukturen, weshalb es auch im Unterricht beachtet werden sollte.

Prinzip: eine Form, eine Bedeutung, eine Funktion

Ü b e r g a n g s f o r m e n, mit denen sich Lerner behelfen, werden in der Regel aber nur vorübergehend gebraucht. Sie können sich unter ungünstigen Bedingungen allerdings auch zu F o s s i l i e r u n g e n verfestigen. Der Gebrauch solcher defekter Formen (z. B. *de* für *der, die, das*) ist in informellen Situationen und im Zweitsprachunterricht häufiger beobachtbar. Hingegen werden wir im eher analytisch orientierten Fremdsprachenunterricht eine Tendenz zur Übergeneralisierung (z. B. *singte* statt *sang*) und zum Gebrauch hyperkorrekter Formen (z. B. *singtete*) feststellen.

Übergangsformen:

Vereinfachung Übergeneralisierung Hyperkorrektheit

Wodurch kommt es zur Verfestigung solcher Übergangsformen? Im allgemeinen begünstigen wiederkehrende negative Affekte solche Verfestigungen, z. B. Mitteilungsdrang, Verständigungsschwierigkeiten (insbesondere ungeduldige Zuhörer), Zeitdruck oder Identitätsprobleme. Auch fehlender oder reduzierter Sprachkontakt sowie gruppenspezifische Prozesse im Unterricht können für die Entstehung oder den Erhalt von Fossilierungen verantwortlich sein. Unvollständige oder falsche Formen werden sich insbesondere dann verfestigen, wenn ein Lerner seine kommunikativen Absichten mit Hilfe dieser Formen durchsetzen kann. Dies wird ihm besonders dann gelingen, wenn er nur begrenzte Bedürfnisse hat. Gelingt ihm die Kommunikation und erhält er keine

Entstehung von Fossilierungen

Rückmeldung über formale Mängel, können „Verfestigungen“ (Fossilierungen) begünstigt werden.

Für Lehrer stellen Fossilierungen vor allem im Zweitsprachunterricht Probleme besonderer Art dar. Denn Fossilierungen sind verfestigte „Übergangsformen“, die

- automatisiert sind,
- die Verständigung nicht (oder nur geringfügig) behindern,
- als Identitäts- oder Gruppenkennzeichen gebraucht werden können und
- emotional besetzt sind.

Fossilierung als Identitätskennzeichen

Daher kann jeder Versuch eines Lehrers, Fossilierungen abzubauen, von Lernern nicht nur als überflüssig, sondern sogar als persönlicher Angriff empfunden werden. Mit anderen Worten: Ein Lehrer müßte hier besonders behutsam vorgehen und mithelfen, daß sich bei seinen Schülern ein Bewußtsein für solche Zusammenhänge entwickelt, damit die Schüler selbständig an der Überwindung ihrer Fossilierungen arbeiten können.

Zusammenfassung

Insgesamt verläuft die Entwicklung der Lernersprache nicht linear von der Ausgangs- zur Zielsprache. Denn Neuentdeckungen in einem Bereich sind vielfach mit der Vernachlässigung anderer Bereiche verbunden, weshalb man auch von w e l l e n f ö r m i g e n E n t w i c k l u n g s a b l ä u f e n sprechen kann. Daher erscheint uns auch das sprachliche Verhalten von Lernern häufig inkonsistent.

Anfangs orientieren sich Lerner vorwiegend an Daten, mit denen sie konfrontiert werden. Doch schon bald beginnen sie, Regeln zu konzipieren, wodurch es dann zu Vereinfachungen, zu Übergeneralisierungen sowie zum Gebrauch hyperkorrekter Formen kommt. Diese Übergangsformen weichen von zielsprachlichen Normen in mehrfacher Hinsicht ab. Sie nähern sich diesen aber – im Idealfalle – durch beständige Erweiterungen und Umstrukturierungen allmählich an.

Ein besonderes Problem stellen Fossilierungen dar. Diese „verfestigten Übergangsformen“, die sich in manchen Lernersprachen (vor allem unter informellen, aber auch unter formellen Bedingungen) zeigen, verweisen auf ungünstige Lernsituationen. Fossiliert werden verkürzte oder simplifizierte Formen, aber auch Formeln. Im Unterricht lassen sich Fossilierungen meist nur schwer abbauen.

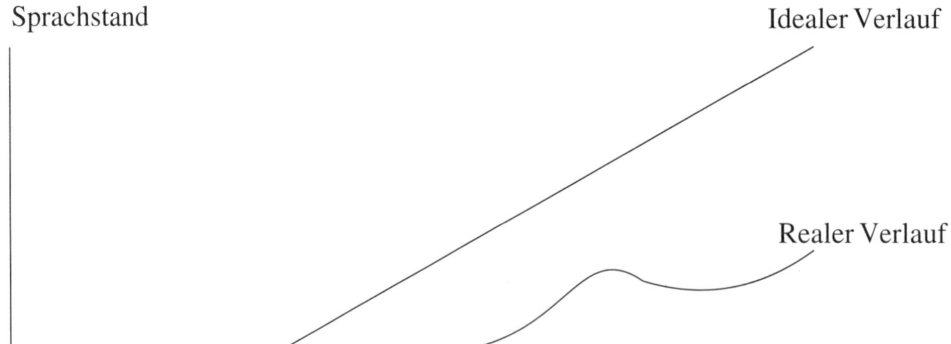

Nennen Sie Erwerbsprinzipien, die beim Erstspracherwerb eine Rolle spielen. Welche lassen sich auch bei der Aneignung einer fremden Sprache beobachten?

Aufgabe 69

Was sind Fossilierungen? Wodurch entstehen sie? Weshalb kann man sie oft nur schwer abbauen?

Aufgabe 70

Selbst wenn Lerner einer fremden Sprache richtige Äußerungen hören, produzieren sie dennoch vereinfachte und defekte Formen. Wie kommt es dazu? Wie sollte man als Lehrer darauf reagieren?

Aufgabe 71

Wodurch entstehen Übergeneralisierungen? Inwiefern unterscheiden sie sich von hyperkorrekten Formen?

Aufgabe 72

Literaturhinweise

Weiterführende Literatur:

Klein, W. (1984): *Zweitspracherwerb, Eine Einführung* [Teil II].

Knapp-Potthoff A./Knapp, K. (1982): *Fremdsprachenlernen und -lehren* [darin: Kap. 3].

Kutsch, S. (1985): *Methoden, Daten und Verfahren: Probleme der Beschreibung von Interimsprachen und ihrer Entwicklung*, 27 – 47.

5.2 Entwicklungssequenzen

Aneignung fremder Sprache stärker von individuellen Voraussetzungen beeinflußt als Erstsprache

Im Zusammenhang mit dem Erstspracherwerb wurde darauf hingewiesen, daß es in einem sprachlichen Kernbereich Entwicklungsphasen gibt, die scheinbar gleichförmig (d. h. weitgehend unabhängig von situativen Einflüssen) durchlaufen werden (vgl. Kap. 2.1.2). Allerdings hat man auch festgestellt, daß einzelne Lerner zum Durchlaufen von bestimmten Entwicklungsphasen unterschiedlich viel Zeit benötigen.

Vergleicht man den Erstspracherwerb mit der Entwicklung von Lernersprachsystemen, so zeigt es sich, daß letztere insgesamt stärker von individuellen Lernvoraussetzungen (z. B. Erstsprache, Sprachlernerfahrungen, vorherrschende Lern- und Kontaktsituationen, Lernertyp und Lerngewohnheiten) beeinflußt werden. Lernersprachsysteme weisen z. B. eine größere Variationsbreite auf als Entwicklungsstufen im Bereich der Erstsprache. Außerdem kommt es beim Erstspracherwerb zu keinen dauerhaften Fossilierungen.

Und noch etwas unterscheidet den Erstspracherwerb von der nachzeitigen Aneignung einer fremden Sprache: Die erreichbare sprachliche Kompetenz. Denn während jedes Kind unter normalen Erwerbsbedingungen seine Erstsprache mehr oder weniger vollständig erwirbt, so daß man sagen kann, daß es diese Sprache beherrscht, lassen sich bei Menschen, die sich nachträglich eine fremde Sprache aneignen, zumeist Mängel in der Beherrschung der fremden Sprache nachweisen. Dies zeigt sich z. B. daran, daß Sprecher einer fremden Sprache leichter durch Nebengeräusche gestört werden, aber auch daran, daß sie keine mit einem Muttersprachler vergleichbare sprachliche Intuition bzw. kein adäquates „Sprachgefühl" entwickeln (vgl. Schachter 1988, 223ff.). Dies hat natürlich Konsequenzen für den Unterricht. Denn dort, wo der Muttersprachlehrer sich auf das Sprachgefühl seiner Schüler stützen kann, muß der Zweit- und insbesondere der Fremdsprachenlehrer auf kognitive Hilfsmittel wie z. B. Faustregeln, Vergleiche sprachlicher Teilsysteme oder allgemeine Problemlösungsverfahren zurückgreifen.

„Sprachgefühl" in einer fremden Sprache nicht so entwickelt wie in der Erstsprache

größere Variationsbreite in der Entwicklung

Anders formuliert: Die Variationsbreite, die wir bei der Entwicklung von Lernersprachen beobachten können, ist größer als beim Erstspracherwerb und die Entwicklungstendenzen sind offenbar leichter störbar. Häufig werden in einer fremden Sprache daher nur Teilkompetenzen entwickelt.

Dennoch sind Lernersprachsysteme relativ systematische und stabile Zwischenstufen auf dem Weg zu solchen Teilkompetenzen. Gleichzeitig weisen sie aber auch eine größere Variationsbreite auf als Entwicklungsstufen der Erstsprache.

Bei der Variabilität von Lernersprachen unterscheidet man zwischen nichtsystematischer und systematischer Variabilität. Manches, was auf den ersten Blick wie eine unsystematische Variante aussieht, erweist sich bei genauerer Betrachtung z. B. als sprachlich oder funktional bedingte Variante (vgl. Tarone 1988, 59ff). Solche Varianten lassen sich auf allen sprachlichen Ebenen beobachten.

Man unterscheidet innerhalb der systematischen Variabilität noch weiter zwischen individuellen und kontextbedingten Varianten, wobei es sich beim Kontext um einen sprachlichen oder einen situativen Kontext handeln kann (vgl. Abbildung, nach: Ellis 1986, 76).

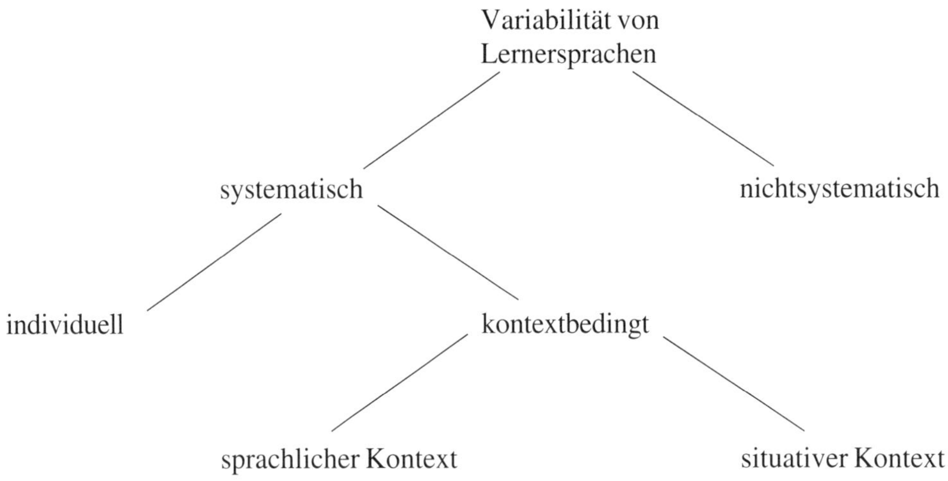

Wenn eine Lernersprache ein zwar relativ stabiles, gleichzeitig aber doch sehr viel fragileres System ist als eine Erwerbsstufe im Erstspracherwerb, so ist es problematisch, Erkenntnisse über Entwicklungssequenzen, die im Rahmen des Erstspracherwerbs gewonnen wurden, einfach pauschalierend auf die Aneignung einer fremden Sprache zu übertragen, wie das von manchen Zweitspracherwerbsforschern bedenkenlos getan wurde (vgl. z. B. Felix 1982).

Andererseits haben wir gesehen, daß es trotz unterschiedlicher Lernvoraussetzungen bei der Entwicklung von Lernersprachen wiederkehrende Phänomene gibt, die uns aus dem Bereich des Erstspracherwerbs bereits bekannt sind, z. B. Vereinfachungen und Übergeneralisierungen oder das frühe Aufgreifen unmarkierter Elemente und Strukturen. Und da beim Erstspracherwerb die Reihenfolge der erworbenen Elemente (vgl. dazu S. 122f.) offenbar auch durch ihre semantische und syntaktische Komplexität beeinflußt wird, dürfen wir annehmen, daß solche Faktoren sich bei der Aneignung einer fremden Sprache ebenfalls auswirken und Entwicklungstendenzen beeinflussen werden.

Es stellt sich also die Frage, ob es bei der Aneignung einer fremden Sprache nicht ähnliche Entwicklungsabfolgen geben könnte wie beim Erstspracherwerb? Müßten nicht auch dort „natürliche Erwerbsprinzipien" zur Geltung kommen? Man ist diesen

Fragen in der Forschung seit den 70er Jahren nachgegangen und hat sich dabei zunächst auf „informelle Erwerbskontexte" konzentriert, in der Annahme, daß dort „natürliches Wachstum" bzw. „natürliche Abfolgen" leichter beobachtbar seien.

Tatsächlich gibt es hierzu inzwischen interessante Untersuchungsergebnisse, über die Lehrer informiert sein sollten. Wir werden deshalb im folgenden einige Entwicklungstendenzen im lexikalischen und syntaktischen Bereich exemplarisch beschreiben.

5.2.1 Bedeutungsdifferenzierungen

Bei der Behandlung der Erstsprache als Sprachlernvoraussetzung wurde bereits darauf hingewiesen, daß Wörter, die direkte Entsprechungen in der Erstsprache haben, leichter gelernt werden als Wörter, bei denen solche Entsprechungen (einfache Lexeme oder Komposita) fehlen. Dies gilt auch für Prototypen (vgl. S. 52f.), die sich in ihren Kernbereichen meist decken, in ihren Randbereichen jedoch vielfach unterscheiden (vgl. Schepping 1985, 186ff.). Unterschiede zeigen sich auch im Bereich der Mitbedeutungen (bzw. Konnotationen), d. h. konventionalisierten Assoziationen und Bewertungen. Lerner gehen anfangs meist davon aus, daß sich Bedeutungen in Erst- und Zweitsprache decken.

Wortbedeutung in einem Kernbereich meist gleich, in Randbereichen unterschiedlich

Daß dies z. B. im Bereich der Bewertungen nicht der Fall ist, zeigt uns ein kurzer Vergleich. In Deutschland gibt es jährlich viele Scheidungen. Und doch sind Scheidungen noch nichts Selbstverständliches, was man daran erkennen kann, daß nur wenige Deutsche mehrfach geschieden sind. Für Nordamerikaner gehören Scheidungen hingegen fast schon zum Alltag. Es ist beispielsweise nichts Ungewöhnliches, wenn jemand mehrere Male geschieden wurde. Hingegen sind Scheidungen in der Türkei (obwohl sie in den Großstädten inzwischen häufiger werden) noch immer eine Ausnahme, was sich z.B. auch daran ablesen läßt, daß geschiedene Frauen vielfach eine gesellschaftliche Abwertung erfahren.

Beispiel

Bewertungen von Scheidung in Deutschland, den USA, der Türkei

Kenntnisse von solchen mit Worten verbundenen Bewertungen setzen Wissen über Lebensformen und Wertsysteme voraus, Wissen, über das ein Lerner erst nach längeren und intensiveren Kontakten mit Sprechern der Zielsprache verfügen kann.

Wer eine fremde Sprache lernt, orientiert sich zunächst – ähnlich wie ein Kind beim Erstspracherwerb – an Namen für konkrete Objekte, deren Bezeichnungen in der Erstsprache bereits geläufig sind. Im Kopf der Lerner entstehen dabei fast automatisch Vokabelgleichungen (vgl. auch Wode 1988, 170ff.). Aber selbst wenn ein Lerner sich einen Grundwortschatz erarbeitet hat, kennt er in der Regel noch nicht die mit dem einzelnen Wort verbundenen Gebrauchsmöglichkeiten, d. h. konkret dessen

ein Wort beherrschen bedeutet:

- Einsatzmöglichkeiten in unterschiedlichen Situationen,
- Veränderungsmöglichkeiten durch Mittel der Wortbildung,
- syntaktische Eigenschaften,
- Konnotationen sowie
- übertragene (konventionalisierte) Bedeutung(en).

Lerner einer fremden Sprache verwenden also ihre neuen Wörter über längere Zeit so wie ein Kind beim Erstspracherwerb: in einem eingeschränkten, vielfach auch ungenauen Sinne (vgl. Kap. 3.2.3).

Nun gibt es Wörter, die viele Gebrauchsmöglichkeiten eröffnen, die eine Sache dafür aber auch eher unscharf und allgemein bezeichnen. Es sind zumeist Wörter, die keine stilistischen „Markierungen" aufweisen (z. B. *Ding* statt *Mütze* oder *Glas* statt *Milchglas*). In jeder Sprache gibt es solche Ausdrucksalternativen. Theoretisch steht einem

unmarkierte und markierte Formen

Lerner des Deutschen z. B. eine ganze Reihe von Ausdrücken zur Bezeichnung einer weiblichen Person zur Verfügung. Aber welche davon sollte (unter welchen Umständen) ausgewählt werden?

Beispiele

Da gibt es z. B. den veralteten Ausdruck *Fräulein*, den zuweilen noch ältere Herren gebrauchen, oder die ungebräuchlich gewordene Bezeichnung *Frauenzimmer*. Daneben kennt jeder Muttersprachler den Ausdruck *Dame* (gehoben), *Frau* (neutral), *Weib* (Frau als weibliches Wesen; abwertend, veraltet) oder *Weibchen* (bei Tieren; Frau als Geschlechtswesen oder zärtliche Verkleinerungsform). Süddeutsche kennen zudem regionalspezifische Formen wie *Weiberl* (bayerische Verkleinerungsform) oder *Weible* (schwäbische Verkleinerungsform). Schließlich findet man in Wörterbüchern auch einen Ausdruck, der in vielen Sprachen und Kulturen auch heute noch eine Rolle spielt, im Deutschen jedoch kaum noch gebraucht wird: *Jungfrau* (vgl. Englisch *virgin*, Türkisch *bakire*).

Die von einem Sprecher gewählte Bezeichnung läßt Rückschlüsse auf seine Einstellung zur bezeichneten Person zu, sie läßt aber auch Rückschlüsse auf die Einschätzung zu, die dieser Person durch die Gesellschaft zuteil wird. Lerner einer fremden Sprache müssen solche Differenzierungen zunächst vernachlässigen. Sie konzentrieren sich erst einmal auf „Allerweltswörter" wie *Ding, Person* oder *gehen* (als Bezeichnung für unterschiedliche Arten der Fortbewegung).

Allerweltswörter

Welche der Bezeichnungen für eine weibliche Person sollten nun im Sprachunterricht zuerst vermittelt werden? Theoretisch könnte ein Lerner des Deutschen als Zweit- oder Fremdsprache mit dem Wort *Dame* beginnen. Aufgrund einer besonderen Lernsituation wäre so etwas durchaus denkbar. Von einem lernökonomischen Standpunkt aus betrachtet wäre dies freilich nicht sinnvoll. Denn *Dame* kann man nicht immer gebrauchen. Hingegen könnte mit dem neutralen Ausdruck *Frau* in fast allen Kontexten eine weibliche Person bezeichnet werden. Folglich sollten zuerst solche „neutralen" (bzw. „unmarkierten") Ausdrücke vermittelt werden.

Lerner orientieren sich an neutralen Formen

Man hat herausgefunden, daß sich Lerner tatsächlich an solchen neutralen (bzw. unmarkierten) Formen orientieren, und zwar unabhängig von dem ihnen dargebotenen sprachlichen Material. Diese Tendenz, zuerst neutrale (d. h. auch: globaler verwendbare) Formen wie *die* oder *Frau* aufzugreifen, zeigen Lerner nicht nur bei der Auswahl neuer Wörter, sondern auch beim Lernen morphologischer Elemente und syntaktischer Strukturen (vgl. dazu auch Oomen-Welke 1988).

5.2.2 Zur Aneignung syntaktischer Strukturen

Ähnlich wie beim Erstspracherwerb wird im Bereich der Syntax die sog. „Normalform" im Deutschen (Stellung des einfachen Aussagesatzes mit der Abfolge: Subjekt, Verb bzw. Prädikat, Objekt) vor stilistischen Varianten (z. B. Inversion) erlernt, auch wenn kein Lehrer steuernd in die Erwerbsprozesse eingreift (vgl. Pienemann 1981; Clahsen u. a. 1983). Und auch der weitere Ausbau der Lernersprache weist Entwicklungstendenzen auf, die sich als E r w e r b s s t a d i e n beschreiben lassen.

Nehmen wir die Normalform des deutschen Satzes. Im Einwortstadium dominieren in der Regel Nomen und Verben. Erste Kombinationen setzen sich daher auch meist aus diesen beiden Wortarten zusammen. Im Laufe der Lerner-Geschichte kommt es zu einer schrittweisen Entfaltung der Verbalphrase, wobei zumeist folgende Stadien durchlaufen werden:

idealisierte Entfaltung der Verbalphrase

Struktur	Beispiel
(1) V	[*kaputt*]
(2) V + PP	[*spielen mit Ball*]
(3) V + NP	[*essen Apfel*]
(4) V + PP + PP	[*geht mit mein Mama in Hause*]
(5) V + NP + PP	[*sitzt ein Apfel in der Baum*]

Zeichenerklärung: V – Verb, NP – Nominalphrase, PP – Präpositionalphrase

Stadien können nacheinander oder gleichzeitig oder gar nicht durchlaufen werden

Obwohl die Lerneräußerungen noch nicht den zielsprachlichen Normen entsprechen, sind die Tendenzen doch deutlich erkennbar. Einschränkend müssen wir aber anmerken, daß diese Stadien Idealisierungen sind. Es ist durchaus möglich, daß ein Lerner Stadien nicht nacheinander, sondern gleichzeitig durchläuft (beispielsweise (2) und (3)) oder ein bestimmtes Stadium überhaupt nicht erreicht und seine Äußerungen weiterhin einem Zufallsprinzip folgen.

Ähnliches gilt für die unten angeführte Erwerbsreihenfolge, die für Verben herausgearbeitet wurde (vgl. Dittmar 1978, 225). Denn neben Belegen für diese Reihenfolge gibt es auch solche, die zeigen, daß Kopulaverben vor oder auch mit Modalverben erworben werden können (vgl. Pienemann 1981, 36f.; Clahsen u. a. 1983, 102ff.).

Verb →

Modalverb + Infinitiv →
[*möchte spielen*]

Kopulaverben →
[*sein, werden, bleiben, ...*]

Hilfsverben
[*haben, sein*]

Erwerbsstadien im syntaktischen Bereich

Wenn erste Strukturen des deutschen Satzes erworben wurden, beginnen die Lerner, wahrscheinlich angeregt durch Stellungsvarianten in Formeln, Umstellungen im Satz vorzunehmen. Auch hier hat man Erwerbsstadien identifiziert, von denen man glaubt, daß sie sowohl für Kinder als auch für erwachsene Lerner Gültigkeit haben (vgl. Clahsen u. a. 1983, 128ff.):

1. Einwortphase [Einzelwörter und Formeln]
2. Mehrwortphase
3. Adverb-Voranstellung (erfordert zur korrekten Ausführung die Inversion)
   [*Die Leute arbeiten hier.* → * *Hier die Leute arbeiten.*]
4. Partikelregel (bringt Partizipien, Infinitive und nichtflektierte Teile trennbarer Verben ans Satzende)
   [* *Dieses Jahr haben richtige Urlaub gemacht.*]
5. Subjekt-Verb-Inversion [*Was lernt man da?*]
6. Nebensätze mit Verbendstellung.

Beschreibungen solcher Erwerbsstadien wurden auch für die Negation vorgelegt. Da zu diesem Bereich sowohl Daten über die Aneignung in formellen (Weinert 1987; Eubank 1987, 1990; Sadownik/Vogel 1991) als auch in informellen Kontexten (vgl. Wode 1981, 91ff.; Felix 1982, 20ff.) vorliegen, sollen diese Ergebnisse hier exemplarisch dargestellt werden.

5.2.3 Zur Aneignung der Negation

Da die meisten Sprachen über mehrere Negationsmöglichkeiten verfügen (im Deutschen z.B. *nein, nicht, kein, niemand, nichts* sowie Mittel der Wortbildung, z. B. *un-*), müssen die Lerner zunächst auswählen. Auch hier gilt, daß zuerst die Formen aufgegriffen werden, die allgemeiner verwendet werden können, im Deutschen z. B. *nein*. Felix glaubt nun, aufgrund unterschiedlicher Daten, die sowohl aus dem Bereich des Erstspracherwerbs als auch aus dem des Zweitspracherwerbs stammen, folgende Phasen der Aneignung unterscheiden zu können:

Phase 1: die holophrastische Negation (Ein-Wort-Negation z. B. *nein*)

Phase 2: die satzexterne Negation (d. h. NEG-S, z. B. *nein helfen*, meint: *(du) sollst nicht helfen*)

Phase 3: die satzinterne Negation (d. h. X-Neg-Y bzw. X-Neg-V-(-Y), z. B. *ich nein schlafen* oder *ich nicht weiß*; etwas später X-V-Neg-Y, z. B. *ich kann nicht*; (X und Y können Einzelelemente oder Ketten von Elementen sein, V bedeutet Verb).

Phase 1

Während der e r s t e n Phase übernimmt das Negationselement *nein* unterschiedliche Aufgaben. Es wird z. B. nicht zwischen der Negation eines Satzes oder eines Wortes (bzw. einer Konstituente) unterschieden (vgl. dazu auch Clahsen u. a. 1983, 123ff.). Signalisiert wird damit, daß etwas nicht verstanden (vgl. (1)), verneint (vgl. (2)) oder zurückgewiesen wurde (vgl. (3)) oder seine Nichtexistenz behauptet wird (vgl. (4); die Beispiele (1) – (3) stammen aus: Felix 1982, 22).

Beispiele

(1) A: *Wer hat dir das gesagt?*
B: *Nein.*

(2) A: *Wollen wir ein Spiel machen?*
B: *Nein.*

(3) A: *Bist du fleißig?*
B: *Nein.*

(4) A: *Hast du Geld?*
B: *Nein.*

Diese Einwortphase (man spricht auch von „anaphorischer Negation", weil sich das Negationselement auf das vorher Gesagte bezieht) dauert beim Erstspracherwerb länger als beim nachzeitigen Zweitspracherwerb. Denn das Verneinen muß in einer fremden Sprache ja nicht mehr gelernt werden, sondern nur noch die entsprechenden Äußerungsformen.

Phase 2

In der z w e i t e n Phase werden die Negationselemente auch vor eigenen Äußerungen plaziert (vgl. (5) und (6)):

(5) *nein spielen* (gemeint: *Du sollst nicht spielen.*)

(6) *nicht schön*

Lerner scheinen während dieser Zeit intuitiv davon auszugehen, daß das, was auf *nein* (bzw. NEG) folgt, dadurch „entwertet"/„verneint"/„zurückgewiesen" bzw. für „nicht existent" erklärt wird. Mit anderen Worten: Das Negationselement *nein* (später auch *nicht* bzw. verkürzt *nich*) steht unmittelbar vor dem Element, auf das es sich bezieht (vgl. NEG-X; (7) und (8) aus: Sadownik/Vogel 1991, 163).

(7) *nein ich bin faul*

(8) *nein am Nachmittag*

Clahsen u. a. sprechen in diesem Zusammenhang von einer „semantisch motivierten Verneinungs-Strategie", durch die „zugrunde liegende semantische Ausdrücke klar und eindeutig ausgedrückt" werden (vgl. Clahsen u. a. 1983, 125).

Wenn man bedenkt, daß die Äußerungen, die ein Lerner in informellen Kontexten zu hören bekommt, eine Vielzahl von Stellungsvarianten mit Negationselementen aufweisen (vgl. z. B. *nein, mach das nicht!*, *ich versteh nicht*, *das darfst du nicht machen* oder *(...), daß ich nicht spielen will*), so ist es eigentlich verwunderlich, daß *nein* und *nicht* relativ konsequent vor dem zu negierenden Ausdruck gebraucht werden.

Möglicherweise wirkt sich auch hier das „Eins-zu-eins-Prinzip" aus, auf das bereits oben im Zusammenhang mit der Bedeutungsdifferenzierung und dem Erwerb syntaktischer Strukturen hingewiesen wurde. Übertragen auf die Aneignung der Negation würde es die Tendenz von Lernern, in der Anfangsphase das Negationselement immer an der gleichen Stelle zu plazieren, erklären (vgl. Andersen 1984, 81).

Die Struktur NEG + X wird in Phase 3 durch die Struktur X + NEG + Y (die sogenannte „satzinterne Negation") abgelöst. Spätestens in dieser Phase läßt sich auch der Gebrauch von *nicht* beobachten. In Vollverbsätzen finden wir NEG meist vor dem Verb, in Kopula- und Auxiliarsätzen oftmals schon postverbal, d. h. korrekt gebraucht, wie die folgenden Beispiele zeigen: Phase 3

(9) *ich nein heiße Murat*

(10) *ich kann nicht*

(11) *du kannst nicht das*

Die Satznegation wird jedoch erst dann beherrscht, wenn die Verb-Endstellungs-Regel erworben wurde, d. h., wenn ein Lerner Nebensatzkonstruktionen bewältigt. Nun kann auch das Neg-Element an das Satzende bzw. hinter das Verb „verschoben" werden, so daß Satznegationen folgender Art entstehen:

(12) *du kannst das nicht*

(13) *ich heiße nein Helga*

(14) *ich bin nicht müde*

(15) *er lernt nicht gern*

Auch in anderen europäischen Sprachen lassen sich die beschriebenen Entwicklungsstadien beobachten. Im Englischen wird z. B. als erstes Negationselement *no* und nicht *not* aufgegriffen, im Französischen *non* und nicht *ne ... pas* (vgl. Felix 1982, 21). Handelt es sich hierbei also um (mehr oder weniger) feste Erwerbsabfolgen bei der Aneignung der Negation, wie Felix glaubt? Müssen die skizzierten Phasen von allen Lernern durchlaufen werden? Wir wollen uns dazu einmal ansehen, wie die Negation im Türkischen als Erstsprache – einer nichteuropäischen Sprache – erworben wird.

Zum Erwerb der Negation im Türkischen

Im Türkischen gibt es ein Element zur Existenzverneinung (*yok*), eines zur Verneinung von Substantiven, Adjektiven und nominalen Prädikaten (*degil*), den Ausdruck *hayir*, der in etwa dem deutschen *nein* entspricht, sowie Wortbildungsmöglichkeiten mit *-mI* und *-mEz*, die im Deutschen mit *nicht* wiedergegeben werden (vgl. *gelmedi – er kam nicht*; *olmaz – unmöglich* bzw. *nicht möglich*). Wenn nun die oben beschriebene Erwerbsabfolge auch für das Türkische gelten würde, so müßte in der Anfangsphase des Erstspracherwerbs *hayir* gebraucht werden.

Abweichung von den postulierten Phasen

Tatsächlich lassen sich aber andere Vorgehensweisen beobachten. Anfangs werden z. B. nonverbale Mittel (Kopf wird in den Nacken gehoben, meist verbunden mit einem Schnalzgeräusch) oder die Endung *-mI* aufgegriffen, manchmal auch über längere Zeit *degil* gebraucht (vgl. Aksu-Koc/Slobin 1985, 849f.). Mit anderen Worten: Die oben skizzierte Erwerbsabfolge scheint für das Türkische nicht zu gelten: Die anaphorische Phase ist offenbar auf nonverbale Mittel beschränkt, eine präverbale Phase scheint nicht zu existieren. Übrigens gibt es Sprachen (z. B. das Polnische), die die postverbale Negation nicht kennen. Wenn nun behauptet wird, daß eine „rigide Ordnung" existiere und diese „quer durch alle Sprachen, Erwerber und Erwerbstypen" (Felix 1982, 21) durchlaufen werden müsse, so darf an der Gültigkeit der Aussage gezweifelt werden, weil z. B. sprachtypologische Bedingungen nicht in ausreichendem Maße berücksichtigt wurden.

5.2.4 Zur Aneignung unter formellen Bedingungen

Entwicklungsstadien sind Idealisierungen von Entwicklungstendenzen

Wir haben gesehen, daß Entwicklungsstadien Idealisierungen sind. Mit ihnen wird versucht, allgemeine Entwicklungstendenzen so zu beschreiben, daß die zugrunde liegenden Entwicklungsmuster leichter erkennbar werden. Dadurch werden diese Idealisierungen zu Hilfsmitteln bei der Einordnung und Beurteilung lernersprachlicher Äußerungen. Es sollte aber nicht vergessen werden, daß Stadien auch gleichzeitig durchlaufen werden können oder – wie im Falle von Fossilierungen – sozusagen außerhalb der Reichweite bleiben.

Wie wirken sich nun Steuerungsversuche im Unterricht auf die Aneignung der Negation des Deutschen aus? Werden dieselben Entwicklungsstadien durchlaufen wie beim Erstspracherwerb?

Gewöhnlich versuchen Lehrer, die Negation des Deutschen so einzuführen, daß das sprachliche Material für Lerner möglichst klar und durchschaubar bleibt. Mit anderen Worten: Die strukturelle Komplexität wird bewußt reduziert, d. h., ein Phänomen wie die Negation wird schrittweise eingeführt und geübt, damit die kognitive Verarbeitbarkeit gewährleistet bleibt.

Andererseits werden im Sprachunterricht von Anfang an „richtige Äußerungen" vermittelt und intensiv geübt. Es wird also nicht nur auf die „Durchschaubarkeit" sprachlicher Formen geachtet, sondern zugleich – und anders als beim Erstspracherwerb oder in informellen Situationen – die Sprachrichtigkeit betont. Dennoch werden von Schülern nicht nur korrekte Formen produziert, wie die folgenden Beispiele zeigen (vgl. Weinert 1987, 92):

Untersuchung von Weinert

I A: *Lernst du Karate?*

B: *Nein, lernst du gern nicht Karate?*

II A: *Bist du groß?*

B: *Nein bist du groß?*

Nach entsprechenden Übungsphasen werden dennoch 90% der Äußerungen mit Negationselementen von Lernern richtig gebraucht. Macht also Übung doch den Meister?

Formeln

Nach Weinerts Auffassung zeigen solche Äußerungen, daß Lerner mit „sprachlichen Versatzstücken" (bzw. Formeln) arbeiten, die sie noch nicht beherrschen und offensichtlich auch noch nicht durchschauen. Strukturen, wie die in I und II werden im ersten Jahr des Deutsch-als-Fremdsprache-Unterrichts in England von den beobachteten Schülern bereits zu 90 % korrekt gebraucht. Dies gilt auch für postverbale Negationen. Dieser Prozentsatz sinkt aber im zweiten Lernjahr auf ca. 60 % ab (vgl. Weinert 1987, 92ff.). Wodurch kommt es zu diesem Rückgang?

Weinert vermutet, daß die intensive Behandlung während des ersten Lernjahres den hohen Prozentsatz scheinbar richtiger Gebrauchsweisen bedingt. Die Vernachlässigung der Negation im zweiten Lernjahr führt dann zu einem Rückgang richtiger Äußerungen und zu einem Anwachsen von Formulierungen, wie wir sie aus dem informellen Zweitspracherwerb bereits kennen: Satzexterne Negation mit Negation von Einzelwörtern oder Phrasen (d. h. Überwindung der anaphorischen Negation), präverbale und schließlich postverbale Negation.

Ein weiteres Argument für die oben beschriebene Erwerbsabfolge der Negation im Deutschen sieht Weinert darin, daß trotz intensiven Übens im ersten Lernjahr keine Sicherheit im Umgang mit *nicht* und *kein* erreicht wird. Obwohl *kein* in diesem Deutschkurs erst einige Zeit nach *nein* eingeführt wurde und *nicht* erst zwei Monate nach *kein*, kam es immer wieder zu Verwechslungen von *nicht* und *kein*.

Abschließend stellt Weinert fest, daß trotz anfänglicher Erfolge im ersten Lernjahr, die sich über den Gebrauch von F o r m e l n erklären lassen, die Negation des Deutschen von den Schülern nicht wirklich gemeistert wurde. Erst im Verlaufe des zweiten Jahres (bis hin zum vierten Unterrichtsjahr) durchlaufen die Schüler die oben beschriebene Abfolge: satzexterne Negation, satzinterne Negation, präverbale und schließlich postverbale Negation. Da diese Erwerbssequenz sich nicht auf die im Unterricht präsentierten Sprachdaten zurückführen läßt, nimmt Weinert an, daß diese Abfolge entwicklungsbedingt sein müßte und in Curricula daher berücksichtigt werden sollte (vgl. Weinert 1987, 96).

Untersuchung von Eubank

Von einem anderen Versuch berichtet Eubank (1987). In der von ihr untersuchten Lernergruppe wurde mit der Satznegation begonnen. Tatsächlich produzierten Lerner in diesem Deutschkurs schon bald Sätze wie (16):

(16) *Peter raucht nicht.*

Lerner gebrauchten in diesem Kurs auch schon früh satzinterne und postverbale Formen der Negation (vgl. Eubank 1990, 91).

Viele DaF-Lehrwerke beginnen mit der – bezogen auf die oben skizzierte Abfolge – zweiten Phase der Negation (vgl. Neg + X z. B. *Vorwärts*, Lektion 3; *Themen*, Lektion 1). Anders als in der oben skizzierten Abfolge werden dabei für X ganze Sätze verwendet. Teilweise wird sogar gleichzeitig ein weiteres Negationselement eingeführt, wodurch die Angelegenheit für die Lerner zweifellos „verkompliziert" wird, wie folgende Beispiele zeigen (vgl. (17) *Themen*, S. 13; (18) *Vorwärts*, S. 20):

(17) *Nein, sie kommt aus Frankreich.*

(18) A: *Bist du krank?*

B: *Nein, ich bin nicht krank.*

Es ist zu vermuten, daß Lerner, die mit Lehrwerken dieser Art arbeiten, die holophrastische Phase überspringen oder mit der Produktion der satzinternen N e g a t i o n beginnen.

Untersuchung von Sadownik/Vogel

Andere Ergebnisse werden von Sadownik/Vogel (1991) vorgelegt. Allerdings muß einschränkend angemerkt werden, daß die „Lehrstoffprogression" dieser Autoren sich an der oben beschriebenen Erwerbsabfolge zu orientieren scheint. Ihre Ergebnisse sollten daher mit Vorsicht interpretiert werden. Im Hinblick auf den Fremd- bzw. Zweitsprachunterricht scheinen vor allem drei Punkte von Interesse:

1. „Die Schüleräußerungen weisen Strukturen auf, die nicht auf das Lernziel (z. B. Aneignung der Negation) ausgerichtet sind, d. h. von der erwarteten Progression abweichen. Solche Abweichungen von einem Lernweg sind sowohl für den L1- als auch für den ungesteuerten L2-Erwerb belegt." (S. 162)

2. „Individuelle Variation ist nur in bezug auf die Geschwindigkeit, mit der einzelne Stadien durchlaufen werden, feststellbar, nicht jedoch in bezug auf die Abfolge der Stadien." (S. 163)

3. „Korrekturen durch den Lehrer führen nur zu kurzfristigem Erfolg." (S. 163) „Fehler (verschwinden) zu einem gewissen Zeitpunkt in der Entwicklung quasi wie von selbst." (S.165)

Die Übereinstimmungen mit den Beobachtungen von Weinert sind offensichtlich. Tatsächlich scheint die Aneignung der Negation im Deutschen in einer bestimmten Reihenfolge abzulaufen. Überraschend für den Lehrer dürfte dabei sein, daß sich die Stadien auch unter formellen Bedingungen durchzusetzen scheinen, selbst wenn die Datenpräsentation und die sich anschließenden Übungsphasen von dieser Abfolge abweichen und die Lerner die N e g a t i o n bereits zu beherrschen scheinen. Eine solche scheinbare Beherrschung eines sprachlichen Phänomens bezeichnet man auch als „Pseudoerwerb". Welche Ursachen für die Abfolgen verantwortlich sein könnten, darüber wird gegenwärtig spekuliert.

„Pseudoerwerb"

Bevor wir auf mögliche Konsequenzen für den Unterricht eingehen wollen, müssen wir jedoch noch auf Grenzen und Probleme aufmerksam machen. Sadownik/Vogel weisen selbst darauf hin, daß ihre Ergebnisse „nicht auf alle Bereiche der Sprache (...) in gleichem Maße zutreffen" dürften. (S. 167) Es erscheint insgesamt verfrüht, daraus weitergehende Schlußfolgerungen zu ziehen.

Zu Recht weist Lightbown darauf hin, daß vor allem der Einfluß der Erstsprache (bzw. vorher gelernter Sprachen) von großer Bedeutung für Aneignungsprozesse sein dürfte (vgl. Lightbown 1985, 269). Wenn sich die Aneignung der Negation im Türkischen oder Polnischen (als Erstsprache) aber tatsächlich von der Aneignung der Negation im Deutschen (als Erstsprache) unterscheidet, so scheint es zumindest wahrscheinlich, daß Türken (bzw. Lerner mit nichteuropäischen Erstsprachen) oder Polen sich die deutsche Negation auf anderen Wegen erschließen werden als z.B. Engländer, Franzosen oder Spanier. Mit anderen Worten: Die Ergebnisse der Zweitspracherwerbsforschung dürften für Lerner mit westeuropäischen Ausgangssprachen und Deutsch als Zielsprache eine gewisse Relevanz besitzen. Es ist gegenwärtig jedoch unklar, ob die angeführte Abfolge auch für Lerner mit anderen Erstsprachen (bzw. Ausgangssprachen) Gültigkeit hat.

Aus Erfahrung wissen wir, daß es sowohl Erwachsene als auch Kinder gibt, deren Lernersprachen früh Fossilierungen aufweisen, und, daß sich diese trotz „natürlicher Sprachkontakte" kaum mehr verändern. Daraus können wir schließen, daß die bisherigen Untersuchungen über Erwerbssequenzen dem Einfluß der Erstsprache auf Aneignungsprozesse und dem sozialen Umfeld offenbar zu wenig Beachtung geschenkt haben und zu sehr auf Einzelphänomene fixiert waren (vgl. dazu auch die kritischen Anmerkungen zum Negationserwerb bei Klein 1984, 101ff.).

Unter den genannten Einschränkungen kann dennoch festhalten werden, daß es offenbar in einem sprachlichen Kernbereich neben der N e g a t i o n noch eine Reihe anderer Phänomene zu geben scheint (vgl. z. B. F r a g e, Wortstellung), für die E r w e r b s - a b f o l g e n zu existieren scheinen.

Aufgabe 73

Überprüfen Sie, wie in den Ihnen zugänglichen Deutsch-Lehrwerken die Negation eingeführt und vertieft wird.

5.2.5 Entwicklungssequenzen im Unterricht

Erwerbsstadien in einem Kernbereich

Die Berücksichtigung von Erwerbsstadien könnte bei der Planung und Durchführung von Unterricht hilfreich sein. Allerdings scheint die jeweilige Erstsprache (als Sprachlernvoraussetzung) sowie das soziale Umfeld Einfluß darauf zu haben, wieviel Zeit zum Durchlaufen einer bestimmten Phase gebraucht wird und welche sprachlichen Varianten und Fossilierungen auftreten.

Dennoch könnte Wissen über Entwicklungsstadien Lehrern bei der Beurteilung von Lerneräußerungen helfen. Allerdings muß damit gerechnet werden, daß ein bestimmter Indikator (z. B. Ja/Nein-Fragen) nicht immer das gleiche Erwerbsstadium repräsentiert. Wir wissen, daß ein Lerner in einem Bereich hinter seiner Lerngruppe zurückbleiben kann, während er ihr in einem anderen vorauseilt. Einzelphänomene müßten also auf dem Hintergrund des jeweiligen Lernersprachsystems betrachtet und in Bezug zu einem „normalen Entwicklungsverlauf" gesetzt werden können.

Was bedeutet das für den Sprachunterricht?

1. Üben scheint in den „Kernbereichen" von begrenztem Wert zu sein, wenn nicht der Sprachstand (Entwicklungsstadium) der Lerner und vorherrschende Präferenzen und Entwicklungstendenzen berücksichtigt werden. Erst wenn ein bestimmter Sprachentwicklungsstand erreicht wurde und zu erwarten ist, daß die Lerner beginnen werden oder daß sie gerade beginnen, sich um ein sprachliches Phänomen (z. B. die Satznegation) zu bemühen, dürften sich entsprechende Vorgaben oder Übungen im Unterricht positiv auswirken. Wird hingegen ein bestimmtes sprachliches Phänomen oder eine dafür vorgesehene Übungsphase zu früh angesetzt, so kann ein Lehrer viel Energie und Zeit verschwenden. Er wird seinen Schülern das Lernen dadurch nicht erleichtern. Manche von ihnen wird er sogar entmutigen und ihnen so eine negative Einstellung zu künftigen Lernaufgaben vermitteln. Statt Neugier und Experimentierfreude werden sich Minderwertigkeitsgefühle, Angst und Abwehrhaltungen breitmachen.

2. In einigen Bereichen scheint es Parallelen zwischen dem Erst- und dem Zweitspracherwerb zu geben. Lehrer sollten sich über solche Parallelen genau informieren, z.B. über die Wortbedeutungsentwicklung oder über die „Gleichförmigkeit des Entwicklungsablaufs in der Erstsprache" (vgl. Kap. 2.1.2). Gleichzeitig sollte auf die Entwicklung von Übergangsformen und den Gebrauch von sprachlichen Formeln geachtet werden, um so ein möglichst umfassendes Bild vom Entwicklungsstand, von Entwicklungstendenzen und Lernpräferenzen einzelner Lerner zu gewinnen.

3. Da Auswahl- und Lernprozesse bei der Aneignung fremder Sprachen von Lernern zum größten Teil selbst gesteuert werden, sollten Lehrer ihre „Angebote" im Unterricht immer nur als „unterstützende Maßnahmen" verstehen und die Lerner in Auswahlprozesse nach Möglichkeit einbeziehen.

4. Schließlich sollte man nicht vergessen, daß unterschiedliche Lernvoraussetzungen (z. B. Erstsprachen), Erwerbsbedingungen und Lernwege (z. B. bedingt durch das Erlenen anderer fremder Sprachen) gewöhnlich mit der Entwicklung verschiedener Lernersprachsysteme verbunden sind, was sich z. B. an einer größeren oder geringeren Anzahl von Fossilierungen bemerkbar machen kann und bei der Unterrichtsvorbereitung angemessen berücksichtigt werden sollte.

Zusammenfassung

Lernersprachen gelten als eigene sprachliche Systeme, die eine große Variationsbreite und, während einer Übergangszeit, auch viele Inkonsistenzen aufweisen. Es sind Systeme, die sich anfangs durch bestimmte Merkmale (Auslassungen bzw. Vernachlässigungen, reduktive und elaborative Vereinfachungen, Übergeneralisierungen, Hyperkorrektheiten, Eins-zu-eins-Zuordnungen, Vorherrschen unmarkierter Elemente, Fossilierungen, Formeln und „Wellenbewegungen") auszeichnen.

Grundsätzlich scheint zu gelten, daß Lerner leicht Wahrnehmbares, leicht Durchschaubares sowie kommunikativ Relevantes und häufiger Gebrauchtes rasch aufnehmen und verarbeiten. Weniger Augenfälliges sowie semantisch oder syntaktisch komplexere Formen oder Strukturen werden dagegen meist erst später gelernt.

Unter dem Zwang zur Verständigung können spezifische Vereinfachungen entstehen, können Formen vernachlässigt oder verkürzt gebraucht werden. Letztere werden – sofern die Erwerbsbedingungen nicht ungünstig sind – in einem fortgeschrittenen Stadium ersetzt und weiter differenziert, bis die zielsprachliche Norm oder die Kontaktvariante (d. h. der Sprachgebrauch, der in einer bestimmten Region vorherrscht, z. B. ein Dialekt oder ein Soziolekt) erreicht wird. Letztere wird z. B. bei Zweitsprachlernern, die viel informellen Kontakt haben, bedeutsam, weil sich diese Lerner vielfach eine umgangssprachliche Varietät und nicht die hochsprachliche (an Schrift orientierte) Norm aneignen.

Gewöhnlich entwickelt sich die Lernersprache nicht linear von der Ausgangs- zur Zielsprache, sondern eher wie bei einem „wellenartigen Aufschaukeln", das manchmal schneller, manchmal langsamer und manchmal gar nicht vorangeht, zuweilen sogar rückläufig zu sein scheint (vgl. Abb. S. 116). Vor allem aber ist diese Entwicklung leicht störbar.

Im Bereich des Wortschatzes und der Syntax konzentrieren sich die Lerner zunächst auf einen Kernbereich neutraler (d. h. unmarkierter) Formen. Während grammatische Eigenschaften einzelner Wörter (teilweise mit Hilfe von Formeln) erschlossen werden und sich Lerner durch intensivere sprachliche Kontakte auch Kenntnisse über implizite Wertungen und Wortbildungsmöglichkeiten aneignen, scheinen in einem grammatischen Kernbereich Entwicklungssequenzen zu existieren, die unabhängig vom Alter der Lerner durchlaufen werden. Ob diese E r w e r b s s t a d i e n von allen Lernern durchlaufen werden müssen, ob sie vor allem auch bei Lernern mit außereuropäischen Erstsprachen für das Deutsche nachweisbar sind, ist gegenwärtig jedoch unklar.

Es wurde kritisiert, daß Erwerbsstadien bisher nur für isolierte Einzelphänomene (z.B. Negation, Frage, Verben, Verbalphrase, Wortstellung) ausgewählter europäischer Sprachen beschrieben wurden und der Nachweis für außereuropäische Sprachen (bezogen auf das Deutsche) noch aussteht. Unbefriedigend ist unser Kenntnisstand gegenwärtig auch hinsichtlich der Interdependenzen zwischen einzelnen Phänomenen sowie im Hinblick auf zeitliche Verschiebungen und mögliche Variationsbreiten innerhalb eines „normalen Entwicklungsverlaufs".

Für einen Lehrer, der Lerneräußerungen beurteilen muß, ist es daher häufig nicht entscheidbar, ob eine Lerneräußerung einen normalen Entwicklungsverlauf widerspiegelt oder lernerspezifische (individuelle) Varianten, die durch externe oder interne Einflüsse entstanden sind. Folglich sollten Aussagen über Sprachentwicklungsstadien einzelner Lerner mit Vorsicht und vor allem auf Widerruf gemacht werden.

Aufgabe 74

Welche Probleme können beim Lernen und Gebrauchen von Wörtern einer fremden Sprache auftreten? Wodurch kann es dabei zu Mißverständissen kommen?

Aufgabe 75

Weshalb bereitet es Schwierigkeiten, den Sprachentwicklungsstand eines Lerners zu beurteilen? Begründen Sie Ihre Auffassung.

Weiterführende Literatur:

Clahsen, H. u. a. (1983): *Deutsch als Zweitsprache, Der Spracherwerb ausländischer Arbeiter.*

Felix, S. W. (1982): *Psycholinguistische Aspekte des Zweitsprachenerwerbs* [darin: Kap. 5, Der Erwerb der Negation].

Klein, W. (1984): *Zweitspracherwerb, Eine Einführung* [darin: Kap. 6.2.2, Der Erwerb der Negation].

Wode, H. (1988): *Einführung in die Psycholinguistik, Theorien, Methoden, Ergebnisse* [darin: Register-Stichwort *Negation*].

6 Theorien über die Aneignung fremder Sprachen

Die bisherige Darstellung war weitgehend an Phänomenen und Untersuchungsergebnissen orientiert. Konzeptionelle Überlegungen wurden zumeist nur indirekt einbezogen. Deshalb sollen an dieser Stelle konzeptionelle Grundpositionen nochmals verdeutlicht werden.

Im Zusammenhang mit dem Erstspracherwerb haben wir auf drei Erklärungsversuche hingewiesen. Der rationalistische (oder auch „nativistische") Theorieansatz versucht den Spracherwerb global über biologische oder genetische Voraussetzungen zu erklären. Verfechter dieses Ansatzes sind Linguisten und Psycholinguisten insbesondere der Chomsky-Schule. Der Empirismus (Vertreter sind Sprachpsychologen) gehen hingegen davon aus, daß das jeweilige Umfeld entscheidend ist für den Erwerb, wobei zur Erklärung einerseits kognitive Fähigkeiten eines Lerners, andererseits sozial-interaktive Aspekte herangezogen werden. Jeder dieser Ansätze betont also andere Voraussetzungen. Keiner ist in der Lage, das komplexe Phänomen Spracherwerb angemessen zu erklären. Es gibt einen Versuch, diese Ansätze zu kombinieren und daraus eine umfassendere Zweitspracherwerbstheorie zu konstruieren (vgl. Krashen u. a. 1982). Wir werden diesen eklektizistischen Ansatz hier aber vernachlässigen, weil er viele spekulative Elemente enthält.

6.1 Linguistische Erklärungsversuche

Bereits oben haben wir auf die Argumente hingewiesen, die zur Stützung der Auffassung vorgebracht werden, daß jeder Spracherwerb weitgehend biologisch „programmiert" ist. Es waren dies vor allem unzulängliche Eingabedaten. Auf ihrer Grundlage solle es nicht möglich sein, so die Argumentation, ein korrektes Regelsystem einer Sprache zu konstruieren. Diese zentrale Annahme wurde inzwischen durch empirische Untersuchungen in Frage gestellt (vgl. Kap. 2.3.1). Damit ist natürlich auch die Vorstellung von einem angeborenen „Spracherwerbsmechanismus" (LAD = Language Acquisition Device) problematisch geworden.

In den letzten Jahren wurden die beiden genannten Argumente („unzulängliche Eingabedaten" und „angeborener Spracherwerbsmechanismus") durch neue Begriffe ergänzt. Es sind dies: *Markiertheit* und *Basis-Grammatik* (vgl. Ellis 1986, 190f.; McLaughlin 1987, 82ff.). Neu ist in diesem Zusammenhang die Unterscheidung zwischen markierten und unmarkierten Elementen (z. B. Wörtern, vgl. Kap. 5.2.1) und zwischen Kern- oder Basisgrammatik und peripherer Grammatik.

Die Basisgrammatik gilt als leichter erlernbar, ähnlich wie unmarkierte Wörter einer fremden Sprache. Hingegen glauben die Forscher, daß markierte Wörter (z. B. *schlendern* im Gegensatz zum unmarkierten *gehen*) oder Strukturen aus peripheren Bereichen (im Deutschen z. B. Konjunktiv II) schwerer erlernbar sind. Auch glaubt man, daß Abweichungen in Erwerbsabfolgen durch unterschiedliche Markiertheitsgrade in einer Sprache bedingt sein könnten. Nachweise wurden dafür allerdings noch nicht erbracht.

These: universelle Prinzipien regeln Aneignung

Vertreter dieses Ansatzes gehen auch davon aus, daß die Aneignung weiterer Sprachen universellen Prinzipien unterworfen ist. Erwerbssequenzen werden als Folge des Einflusses solcher universeller Prinzipien (z. B. das Prinzip „eins-zu-eins", vgl. S. 115) betrachtet. Wie wir gesehen haben, scheint dies tatsächlich für einen Kernbereich (insbesondere bei verwandten Sprachen) zuzutreffen.

Im Rahmen dieses Theorieansatzes wurde das Transferproblem neu diskutiert. Abweichungen vom üblichen Erwerbsverlauf (von unmarkierten zu markierten Formen, vgl. z. B. die unmarkierte „holophrastische Negation" und die markierte „postverbale Negation" mit *nicht*) können entstehen, so wird argumentiert, wenn Lerner Strukturen aus ihrer Erstsprache auf die fremde Sprache übertragen. Dadurch könne es (wider Erwarten) zur frühzeitigen Aneignung von markierten Formen einer fremden Sprache kommen. Insgesamt sollen unmarkierte Formen der Erstsprache eher in das Lernersprachsystem Eingang finden als markierte Formen (vgl. Ellis 1986, 191ff.).

Problem: Definition von Markiertheit

Im Zentrum dieser Theorie steht also die Unterscheidung „markiert : unmarkiert". Eines der Hauptprobleme besteht allerdings darin, den plausiblen Begriff der Markiertheit zu operationalisieren, d. h. festzustellen, welche Regeln als markiert und welche als unmarkiert zu gelten haben. Einerseits wird behauptet, daß unmarkierte Strukturen und Elemente früher (bzw. leichter) erworben werden, andererseits wird Markiertheit bzw. Unmarkiertheit mit Hilfe der Erwerbsreihenfolge definiert. Solche Zirkelschlüsse lassen auch die andere Unterscheidung (Basisgrammatik und periphere Grammatik) fragwürdig erscheinen (vgl. McLaughlin 1987, 105ff.). Außerdem wird in dieser Theorie die Variabilität und partielle Unvollständigkeit von Lernersprachsystemen vernachlässigt. Im übrigen gelten die im Kapitel 3.3.4 genannten einschränkenden Argumente.

Schwächen der Theorie

Eine interessante Variante dieses Ansatzes haben empirisch orientierte Sprachwissenschaftler entwickelt. Sie machten sich auf die Suche nach möglichen sprachlichen Universalien. So konnte Greenberg (1974) z. B. zeigen, daß Sprachen mit der grundlegenden Wortfolge Verb – Subjekt – Objekt immer über Präpositionen verfügen. Keenan/Comrie (1977) postulierten eine Relativsatz-Hierarchie, die inzwischen anhand von Experimenten überprüft und für korrekt befunden wurde. Und bezogen auf Transferprobleme stellt Eckman (1985, 250) fest, daß

- „Unterschiede zwischen Erstsprache und Zielsprache dann zu keinen besonderen Lernproblemen Anlaß geben, wenn die entsprechenden Strukturen in der Zielsprache nicht stärker markiert sind als in der Ausgangssprache. So werden z. B. Begrüßungsformeln im Deutschen und Polnischen ähnlich gebraucht (vgl. *guten Tag* und *dzien dobry*, was sowohl vormittags als auch nachmittags gebraucht werden kann). Anders ist dies im Englischen, wo zwischen *good morning* und *good afternoon* unterschieden wird.

- besondere Lernprobleme entstehen, wenn die Zielsprache Unterschiede aufweist, die stark (oder anders) markiert sind."

Insgesamt könnte der typologische Ansatz mit seinen Versuchen, sprachliche Universalien zu beschreiben, für Sprachlehrer einmal interessant werden. Gegenwärtig existieren leider nur wenige Einzeluntersuchungen (vgl. z. B. Dahl 1979 oder Lehmann 1984), deren Adaption für die Unterrichtspraxis erst noch geleistet werden muß.

6.2 Kognitionspsychologische Erklärungsversuche

Im Rahmen dieser Ansätze wird die Aneignung einer fremden Sprache als Erwerb einer komplexen kognitiven Fertigkeit bestimmt. Eine Zweitsprache zu lernen heißt folglich: Sich eine neue Fertigkeit (bzw. Fertigkeiten) aneignen (vgl. McLaughlin 1987, 133). Fertigkeiten werden gelernt und automatisiert. Kontrolle und Automatisierung von Teilfertigkeiten ist die Voraussetzung für die sprachliche Entwicklung, z. B. in anderen Bereichen oder auf einer Meta-Ebene. Erforscht wird unter anderem die Bedeutung von metasprachlichen und metakognitiven Prozessen, insbesondere die Relevanz von Lern- und Kommunikationsstrategien für die Aneignung einer fremden Sprache.

Lernen – im Rahmen dieser Theorie – bedeutet einerseits Anpassen an Lernaufgaben, indem Kategorien und/oder Strukturen modifiziert werden. Es bedeutet andererseits aber auch Erweiterung vorhandenen Wissens durch Einsicht, indem Kategorien oder Strukturen neu geordnet (d. h. restrukturiert) werden (vgl. Kap. 4.3.2).

Informationsverarbeitung erfordert Problemlösung

Der kognitive Erklärungsversuch geht von der begrenzten menschlichen Informationsverarbeitungs-Kapazität aus. Er versucht, das Modifizieren und Neuordnen von sprach-

Bewußtmachung
Kontrolle
Automatisierung
Restrukturierung

lichen Daten oder Regeln auf dem Hintergrund dieser begrenzten Verarbeitungskapazität zu beschreiben. Prozesse, die dabei eine Rolle spielen, sind Bewußtmachung, Kontrolle, Automatisierung und Restrukturierung. Um die Informationen verarbeiten zu können, werden Teilfertigkeiten herausgegriffen, geübt und automatisiert, so daß dadurch erneut Verarbeitungskapazität für andere Lernaufgaben frei wird. Kurz: Es wird davon ausgegangen, daß Lernwege durch Einsicht (und damit verbundene Restrukturierungen) abgekürzt werden können.

Automatische Prozeßabläufe spielen z. B. im Bereich der Aussprache sowie im syntaktischen und lexikalischen Bereich eine große Rolle. Zudem scheinen sich Individuen beim Aneignen neuer Sprachen Lernstrategien anzueignen, die ihnen das Erlernen weiterer Sprachen erleichtern (vgl. Nation/McLaughlin 1986).

Schwächen der
Theorie

Dieser Theorieansatz bietet Erklärungen für Verarbeitungsprozesse, insbesondere für die Steuerung von Prozessen durch Lerner. Er vernachlässigt aber die leichte Störbarkeit der Aneignungsprozesse, die beobachtbare Variationsbreite sowie die partielle Unvollständigkeit der fremd-/zweitsprachlichen Kompetenz.

6.3 Sozialpsychologische Erklärungsversuche

Im Mittelpunkt dieser Theorien stehen sprachliche, soziale und affektive Faktoren. Sie werden für den Erfolg oder Mißerfolg bei der Aneignung einer fremden Sprache verantwortlich gemacht (vgl. z. B. Schumann 1986; Ellis 1986, 251ff.; McLaughlin 1987, 109ff.).

zentrale Bedeutung:
Kontakt mit Sprechern
der Zielsprache

Zentrale Bedeutung kommt dabei dem Kontakt mit Sprechern der Zielsprache zu. Denn, so glauben Vertreter dieses Erklärungsansatzes, was verstanden oder gelernt werden kann, hängt u. a. davon ab, wie sehr ein Zielsprachensprecher seine Sprache dem sprachlichen Vermögen eines Lerners anpaßt und wie sich sein Verhalten auf die Einstellung des Lerners auswirkt.

Während beim psycholinguistischen Ansatz die Lernerautonomie betont wird und den sprachlichen Daten, mit denen ein Lerner konfrontiert wird, weniger Bedeutung beigemessen wird, gehen die Vertreter des sozialpsychologischen Ansatzes davon aus, daß die sprachlichen Eingabedaten und das Umfeld Lernprozesse begünstigen oder erschweren können. Lehrkräfte und Sprachpädagogen werden daher zu diesem Erklärungsansatz tendieren.

Einstellungen
beeinflussen Lern- und
Leistungsbereitschaft
sowie Motivation

Im folgenden wollen wir einige Faktoren anführen, die für die Aneignung von besonderer Bedeutung sein sollen. Es sind dies neben Sprachdaten vor allem Einstellungen, die indirekt auch Lernbereitschaft und Motivation beeinflussen sollen; es geht dabei darum, wie sich Gruppen gegenseitig wahrnehmen:

- als gleichwertig oder nicht gleichwertig,
- als erwünscht oder unerwünscht,
- als an Lebensformen teilnehmend oder nicht,
- als bedrohlich oder nicht,
- als kulturell verwandt oder nicht verwandt,
- als zeitweilige Gäste oder Einwanderer.

Beziehungen zur
Gruppe der Sprecher
der Zielsprache

Gleichwertigkeit bezieht sich auf die vorherrschenden sozialen Strukturen. Wenn beispielsweise eine Lernergruppe sich den Sprechern der Zielsprache unterlegen fühlt, wird sie die s o z i a l e D i s t a n z als größer empfinden. Die Aneignung der Zielsprache kann dadurch erschwert werden.

Freilich spielt dabei auch der Status der Zielsprache eine Rolle. Beispielsweise wirkt in der „westlichen Welt“ das hochbewertete Englisch auf die meisten Lerner motivierend, während „westliche Lerner“ beim von ihnen vielfach geringer bewerteten Arabischen eher die oben genannte kulturelle Distanz überwinden müssen.

Bewertung von Sprachen

Ähnliche Auswirkungen haben Einstellungen, die z. B. an der Wortwahl kenntlich werden, insbesondere aber nonverbal „durchsickern“. Ausländer merken z. B. sehr schnell, ob sie in einer Gesellschaft erwünscht sind oder nicht.

Körpersprache kulturspezifisch überformt

Was die Lebensformen angeht, so scheinen Menschen mit ähnlichen Gewohnheiten leichter miteinander auszukommen als Menschen mit völlig unterschiedlichen Erwartungen und Normen. So kommen katholische Zuwanderer in Deutschland in der Regel besser zurecht als moslemische Zuwanderer. Dies hat mit Rollen- und Normvorstellungen zu tun und damit, daß ein Verhalten, das vom Verhalten der Mehrheitsbevölkerung abweicht, von eben dieser Bevölkerung auch leichter stigmatisiert wird.

Lebensformen

Religion

Zuwanderergruppen, die relativ groß sind (z. B. die Türken in Deutschland), werden von der Gastgesellschaft leicht als Bedrohung empfunden. Infolgedessen wird man ihnen auch eher mit Ablehnung begegnen. Hingegen werden vereinzelt auftretende Fremde bzw. kleine Gruppen (z. B. die Portugiesen in Deutschland) eher wohlwollend betrachtet (vgl. dazu auch Kap. 4.4).

Größe der Zuwanderergruppe beeinflußt Einstellung der Majorität

Kulturelle Verwandtschaft (z. B. gleiche oder ähnliche Feste, Rituale, Normen und Gewohnheiten) wird die Eingliederung in eine Gesellschaft erleichtern (vgl. z. B. Zuwanderer aus Osteuropa), Nichtverwandtschaft (z. B. andere Feste, Rituale, Normen und Gewohnheiten der Moslems) wird dagegen ein Einleben eher erschweren.

kulturelle Verwandtschaft

Als wichtiger Faktor gilt auch die beabsichtigte Verweildauer. „Gastarbeiter“, die wieder gehen, scheinen für die Mitglieder der aufnehmenden Gesellschaft eher akzeptabel als „Gastarbeiter“, die bleiben wollen. Allerdings gilt auch: Wer nicht bleiben will, wird auf das zeit- und energieaufwendige Erlernen der fremden Sprache verzichten oder es auf ein Minimum beschränken und damit auch kaum ein Verständnis für die Aufnahmegesellschaft entwickeln können. Dadurch wird die Verständigung zwischen beiden Gruppen erschwert.

Verweildauer

Will eine Gruppe bleiben, so hat das Integrationsziel Auswirkungen auf Lernbereitschaft und Motivation der Gruppenmitglieder. Möchte sich die Gruppe z. B. integrieren (d. h. anpassen, ohne die eigene Identität vollständig aufzugeben), assimilieren (d.h. sich völlig anpassen) oder segregieren (d. h. die kulturelle Eigenständigkeit bewahren und als „Staat im Staate“ existieren)?

Assimilation
Integration
Segregation

Die genannten Faktoren haben natürlich Auswirkungen auf den einzelnen Lerner, insbesondere auf seine affektive Befindlichkeit und seine Motivation. Ein Lerner wird sich die fremde Sprache rascher aneignen, wenn es ihm um Integration oder Assimilation geht. Besonders deutlich wird dies bei aufstiegsorientierten Individuen. Stößt ein Lerner dabei jedoch auf „eine Wand von Ablehnung“, wird er zur Segregation tendieren und infolgedessen auch seine Lernersprache kaum weiterentwickeln. Wir erkennen dies u. a. an den in seiner Lernersprache beobachtbaren Fossilierungen.

Dieser Erklärungsansatz stützt sich auf Erkenntnisse der Sozialpsychologie (etwa zu Einstellungen) und bietet Erklärungsmöglichkeiten für erfolgreiche oder erfolglose Bemühungen um eine fremde Sprache. Er bietet auch Erklärungen für das mehr oder weniger starke Abweichen von Zielsprachnormen. Unter Gleichaltrigen scheinen dabei Gruppenprozesse eine besondere Rolle zu spielen (vgl. McLaughlin 1987, 125). Auswirkungen der genannten sozialpsychologischen Faktoren konnten auch im Zweitsprachunterricht nachgewiesen werden (vgl. Lalleman 1987, 429ff.). In abgeschwächter Form dürften die Faktoren auch im Fremdsprachenunterricht eine Rolle spielen.

Schwächen der Theorie

Der Theorierahmen bietet keine Erklärungsmöglichkeiten für Erwerbssequenzen. Vor allem aber wird der Lerner als sich selbst steuerndes Subjekt unterschätzt. Während individuelle sprachliche Varianten sich sicherlich manchmal mit Eingabedaten erklären lassen, weiß jeder Sprachlerner aber auch, daß solche Varianten (aber auch Fehler) durch unterschiedliche Grade der Aufmerksamkeit entstehen können. Und gerade Letzteres läßt sich in diesem Rahmen nicht erklären. Ebenso erklärungsbedürftig bleibt das Phänomen der partiell unvollständigen Kompetenz.

Aufgabe 76

Von welchen Grundannahmen gehen die einzelnen Erklärungsversuche aus?

Aufgabe 77

Welches sind die zentralen Begriffe dieser Theorien?

Aufgabe 78

Wo liegen die Grenzen der Theorieansätze?

Aufgabe 79

Welche der Theorien leuchtet Ihnen am meisten ein? Versuchen Sie Ihre Auffasssung einem Freund oder einem Bekannten gegenüber zu erklären und zu begründen.

Literaturhinweise

Weiterführende Literatur:

Butzkamm, W. (1989): *Psycholinguistik des Fremdsprachenunterrichts.*

Wode, H. (1988): *Einführung in die Psycholinguistik, Theorien, Methoden, Ergebnisse* [darin: Kap. 3.3, Einige Ansätze zur Erklärung von Sprachenlernen].

7 Lösungsschlüssel

Lösungsvorschläge zu den Aufgaben in Teil I

Aufgabe 4

1. informelle Situation: Mutter und Kleinkind
Eine Mutter sieht mit ihrem Kleinkind (ca. 2 Jahre) aus dem Fenster.

Kind: *Vogel, Vogel.*
Mutter: *Wo ist ein Vogel?*
Kind: (zeigt auf den Vogel)
Mutter: *Ja, da sitzt ein Vogel.*
...
Kind: *weg*
Mutter: *Ja, jetzt ist er weggeflogen.*
Kind: *weg*
Mutter: *weggeflogen*
...

2. formelle Situation: Lehrerin im DaF-Unterricht

L.: *Sie wollen in den Urlaub fahren. Wo verstecken Sie Ihr Geld und Ihren Schmuck?*
Schüler: *In Teppich* (zeigt mit einer Handbewegung, daß er darunter meint).
L.: *Hm, unter dem Teppich, ja, man könnte die Sachen unter dem Teppich verstecken. Wo könnte man Sachen noch verstecken?*
Schüler: *Im Kamin.*
L.: *Ja, man könnte sie auch in den Kamin hängen. Aber da würden sie schmutzig.*
Schüler: *In Plastiktüte.*
L.: *Du meinst, ich würde sie in eine Plastiktüte tun. Ja, das ginge. Aber es gibt ja noch andere Orte, wo man etwas verstecken kann.*
...

In beiden Fällen werden Lerneräußerungen korrigiert und vervollständigt, so daß sich die Lerner daran orientieren können. Die Betreuer geben korrekte und vollständige Äußerungsmuster vor und wiederholen sie teilweise sogar.

Aufgabe 7

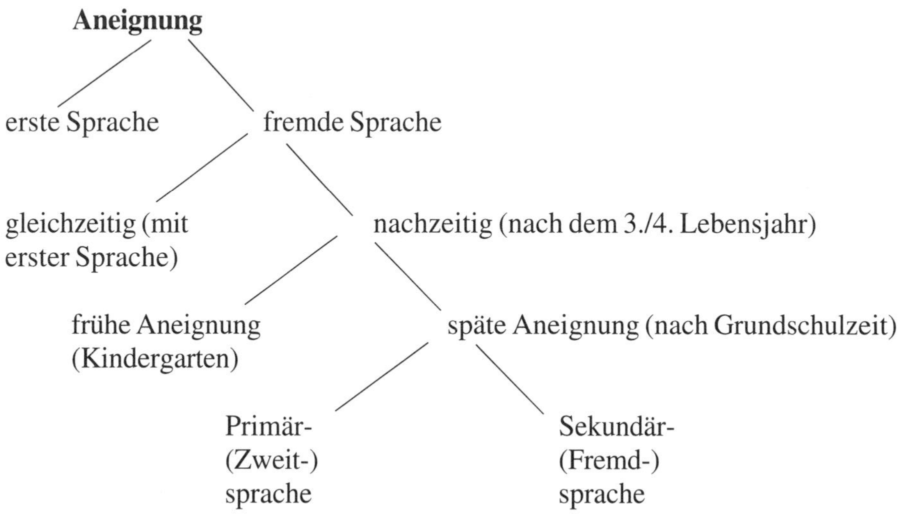

Aufgabe 8

Der Begriff *natürlicher Zweitspracherwerb* ist problematisch, weil eine „natürliche Entwicklung“, d. h. eine Entwicklung unabhängig von Außeneinflüssen, nicht möglich ist. Erwerbsprozesse sind störbar und werden mit zunehmendem Alter durch Umwelteinflüsse und Interaktionserfahrungen immer stärker beeinflußt.

Im Zweitsprachunterricht gibt es sowohl selbstgesteuerte (verständigungsorientierte) als auch fremdgesteuerte (d. h. vom Lehrer manipulierte) Phasen. Obwohl im Zweitsprachunterricht tendenziell fremdgesteuerte Phasen vorherrschen, müssen Verarbeitungen von jedem Lerner selbst gesteuert werden.

Aufgabe 11

Die rechte Hemisphäre ist zuständig für gestalthaftes Wahrnehmen von natürlichen Geräuschen, für Musik, formelhafte Ausdrücke (z. B. *Guten Tag*), Gestik, Mimik, Körperhaltung, intuitiv-ganzheitliches Denken, Gefühle.

Die linke Hemisphäre ist zuständig für die Verarbeitung von sequenziellen Reizen, z. B. sprachliches Material; für die Textverarbeitung sind beide Hemisphären erforderlich.

Aufgabe 12

Die anfängliche Gleichförmigkeit des Entwicklungsablaufs, z. B. bei Blinden oder Tauben.

Aufgabe 13

(1) ist eine erste Frageform, bei deutschen Kindern ist das gewöhnlich die Intonationsfrage.
(2) stellt eine Weiterentwicklung dar. Es wird bereits ein Fragewort verwendet. Die Inversion wird jedoch noch nicht beherrscht.

Aufgabe 16

1. Wer über Sprache sprechen kann, sei es, um über Korrektheit oder Angemessenheit zu urteilen, sei es um Doppeldeutigkeit oder übertragene Bedeutung aufzudecken, verfügt über metasprachliche Fertigkeiten. Sie entwickeln sich in Ansätzen schon um die Zeit des Schulbeginns. Doch erst gegen Ende des Jugendalters werden sie wirklich beherrscht. Bei der Aneignung einer fremden Sprache ermöglichen sie ein effektiveres Strukturieren und Speichern.
2. Metaphern sind bildliche Vergleiche wie z.B. *Eselsbrücke* oder *Gänsehaut*. Im allgemeinen werden solche Ausdrücke in bestimmten Situationen erworben, ohne daß darüber weiter nachgedacht wird. Doch erst gegen Ende der Phase der konkreten Operationen beginnen Kinder sie auch zu durchschauen, dann nämlich, wenn sie sich auf mehrere abstrakte (insbesondere relationale) Merkmale stützen können.
3. Kinder in der Phase des anschaulichen Denkens folgen während einer Übergangszeit einer Verstehensstrategie, die sich an der Wortfolge orientiert.

Aufgabe 17

Die geforderte Lösung steht in den drei Absätzen, die der Aufgabenstellung auf S. 30 folgen.

Aufgabe 18

Im wesentlichen werden zwei Interaktionsstile beschrieben: Der *direktive*, der anweisend und fordernd ist, und der *permissive*, bei dem Akzeptieren und Ermutigen im Vordergrund stehen. Im letzteren Falle werden auch mehr Fragen gebraucht. Ein direktiver Stil provoziert eher kurze Äußerungen, ein permissiver (zuwendungsorientierter) meist längere, die sich günstiger auf die Sprachentwicklung auswirken. Weitere Kriterien, nach denen sich die beiden genannten Interaktionsstile unterscheiden können sind u. a.: Lautstärke, Sprechtempo, Gestik, Mimik.

Aufgabe 19

Zur familiären Situation zählt man die Familiengröße und die Geschwisterreihenfolge, die Beschäftigungs- und Wohnungssituation sowie den Anregungsgehalt des häuslichen Umfelds (z. B. Spielsachen, Explorationsmöglichkeiten).

Aufgabe 20

Die Verständlichkeit wird durch langsameres, deutliches Artikulieren verbessert, durch eine klarere (z. T. hyperkorrekte) Betonung, durch die Wahl kurzer, einfacher und häufig verwendeter Wörter und kürzerer Sätze, durch anregende Zusatzfragen, durch die die Zuhörer in ein Gespräch oder eine Erzählung einbezogen werden, sowie durch eine direkte Bezugnahme auf die Situation.

Aufgabe 21

Betreuungspersonen artikulieren deutlicher und langsamer. Zudem werden ihre Aussagen durch Gesten und Intonation strukturiert. So werden z. B. Anfang und Ende von Sinneinheiten (etwa durch Heben oder Senken des Kopfes oder sog. „Taktgesten") markiert. Kinder verarbeiten Informationen aus allen drei Bereichen (nonverbal, prosodisch, verbal), wobei sie allerdings ganzheitlich vorgehen. Es werden zunächst Intonationsmuster und erst danach Wort und Lautmuster erfaßt.

Aufgabe 22

Laute weisen fließende Übergänge auf, die es schwer machen, sie als isolierte Einheiten zu identifizieren. Meist tragen vorausgehende und nachfolgende Laute ebenfalls relevante Informationen (parallele Übertragung). Da durch die Programmierung auf die Erstsprache das Wahrnehmen irrelevanter lautlicher Differenzierungen verlernt wurde, bereitet eine korrekte Erfassung fremdsprachlicher Laute anfangs Schwierigkeiten. Im Unterricht sollte daher auf die Präsentation von isolierten Einzellauten verzichtet werden. Hier könnten Infantilisierungen z.B. durch entsprechende Spiele mit Sprache oder Lieder den Einstieg erleichtern.

Aufgabe 23

Wie die beiden Satzbeispiele *Im Teller fand Peter keine Suppe.* und *Im Keller fand Peter kein Licht.* zeigen, kann ein Erstsprachler seine Kenntnisse über Wahrscheinlichkeitsstrukturen nutzen und Informationen aus anderen sprachlichen Bereichen (z.B. Syntax oder Semantik) einbeziehen. Solche Möglichkeiten hat ein Lerner einer fremden Sprache nicht. Ihm fehlen anfangs Kenntnisse von Wahrscheinlichkeitsbeziehungen. Und Informationen aus anderen sprachlichen Bereichen stehen – je nach Sprachstand – auch nur in begrenztem Umfang zu Verfügung.

Aufgabe 24

Wenn Laute, insbesondere Lautkombinationen, Schwierigkeiten bereiten, werden sie von Kindern oft ausgelassen oder durch einfachere Laute ersetzt. Teilweise lassen sich auch Umstellungen beobachten oder – bei Konsonantenhäufungen – Auflockerungen durch „Sproßvokale". Solche Verfahren werden auch bei der Aneignung einer fremden Sprache angewendet. Bei der Aneignung einer fremden Sprache ist es aber weniger die ungeübte Zunge als vielmehr die fehlende Automatisierung, die zu einer bewußten Steuerung zwingt.

Aufgabe 25

Wenn ältere Lerner aus einer benachbarten Kultur stammen, werden ihnen viele Bedeutungen (Modelle) geläufig sein. Je größer jedoch die kulturelle Distanz ist, desto wahrscheinlicher werden auch Modelle differieren. Lerner werden daher zunächst einmal feststellen, daß die ihnen vertrauten „Modelle" nicht passen und neue gebildet werden müssen.

Aufgabe 26

1. Eine *individuelle Wortbedeutung* entsteht aufgrund einer ersten „Modellbildung", wobei ein Objekt zunächst noch mit der Gesamtsituation assoziiert wird. In einem ersten Abstraktionsprozeß wird das „Bedeutungsmodell" dann dekontextualisiert (d. h. situationsunspezifisch) gebraucht. Während dieser Phase werden formbezogene und funktionale Merkmale zum Teil noch gewechselt. Erst über Zwischenstufen wird allmählich die konventionelle Bedeutung erworben.
2. Mit *Übergeneralisierung* wird ein unangemessener Gebrauch eines Ausdrucks bezeichnet, wobei dieser Gebrauch häufig durch formale oder funktionale Ähnlichkeit motiviert ist. *Untergeneralisierung* ist in frühen Phasen der Bedeutungsentwicklung beobachtbar, z. B. wenn ein Ausdruck wie ein Eigenname gebraucht wird. *Überlappungen* sind Sonderfälle von Übergeneralisierungen, d. h. Übergenerali-

sierungen, die durch Form- oder Funktionsähnlichkeiten in einem bestimmten Bereich erfolgen, wo schon konventionelle Merkmale verwendet werden. Beispiel: Wenn ein *Schlauchboot* in aufgeblasenem Zustand als *Schiff* bezeichnet wird, in unaufgeblasenem Zustand aber nicht als *Boot* erkannt wird. Die Entwicklungsabfolge wäre (idealtypisch):

Untergeneralisierung > Übergeneralisierung > Überlappung > Konventionalisierung.

Ob Unter- und Übergeneralisierungen verwendet werden, wird vom Lerneralter abhängen. In jedem Fall werden beide Formen bei der nachzeitigen Aneignung einer fremden Sprache eine geringere Rolle spielen. Vor allem ältere Lerner werden aufgrund ihrer Erfahrungen und Bedeutungsmodelle bzw. ihrer Begriffsnetze vergleichsweise weniger Unter- oder Übergeneralisierungen produzieren. Hingegen werden sich Überlappungen – aufgrund anderer „Bedeutungsmodelle" in den Erstsprachen – relativ lange halten und Mißverständnisse (z. B. im Bereich der Konnotationen) begünstigen.

Aufgabe 30

Zunächst werden vor allem Nomen (bzw. Konkreta) aufgegriffen. Die Merkmaltheorie hat darauf aufmerksam gemacht, daß perzeptuelle und funktionale Merkmale zu den ersten gehören, die erworben werden. Aber warum beginnen Kinder mit diesen Merkmalen? Dafür hat auch die Merkmaltheorie keine Erklärung.

Die Prototypentheorie geht demgegenüber von einfacheren, „idealen Vertretern einer Kategorie" aus, die in Alltagsgesprächen gewöhnlich auch häufiger gebraucht werden. Damit wird der frühere Erwerb bestimmter Lexeme erklärbar.

Aufgabe 31

1. Erwachsene und ältere Kinder passen ihre Sprache jüngeren Kindern an, indem sie einfachere Wörter gebrauchen und sich vermehrt auf Inhaltswörter stützen. Sie verwenden anfangs hinweisende Definitionen, zur Erklärung von relationalen Zusammenhängen (z. B. Ober- oder Unterbegriffen) jedoch Merkmale.
2. Während sich Kinder anfangs auf wahrnehmbare oder funktionale Merkmale stützen, entwickeln sie mit zunehmendem Wissen und zunehmenden Erfahrungen im Umgang mit diesen Objekten zusätzliche Differenzierungen, so daß sie sich allmählich immer mehr auf innersprachliche Merkmale stützen und Bedeutungen auch über (sprachliche) Folgerungen erschließen können.

Aufgabe 34

1. Als Normalform wird z. B. im Bereich der Syntax des Deutschen die Folge „Subjekt – Verb (oder Prädikat) – Objekt" oder SVO bezeichnet. Als *Normalform* gilt auch die prädikative Stellung von Adjektiven. Es sind dies Formen, die in einer Sprache besonders häufig vorkommen und daher in der Regel auch früher erworben werden. Man nimmt an, daß die anderen Formen Modifizierungen dieser Grundformen sind.
2. Unter einer *Erwerbsabfolge* versteht man die Reihenfolge, mit der bestimmte Phänomene im Laufe der Entwicklung (trotz einer gewissen Varianz) auftreten. Exemplarisch wurde dies von Brown anhand von Morphemen herausgearbeitet. Er konnte zeigen, daß diese Morpheme in der Anfangszeit nur vereinzelt, dann immer häufiger und schließlich in allen erforderlichen (obligatorischen) Kontexten erscheinen. Im Deutschen wissen wir z. B., daß bei den Präpositionen aufgrund der Frequenz gewöhnlich zuerst *in*, dann *auf*, *zu* oder *bei* gebraucht werden. Abweichungen von dieser Erwerbsabfolge können z. B. durch Themen oder Interessen der Lerner bedingt sein.

Aufgabe 35

Klassisches und operantes Konditionieren sind Gesetzmäßigkeiten des Lernens, die sowohl bei Menschen als auch bei Tieren Lernprozesse beeinflussen. Beide Formen spielen sowohl beim Erwerb von Bedeutungen als auch beim Bedeutungswandel von Wörtern eine Rolle.

Wir hatten schon ausgeführt, daß Kinder ihre Erstsprache nur erwerben, wenn sie mit dieser Sprache konfrontiert werden, indem sie andere Menschen beobachten können, die diese Sprache gebrauchen. Ohne diese Grunderfahrungen bilden sie keine sprachlichen Fertigkeiten aus. Zweifellos spielen also Imitation und Verstärkung beim Spracherwerb eine Rolle. Andererseits glaubt man beobachtet zu haben, daß Eltern korrekte Äußerungen ihrer Kinder nur selten verstärken. Sie reagieren häufiger auf den Inhalt von Äußerungen, seltener auf die grammatische Form. Vor allem aber: Mit Hilfe von Imitation und Verstärkung ließe sich der rasche Spracherwerb kaum erklären.

Aufgabe 36

Die Vertreter des kognitiven Ansatzes gehen davon aus, daß der Motor für den Spracherwerb die kognitive Entwicklung ist. Auch sie halten die Auseinandersetzung mit der Umwelt für sehr wichtig, gehen aber davon aus, daß das Individuum aufgrund seines Problemlösungsverhaltens sich Sprache aneignet. Demgegenüber halten die Interaktivisten das dynamische Zusammenwirken für den relevanten Faktor, wobei das Kind genauso wie die Erwachsenen die Interaktion beeinflußt bzw. steuert. Alle vier Ansätze rücken Teilaspekte in den Vordergrund. Es scheint aber unwahrscheinlich, daß sich ein so komplexes Phänomen wie der Spracherwerb auf den einen oder anderen Zusammenhang reduzieren läßt. Insofern ist keine dieser Theorien adäquat, liefert jede nur Teilerklärungen.

Lösungsvorschläge zu den Aufgaben in Teil II

Aufgabe 37

Phasen, in denen es primär um Verständigung zwischen Lernern geht (z. B. Erzählung über eigenen Urlaub, Freizeitunternehmungen etc.), sind gewöhnlich „limbisch fundiert“. Auch durch Sprachlernspiele, die lustbetont ablaufen und darüber die Fremdsteuerung vergessen lassen, kann diese Bedingung erfüllt werden, ebenso durch Formen der persönlichen Ansprache (d. h. durch Personalisieren).

Aufgabe 38

Eine Lehrkraft sollte zunächst einmal bevorzugte Verarbeitungsweisen ihrer Lernergruppe erfassen oder sich bemühen, solche herauszufinden. Denn jeder lernt am besten so, wie er es gewohnt ist. Das schließt aber nicht aus, daß man Lerner auch an andere, z. B. kognitiv anspruchsvollere Formen heranführt. Grundsätzlich sollte im Unterricht jede einseitige Bevorzugung einer Verarbeitungsmodalität (sei es nun mündlich oder schriftlich, anspruchsvoller oder weniger anspruchsvoll) vermieden werden, weil es kaum homogene Lernergruppen gibt, d. h., viele Lerner unterschiedliche Lernpräferenzen (z. B. eher visuell, eher auditiv, eher taktil) haben. Folglich sollten auch Vermittlungsformen (bzw. Lehrmethoden) häufiger gewechselt werden.

Aufgabe 39

Jüngere Lerner und ungeübte Sprachenlerner sollten zunächst ihr Hörverstehen entwickeln können. Das Einhören (vgl. Kap. 3.1.1) wird erleichtert, wenn z. B. einfache Lieder oder Gedichte gehört werden können oder Filme mit entsprechend unterlegten Liedern oder Sprüchen. Auch das Befolgen von Anweisungen (vgl. Asher 1977) in klar strukturierten Situationen eignet sich dazu. Man sollte dabei aber nicht stehenbleiben, um eine Unterforderung (die sich wiederum demotivierend auswirken könnte) zu vermeiden.

Aufgabe 41

Kinder können sich mit Ausdauer um die korrekte Artikulation von Lauten bemühen und haben auch Spaß beim Abwandeln und Variieren von Wörtern oder Lautkombinationen. Sie lernen ganzheitlich, d. h., sie imitieren nicht nur Äußerungsformen, sondern auch Sprechweisen und begleitende Haltung und Gestik. Sie sind insgesamt anpassungsbereiter. Ältere Lerner haben damit Schwierigkeiten. Ihnen steht ihre Identität im Wege. Sie orientieren sich z. B. eher an Wörtern oder morphosyntaktischen Zusammenhängen und vernachlässigen die Aussprache sowie Intonation und Gestik (bzw. kulturspezifische nonverbale Elemente). Im Zweit- oder Fremdsprachenunterricht mit älteren Lernern sollten diese Bereiche daher nicht vernachlässigt werden.

Aufgabe 42

Wer als Lehrer Kindern eine korrekte Aussprache beibringen will, wird auf interessierte und gelehrige Schüler stoßen. Umgekehrt gilt: Wer ältere Lerner zu einer korrekten Aussprache erziehen will, muß über viel Geduld und Sensibilität verfügen. Denn ältere Lerner werden – aufgrund ihrer Identität – meist wenig Freude am „Nachäffen" (bzw. einer genauen Nachahmung) haben. Ausprachekorrekturen werden von ihnen z. B. oft als Angriff auf die Persönlichkeit mißverstanden. Daher sollten Aussprachekorrekturen bei älteren Lernern besonders vorsichtig durchgeführt werden. Regen Sie Lerner dazu an, sich gegenseitig zu korrigieren. Das entlastet Sie als Lehrkraft und zwingt die Lerner zu genauem Hinhören.

Ältere Lerner wollen ihr kognitives Potential und bereits erworbene Fertigkeiten (z. B. im schriftsprachlichen Bereich) nutzen. Dazu sollte man ihnen Gelegenheit geben. Man sollte ihnen aber auch zeigen, daß durch einfache Situationen und Themen sprachliche Lernaufgaben erleichtert werden können.

Die Vorbildung von älteren Lernern kann z. B. zur Arbeit an der Aussprache genutzt werden, indem der Lehrer z. B. kurze Texte korrekt artikuliert, die die Lerner dann transkribieren. Eine Bewußtmachung kann auch mit Hilfe der artikulatorischen Phonetik erfolgen. Daneben sollte die Aussprache aber auch durch Sprachlernspiele (und die damit verbundene „Infantilisierung") geschult werden.

Aufgabe 46

Beim Erlernen einer fremden Sprache können Wahrscheinlichkeitsbeziehungen erst auf einem sehr hohen Sprachstandsniveau genutzt werden. Das bedeutet, daß insbesondere Anfänger, aber auch noch nicht weit Fortgeschrittene Schwierigkeiten mit dem Diskriminieren von Lauten und Wörtern (bzw. Sinneinheiten) haben. Mit anderen Worten: Sie müssen sich verstärkt konzentrieren und werden durch Nebengeräusche leichter gestört. Im Unterricht sollte daher auf einen niedrigen Geräuschpegel geachtet werden, damit sprachliche Elemente leichter erfaßt werden können. Es kann auch helfen, wenn Lerner mit Laut-Kombinationsmöglichkeiten in der Zielsprache vertraut gemacht und durch „Spiele mit Lauten" für typische Kombinationen sensibilisiert werden.

Aufgabe 51

Transfer- oder Interferenzfehler treten im morphologischen Bereich nur selten auf. Sie sind hingegen in der Aussprache, Lexik und Wortstellung häufiger beobachtbar, werden durch bewußte Verarbeitung begünstigt. Daneben unterscheidet man entwicklungsbedingte Fehler (die nicht immer klar abgrenzbar sind von Interferenzfehlern). durch Lehrmaterial oder Lehrer induzierte Fehler sowie (aufgrund von Vollzugsbedingungen) Performanzfehler. Aber auch die Vermeidung – als Gegenstück zum Transfer – muß hier erwähnt werden, da mit ihrer Hilfe mögliche Fehler vermieden werden können. Eine Lehrkraft sollte auch auf Vermeidungen achten, um den Sprachstand von Lernern richtig einschätzen zu können.

Die fünf **Kontrasttypen** nach Prator:

1. *Zusammenfallen*: Zwei Merkmale der Ausgangssprache müssen in der Zielsprache mit einem Element wiedergegeben werden. Beispiel: Im Englischen muß zur Kennzeichnung der Zugehörigkeit/Besitzrelation bei der dritten Person zwischen *his* und *her* unterschieden werden, im Spanischen nicht (*su*).
2. *Unterdifferenzierung*: Ein Merkmal, das in der Ausgangssprache (Erstsprache) vorhanden ist, fehlt in der Zielsprache. Beispiel: Aorist im Türkischen oder die Kennzeichnung der erlebten oder nichterlebten Rede mit Hilfe von *-dl* und *-mit*, die im Deutschen fehlt.
3. *Neuinterpretation*: Ein Element ist in beiden Sprachen vorhanden, wird aber unterschiedlich gebraucht. Beispiel: russisch *devuschka* und deutsch *Fräulein* [bzw. *junges Mädchen/junge Frau*].
4. *Überdifferenzierung*: Einem Element in der Ausgangssprache entsprechen mehrere in der Zielsprache. Beispiel: das Pluralmorphem im Türkischen [-lEr] und die Pluralmorpheme im Deutschen.

5. *Aufspaltung*: Ein Element der Ausgangssprache wird durch zwei Elemente in der Zielsprache wiedergegeben.
   Beispiel: *zwei Äpfel – dwa jablka*; *fünf Äpfel – pienc jablek*.

Aufgabe 52

Metasprachliche Fähigkeiten erleichtern das Erfassen und Einordnen sowie das Manipulieren mit und das Reflektieren über sprachliche Phänomene. Sie dienen der Kontrolle und Steuerung sprachlicher Lernprozesse. Man vermutet, daß durch gezielte Selbststeuerung und Kontrolle Aneignungsprozesse effektiviert werden können.

Aufgabe 53

Monolinguale Kinder sind stärker an Inhalten orientiert, betrachten den Namen eines Objekts längere Zeit als eine Eigenschaft des Objekts, sehen durch das Glas, ohne das Glas zu bemerken.

Kinder, die eine fremde Sprachen lernen, stoßen früher auf die Konventionalität von Sprache. Sie beginnen – mehr oder weniger bewußt – Teile beider Sprachsysteme zu vergleichen und entwickeln dabei besondere Fähigkeiten zur sprachlichen Reflexion und zum bewußten Einsatz sprachlicher Mittel. Dies hat natürlich auch Rückwirkungen auf den Gebrauch der Muttersprache, so wie ja auch die weitere Entwicklung der Muttersprache Einfluß auf die Aneignungsprozesse einer fremden Sprache hat.

Auch der bewußte Einsatz metakognitiver Fertigkeiten (z. B. von Gedächtnisstrategien) wird durch die Aneignung einer fremden Sprache gefördert. Die „Herausforderungen", die mit der Aneignung einer fremden Sprache immer verbunden sind, veranlassen Lerner, neue Problemlösungsmöglichkeiten zu suchen und zu entwickeln.

Dabei spielen Abstraktionsprozesse, Umgruppierungen und Folgerungen offenbar eine wichtige Rolle.

Aufgabe 54

Damit Lerner sich über solche Vorgehensweisen bewußtwerden können, sollte phasenweise entdeckendes Lernen ermöglicht werden. Man könnte z. B. in einem Text eine bestimmte wiederkehrende Struktur oder ein wiederkehrendes Element suchen und seine Funktion und/oder Bedeutung bestimmen lassen oder eine Tonbandaufnahme mit entsprechendem Beobachtungsauftrag anhören und Beobachtungen notieren lassen. ...

Aufgabe 55

Bewußt gebraucht werden in einer fremden Sprache Wörter (bzw. Lexeme) und Wortbildungsregeln, erstere vorwiegend zur Produktion, letztere vermehrt zur Rezeption. Je nach Kontaktsituation und vorherrschenden Vermittlungsformen werden auch morphologische und syntaktische Aspekte bewußt gebraucht. Sie liegen aber sozusagen auf einer zweiten Ebene. Nehmen wir z. B. ein normales Alltagsgespräch. Dort wird der Gesprächsfluß nur in Ausnahmefällen durch die Suche nach einem passenden Wort gestört, wenn wir beispielsweise etwas genau zu beschreiben versuchen. Manchmal korrigieren wir uns in solchen Situationen auch selbst, stellen Wörter um, um sie neu zu gewichten oder hervorzuheben. Die dadurch ausgelösten morphologischen Abwandlungen werden dabei automatisch vorgenommen, wenn ein hoher Sprachstand erreicht wurde. Je geringer der Sprachstand, desto wahrscheinlicher, daß im Anschluß an die inhaltliche Feindifferenzierung eine gesonderte (mehr oder weniger bewußte) Bearbeitungszeit für solche Prozesse erforderlich wird.

Artikulation, Intonation und Akzent sind uns kaum bewußt. Sie werden von uns vielfach unbewußt auch als Persönlichkeitsmerkmale gewertet, weshalb Korrekturen in diesen Bereichen leicht als persönliche Angriffe interpretiert werden können. Eine Bewußtmachung und Korrekturversuche scheitern daher oft an massiven Abwehrhaltungen. Kinder haben damit weniger Probleme. Sie gleichen ihre Aussprache (bei entsprechender Motivation) meist selbständig an. Hilfreich können dabei Lieder, Märchen oder ganz allgemein Kindergeschichten sein, die auch mit Hilfe von Medien (Tonoder Videoband) präsentiert werden können. Bei erwachsenen Lernern kann eine Bewußtmachung z. B. mit Hilfe der artikulatorischen Phonetik weiterhelfen.

Aufgabe 56

Grundsätzlich tendieren Kinder eher zu beiläufiger Aneignung. Durch die Konfrontation mit einer fremden Sprache beginnen sie jedoch Wörter oder Äußerungsformeln zu vergleichen. Sie entwickeln damit metasprachliches und metakognitives Bewußtsein, wodurch wiederum ihr Aneignungsprozeß verändert wird. Dies gilt insbesondere dann, wenn die Lerner nicht nur mit Alltagsgesprächen, sondern auch mit anspruchsvolleren (dekontextualisierten) sprachlichen Formen umgehen müssen.

Je älter Lerner werden, desto stärker stützen sie sich auf allgemeine Problemlösungsverfahren. Es ist gegenwärtig unklar, ob der verstärkte Gebrauch solcher Verfahren ein Ersatz für einen „sprachlichen Erwerbsmechanismus“ ist, der Kindern noch zu Verfügung steht und über den Erwachsene nicht mehr (vollständig) verfügen oder ob es einfach Unterschiede zwischen inzidentellem (beiläufigem) und intentionalem (eher gezieltem) Lernen sind.

Aufgabe 57

Sprachlernstrategien sind (mehr oder weniger) bewußt konzipierte Verfahren zur Bewältigung von Lernproblemen. Dazu gehören z. B. Überbrückungsstrategien wie „Paraphrasen“, „Wortprägungen“ sowie „Bitte um Korrektur“ oder „Formulierungshilfe“. Andere Verarbeitungsprozesse (z. B. Lerngewohnheiten) laufen eher automatisch ab. Sie können zur Lösung von Lernproblemen geeignet sein oder auch nicht.

Aufgabe 58

2. Indem mehr von den Lernern gewählte Themen behandelt werden. Denn Lerner werden meist Themen auswählen, die für sie interessant oder bedeutsam sind. Außerdem sollten Phasen kurz gehalten werden und Phasenwechsel angekündigt werden, damit sich die Lerner darauf einstellen können.

Aufgabe 59

Kognitive Stile sind Verarbeitungsweisen, die sich aufgrund von natürlichen Neigungen eines Lerners und kulturspezifischen Erziehungspraktiken entwickeln. Sprachlernstrategien sind demgegenüber Problemlösungsstrategien, die (mehr oder weniger) bewußt konzipiert werden. Sie sind kreative Antworten auf konkrete Lernprobleme. Kognitive Stile sind dagegen stereotype Reaktionsweisen.

Aufgabe 63

Überforderungserlebnisse können sich sowohl verbal als auch nonverbal zeigen. Lerner können darauf z. B. aggressiv reagieren, z. B. indem sie den Unterricht durch Zwischenrufe stören, sie können aber auch regressiv reagieren, indem sie sich ausblenden. Sie zeigen dann vielfach einen Ausdruck von Hilflosigkeit, lassen z. B. „den Kopf hängen“, „halten die Augen niedergeschlagen“ oder zeigen einen verlangsamten Bewegungsablauf (vgl. dazu auch Petzold 1968).

Aufgabe 64

1. Lerner mit weniger Selbstwertgefühl zeigen häufiger Unsicherheiten und lassen sich z. B. durch Korrekturen leichter durcheinanderbringen als Lerner mit mehr Selbstwertgefühl. Letztere treten meist sicherer auf und nehmen Korrekturen eher gelassen hin.

2. Lerner mit weniger Selbstvertrauen und Selbstwertgefühl brauchen Erfolgserlebnisse. Dazu kann man als Lehrer während einer Übergangsphase dadurch beitragen, daß man gezielt ermutigt, leichtere Aufgaben stellt oder Themen durch solche Lerner auswählen läßt.

3. Negative Gefühle können sich in einer Lernergruppe durch Übertragung verfestigen. Kleingruppenarbeit kann ein solches (ungünstiges) Arbeitsklima verbessern helfen. Denn während der Kleingruppenarbeit verringert sich häufig der Großgruppenzwang und die Lerner haben zudem die Möglichkeit, sich stärker selber zu steuern. Schwächere Teilnehmer erfahren im allgemeinen mehr Berücksichtigung. Insgesamt haben die Teilnehmer mehr Zeit für eigene Äußerungen als im Frontalunterricht, weil Lehrer in solchen Phasen keine Anweisungen erteilen, so daß der einzelne Teilnehmer sich häufiger und ausgiebiger äußern kann. Sprachliche Bedeutungen

können dabei zwischen den Teilnehmern ausgehandelt werden, was sich positiv auf die Aneignungsprozesse auswirkt. Die allgemeine Aktivierung und die damit verbundenen Erfolgserlebnisse der Teilnehmer wirken sich erfahrungsgemäß positiv auf das gesamte Arbeitsklima aus.

Es kann sich auch als günstig erweisen, wenn Lehrer mit Lernern über Kommunikation oder Sprachlernen sprechen. Dabei kann die Interpretation und Bewertung von Phänomenen geklärt oder vielleicht sogar ausgehandelt werden (vgl. dazu auch Grandcolas/Soulé-Susbielles 1986).

Aufgabe 66

1. „Integrative Motivation" ist besonders bei Kindern beobachtbar. Sie geben sich z. B. viel Mühe, um in einer Gruppe mitspielen zu dürfen und als gleichwertig akzeptiert zu werden. Demgegenüber dient „instrumentelle Motivation" nicht der Integration in eine fremde Gruppe, sondern z. B. der Verständigung oder einer beruflichen Karriere. Letztlich entscheidend ist nicht die Art (d. h. integrativ oder instrumentell), sondern die Stärke der Motivation.
2. Unter „motivationaler Unterstützung" versteht man die positive Reaktion z. B. von Sprechern der Zielsprache auf Äußerungen von Lernern in der fremden Sprache.

Aufgabe 67

„Kollektive Einstellungen" sind Ausgangsvoraussetzungen, insbesondere bei Sprachanfängern, die die Entstehung einer hohen Motivation begünstigen oder verhindern können.

Aufgabe 68

Solche Reaktionen können z. B. Selbstaufwertung (u. U. verbunden mit einer Neudefinition) der eigenen Gruppe sein oder Konflikte zwischen Gruppen. Einzelne Individuen können sich dem auch durch einen wirtschaftlichen Aufstieg entziehen.

Aufgabe 69

Vgl. *Erwerbsprinzipien* S. 62f. Bei der ungesteuerten Aneignung einer fremden Sprache werden auch zuerst Normalformen erlernt und später Regelhaftigkeiten gesucht oder konstruiert (vgl. *Phasen*, S. 93f.) Ähnliches gilt für die Prinzipien 9 – 13.

Aufgabe 70

Fossilierungen sind unvollständige oder defekte Formen, die sich aufgrund ungünstiger Lernvoraussetzungen verfestigen. Ihre Entstehung wird begünstigt z. B. durch negative Affekte, Zeitdruck, Identitätsprobleme, fehlenden Kontakt mit Sprechern der Zielsprache, Abneigung gegen Sprecher der Zielsprache, Möglichkeit, reduzierte Bedürfnisse ohne differenzierten Sprachgebrauch zu befriedigen.

Aufgabe 71

Vgl. *Phase 2*, S. 93. Nur wer korrekt hören kann, kann auch korrekt artikulieren. Entspanntes und lustbetontes Zuhören kann die Entwicklung von korrektem Hören erleichtern. Dazu eignen sich Lieder, (Schüttel-)Reime, Kurzgedichte, kurze Hörspiele oder Filmausschnitte. Letztere sollten mehrfach unter verschiedenen Gesichtspunkten angesehen werden.

Aufgabe 72

Bei Übergeneralisierungen glaubt der Lerner, eine Regularität erkannt zu haben und übersieht (bzw. vernachlässigt) das Differenzieren. Sie lassen sich in jedem Lernkontext beobachten. Hyperkorrektheiten kommen dagegen vowiegend in formellen Kontexten vor. Sie sind der Versuch, durch bewußte Steuerung Fehler zu vermeiden. Manchmal entstehen gerade dadurch interessante (weil kreative) Konstruktionen wie *singtete*.

Aufgabe 74

Wörter werden anfangs häufig in einem eingeschränkten Sinne gebraucht. Schwierigkeiten bereiten insbesondere Überschneidungen im Bedeutungsbereich (vgl. *Kontrasttypen* von Prator S. 140f.: *devuschka* und *Fräulein*) sowie Konnotationen und übertragene Bedeutung.

Aufgabe 75

Wenn man sich an bestimmten Erscheinungen orientiert (z. B. der „präverbalen Negation"), so kann man nicht wissen, ob gleichzeitig auch schon andere Phänomene (etwa die „W-Fragen") beherrscht werden. Untersuchungsergebnisse der Zweitspracherwerbsforschung sind hier keine Hilfe, weil meist nur isolierte Phänomene untersucht wurden und Faktoren wie Ausgangssprache (bzw. Erstsprache) oder Einflüsse psychosozialer Voraussetzungen vernachlässigt wurden. Als Lehrkraft mit homogenen Lernergruppen sollte man dennoch auf wiederkehrende Phänomene und ihre Abfolge achten, weil sie uns – wenn auch nur grobe – Orientierungsmöglichkeiten eröffnen.

Aufgabe 76

a) Der *linguistische Ansatz* betont die angeborenen (möglicherweise universellen) Erwerbsprinzipien. Sie ermöglichen einem Lerner unmarkierte von markierten Formen zu unterscheiden und zunächst eine Basisgrammatik zu entwickeln. Es werden also biologische (oder genetische) Grundlagen vorausgesetzt, die intrinsisch wirksam werden.

b) Der *kognitive Ansatz* geht davon aus, daß das Erlernen einer fremden Sprache ein Informationsverarbeitungsprozeß ist, der sich nicht wesentlich von anderen Verarbeitungsprozessen unterscheidet. Hier sind es also eher kognitive Fähigkeiten, die ein weitgehend autonomer Lerner zur Steuerung von Lernprozessen nutzt.

c) Der *sozialpsychologische Ansatz* hebt vor allem den sprachlichen Kontakt mit Sprechern der Zielsprache hervor und die damit verbundenen sozialen und affektiven Begleiterscheinungen. Sie bestimmen die Motivation und Lernbereitschaft, eröffnen aber vor allem Möglichkeiten zur Entwicklung von Fertigkeiten in der fremden Sprache. Dieser Ansatz betont also die Abhängigkeit eines Lerners von seinem Umfeld und den ihm darin gebotenen Möglichkeiten.

Aufgabe 77

a) Neben den oben (vgl. S. 63ff.) angeführten Begriffen sind es *Erwerbsprinzipien*, *Markiertheit* (bzw. *Unmarkiertheit*) und *Basisgrammatik*. Sprachliche Universalien lassen sich aber auch über typologische Kontrastierungen und Beschreibungen erfassen. Vor allem die Vertreter der typologischen Variante legen auf Sprachvergleiche und die wechselseitige Beeinflussung beider Systeme großen Wert.

b) Kognitive Theorien gehen davon aus, daß bei der Aneignung einer fremden Sprache der Bewußtmachung, Restrukturierung, Kontrolle und Automatisierung große Bedeutung zukommt. In diesem Zusammenhang spielen dann auch Sprachlern- und Kommunikationsstrategien eine wichtige Rolle.

c) Sozialpsychologische Erklärungsversuche messen extrinsischen Faktoren eine größere Bedeutung bei als intrinsischen. Besondere Bedeutung kommt auch Einstellungen und Motiven, der Häufigkeit und Intensität sprachlicher Kontakte sowie dem Umgang von Sprechern der Zielsprache mit Lernern der Zielsprache zu.

Aufgabe 78

a) Der linguistische Ansatz dürfte eine gute Grundlage zur Erklärung von Anfangsphasen (insbesondere bei Kindern) bieten. Problematisch ist allerdings die zirkuläre Definition von *markiert* bzw. *unmarkiert*. Vor allem lassen sich damit nicht die Variabilität und die Entwicklung von Teilkompetenzen erklären.

b) Erfaßt werden insbesondere bewußte Verarbeitungsprozesse. Die kognitive Theorie bietet daher Erklärungsmöglichkeiten für Vorgehensweisen von älteren Lernern. Intuitiv-ganzheitliches Vorgehen läßt sich damit aber kaum angemessen erfassen. Ähnliches gilt für die leichtere Störbarkeit, die Variabilität sowie für die partielle Unvollständigkeit der Kompetenz in der fremden Sprache.

c) Zwar wird Variabilität von der sozialpsychologischen Theorie plausibel erklärt. Variabilität könnte allerdings nicht nur durch extrinsische, sondern auch durch intrinsische Faktoren (z. B. unterschiedliche Grade der Aufmerksamkeit) erklärt werden. Erklärungsbedürftig bleibt schließlich das Phänomen der Teilkompetenzen.

8 Glossar

Affixe (Pl.) (S. 42)**:** Nicht frei vorkommende Wortbildungselemente, die vorangestellt (als Präfix), nachgestellt (als Suffix) an einen Wortstamm treten oder in ein Lexem „eingebaut" werden können (Infix). Beispiel: versehen ~ *ver* + *seh* + *en*; Infix ~ *versahen* [d. h. *e* ~ *a*].

ambilateral (S. 69)**:** Ausgeglichene Verarbeitung von Informationen in beiden Hirnhälften (Hemisphären).

Assimilation, die (S. 40)**:** Angleichung eines Sprachlautes an einen benachbarten (vorausgehenden oder nachfolgenden) Laut, meist zur Vereinfachung der Aussprache, z. B. mhd. *zimber* ~ nhd. *Zimmer* oder *Istanbul*, das im Türkischen *Istambul* ausgesprochen wird (vgl. *m* [bilabial] paßt besser zu *b* [bilabial]).

Denotation, die: Die Relation zwischen einem Zeichen (oder Wort) und einem Objekt (bzw. einer Objektmenge), auf die mit dem Wort Bezug genommen wird, z. B. *Mond* und *Himmelskörper* (> Konnotation).

divergentes Denken, das (S. 92)**:** Abweichendes Denken, z. B. die Umformung (Transformation) einer Regel in eine andere (angemessenere) Regel aufgrund von Wahrnehmungen oder Vermutungen (Hypothesen). Man weicht von den üblichen Problemlösungsverfahren ab und sucht nach neuen Möglichkeiten (> produktives Denken).

Drittsprache, die (S. 17)**:** Jede Sprache, die nach der Zweitsprache erlernt wird.

Erstsprache, die (S. 11)**:** Die erste Sprache, die ein Mensch erwirbt. Meist wird damit auch auf die starke Sprache eines Menschen verwiesen; diese starke Sprache muß aber nicht immer die zuerst erworbene Sprache sein.

Erwerben, das (S. 14)**:** Beiläufiges (inzidentielles) Aneignen einer Sprache vorwiegend in informellen Situationen.

Erwerbsstadien (Pl.) (auch **Erwerbsabfolgen** oder **Entwicklungsstadien)** (S. 94)**:** Es wird davon ausgegangen, daß bestimmte Erwerbsstadien durchlaufen werden müssen, damit höhere erreichbar werden, z. B. bei der Negation erst *nein* anaphorisch, später *nein* und auch *nicht* präverbal, noch später postverbal.

Erwerbstheorien (Pl.) (S. 63)**:** Theorien, mit deren Hilfe das Phänomen des Spracherwerbs erklärt werden soll. Die meisten Theorien bieten gute Erklärungen für bestimmte (unterschiedliche) Teilaspekte, eine umfassende und befriedigende Theorie gibt es gegenwärtig aber nicht.

Extension, die (S. 50)**:** Relation zwischen einem Ausdruck (Wort) und dem dazugehörigen Objekt (bzw. der dazugehörigen Objektklasse oder Menge von Objekten) (Gegenbegriff > Intension).

extralinguistische Merkmale (Pl.): Außersprachliche Merkmale, am Anfang des Spracherwerbs werden sie meist stärker beachtet als (>) intralinguistische Merkmale; das gilt auch für die Aneignung einer fremden Sprache.

extrinsisch: Von außen her erfolgende Beeinflussung von Informationen und die mit ihnen verbundenen Worte, die in einem Individuum wirken (> intrinsisch).

Fossilierung, die (S. 104)**:** Ein erreichter Entwicklungsstand (bzw. eine defekte sprachliche Form) wird beibehalten, weil auch mit dieser Form Verständigung in ausreichender Weise möglich ist, z. B. *de* als Einheitsartikel für *die, der, das.*

Fossililerung kann zum Identitätskennzeichen werden und ist dann oft nur schwer abbaubar.

Fremdsprache, die (S. 15): Fremde Sprache, die unter formellen Bedingungen erlernt wird. Der Unterricht findet im Herkunftsland statt, d. h., ein Üben und Gebrauchen der Sprache ist außerhalb des Unterrichts nicht möglich. Eine Fremdsprache wird meist nach der Pubertät mit weniger als fünf Stunden pro Woche unterrichtet.

Fremdwort, das: Aus einer fremden Sprache übernommenes, in Aussprache, Schreibweise oder Flexion noch nicht voll der übernehmenden Sprache angeglichenes Wort, z. B. *Disco* (aus dem Englischen) oder *Flirt* [gesprochen: flört] (aus dem Französischen) (> Lehnwort).

Funktionswort, das (S. 33): Wort, das im Satz nur eine Funktion übernimmt und meist keine besondere Bedeutung trägt, z. B. Konjunktionen, Artikel, Pronomen oder Präpositionen (> Inhaltswort).

Hemisphärendominanz, die: Dominanz einer Hirnhälfte (Hemisphäre) bei der Verarbeitung von Informationen.

Identitätsentwicklung, die (S. 73): Herausbildung des Bewußtseins über die Besonderheit und Gruppenzugehörigkeit der eigenen Person.

induzierter Fehler, der (S. 85): Fehler, der durch äußere Faktoren (die Umgebung eines Lerners) verursacht wird, z. B. durch zu viele Übungen eines bestimmten Typs, durch Fehler des Lehrers oder der Mitschüler.

Inhaltswort, das (S. 23): Wort, das durch seinen Inhalt charakterisierbar ist, z. B. Substantive, Verben oder Adjektive, manche rechnen auch Adverbien dazu (> Funktionswort).

Intension, die (S. 50): Menge der Merkmale, mit deren Hilfe sich ein Begriff (eine Wortbedeutung) bestimmen läßt (Gegenbegriff > Extension).

Intention, die (S. 14): Absicht (oder Ziel) eines Handelnden bei einer Handlung.

Interaktionsstil, der (S. 30): Art und Weise, wie Menschen miteinander umgehen, z. B. Betreuungspersonen mit Kindern, Lehrer mit Schülern. Es wird zwischen permissivem (zulassendem und anregendem) und direktivem (d. h. anweisendem) Interaktionsstil unterschieden (vgl. S. 31f.).

Interferenzfehler, der (S. 83): Fehler, der durch (>) Transfer entsteht. Beispiel: *nach Chause* statt *nach Hause* (im Polnischen wird das *h* meist wie ein *ch* ausgesprochen) oder *Burot* statt *Brot* (im Türkischen gibt es am Wortanfang keine Konsonantenhäufungen, weshalb hier ein *Sproßvokal* (Vokal, der zwischen zwei Konsonanten eingefügt wird und die Aussprache erleichtert) eingeschoben wird). Sprachliche Gewohnheiten oder Regeln der Erstsprache werden also in die neue Sprache transferiert und dort zu Fehlerursachen.

intralinguistische Merkmale (Pl.): Innersprachliche Merkmale. Ihre Bedeutung nimmt für den Lerner mit wachsendem Sprachstand zu, während die Bedeutung (>) extralinguistischer Merkmale abnimmt.

intrinsisch: „Von innen her erfolgend.“ Beschaffenheit von Informationen und die mit ihnen verbundenen Werte, die in einem Individuum wirken (> extrinsisch).

Kompetenzfehler, der: Fehler, die aufgrund eines unzureichenden Lernersprachsystems entstehen. Ein Lerner kann diese Fehler nicht selbst korrigieren (> Performanzfehler).

Konnotation, die (S. 51)**:** Die konventionelle Mit- und Nebenbedeutung eines Wortes, z. B. der *Mond*, der in Europa mit *Liebe* und/oder *Romantik* in Verbindung gebracht wird (> Denotation).

Konzentrationsspanne, die: Fähigkeit eines Menschen, sich auf eine Arbeit oder Problemlösung über eine bestimmte Zeitspanne zu konzentrieren. Sie ist bei Kindern im allgemeinen kürzer als bei Jugendlichen oder Erwachsenen.

Lehnwort, das: Wort, das aus einer anderen Sprache übernommen und den Aussprachegesetzen (auch der Schreibung) der neuen Sprache angepaßt wird, z. B. im Deutschen *Fenster* aus lateinisch *fenestra* oder *Frisör* statt *Friseur* (> Fremdwort).

Lernen einer Sprache (S. 16)**:** Bewußtes, gezieltes (intentionales) Aneignen einer fremden Sprache, zumeist in formellen (unterrichtlichen) Kontexten.

markierte Formen (Pl.) (S. 48)**:** Lexikalische Formen, die bezüglich eines Situationskontextes markiert sind, z. B. *schleichen* (> unmarkierte Formen).

metakognitive Fähigkeiten (Pl.) (S. 73)**:** Fähigkeiten, eigene Informationsverarbeitungsprozesse zu steuern, z. B. wissen, wie man sich etwas besser merkt.

metasprachliche Fähigkeiten (Pl.) (S. 25)**:** Fähigkeiten, über Sprache Urteile abgeben zu können, z. B. eine Wortart oder ein Wortbildungsmuster erkennen. Sie bilden sich u. a. beim Kontakt mit Sprechern (Muttersprachlern) der Zielsprache aus.

Mischsprachen (Pl.) (S. 80)**:** Sprachen, die aus mehreren Sprachen entstanden sind, z. B. Englisch aus Keltisch, Angel-Sächsisch, Normannisch (bzw. Französisch) und Latein.

MLU (S. 25)**:** *Mean length of utterance* (= Mittlere Länge einer Äußerung). In Amerika entwickeltes Verfahren zur Bestimmung des syntaktischen Entwicklungsstandes eines Lerners; die Übertragung auf das Deutsche ist nicht unumstritten.

Mongolismus, der (S. 25)**:** Erbkrankheit durch Dreifachvorhandensein eines Chromosoms. Die Patienten beginnen spät zu sprechen, entwickeln sich dann aber kurze Zeit normal, ehe der Erwerb der Sprache beim sprachlichen Entwicklungsstand eines ca. dreijährigen Kindes zum Stillstand kommt.

nonverbal (S. 12)**:** „nicht-sprachlich" = was wir tun, während wir sprechen. Nonverbale Elemente (z. B. Gesten) unterstützen unsere Äußerungen, modifizieren oder verstärken sie, können sie auch substituieren. Nonverbale Elemente werden bei der Analyse von Gesprächen von Sprachwissenschaftlern häufig vernachlässigt.

Normalform, die (S. 23)**:** Wortfolge im Aussagesatz (im Deutschen z. B. Subjekt – Verb – Objekt oder SVO). Sie gilt als besonders häufige Konstruktion, wird von den Lernern leichter (bzw. früher) aufgegriffen als davon abweichende Formen (z. B. im Deutschen mit Objektvoranstellung). Vgl.: (1) *Peter trägt den Ball.* (2) *Den Ball trägt Peter.*

Performanzfehler, der (S. 85)**:** Fehler, die durch situative Einflüsse (z. B. Müdigkeit oder Angst) verursacht werden. Performanzfehler kann ein Lerner gewöhnlich selbst korrigieren, sonst handelt es sich um (>) Kompetenzfehler.

Phraseologismus, der (auch **Redewendung** oder **Idiom**)**:** Zumeist mehrere Wörter, die als Einheit verwendet werden und eine Gesamtbedeutung (meist eine übertragene Bedeutung) haben, z. B. *mit jemandem unter vier Augen reden, seine Zelte abbrechen, jemandem ein Loch in den Bauch reden.*

Polaritätsadjektive (Pl.) (S. 48)**:** Meist Adjektivpaare, die die Endpunkte eines Kontinuums (d. h. Pole) angeben, z. B. *heiß : kalt, groß : klein, dick : dünn.*

primärer Bilingualismus, der (S. 11)**:** Gleichzeitiger Erwerb zweier Sprachen in der frühen Kindheit (d. h. bis zum Alter von drei bis vier Jahren) (> sekundärer Bilingualismus).

produktives Denken, das (S. 92)**:** Wenn jemand von üblichen Denkgewohnheiten oder Erklärungen abweicht bzw. nach anderen Erklärungsmöglichkeiten sucht und dabei etwas Neues entdeckt. Problemlösungen erfordern oft neue Wahrnehmungen, Begriffe oder Hypothesen, damit eine produktive Lösung gefunden werden kann. Wichtig sind dabei die jeweiligen Lernvoraussetzungen, beim Lernen einer fremden Sprache der bereits erreichte Sprachstand (> divergentes Denken).

prosodische Elemente/Merkmale (Pl.) (S. 21/S. 36)**:** Elemente/Merkmale, die der Hervorhebung von Äußerungsteilen dienen, dazu gehören z. B. Sprechersignale wie Sprechtempo, Sprechpausen, Lautstärke, Tonhöhe oder Akzent. Sie dienen der Betonung von Gedanken oder Aussagen, dem Sprecherwechsel oder dem Ausdruck von Gefühlen oder Einstellungen zum Gesagten oder zu einem Gesprächspartner.

sekundärer Bilingualismus, der (S. 16)**:** Nachzeitiger Erwerb einer zweiten oder mehrerer Sprachen, der nach dem Erwerb der Primärsprache im Kindesalter oder später stattfindet.

Transfer, der (S. 17)**:** Übertragung von einem Sprachsystem auf ein anderes. Man unterscheidet zwischen positivem Transfer (was sich übertragen läßt und daher die sprachliche Verarbeitung erleichtert) und negativem Transfer (was nicht übertragbar ist und deshalb zu Fehlern führt). Durch negativen Transfer entstehen sog. (>) Interferenzfehler, d. h. Abweichungen von der Zielsprache, die durch den Einfluß der Erstsprache oder einer anderen, früher gelernten Sprache entstehen.

Übergeneralisierung, die (S. 41)**:** Ein Element oder eine Regel wird unangemessen (verallgemeinernd) gebraucht, z. B. *Wauwau* nicht nur für Hunde, sondern für alle Vierbeiner oder *singte* statt *sang*, nachdem die schwachen Verben erlernt wurden.

unmarkierte Form, die (S. 48)**:** Allgemeinere Formen (z. B. *Ding* statt *Mütze* oder *gehen* statt *schleichen*), die nicht bezüglich eines Gebrauchskontextes markiert sind. Unmarkierte Formen lassen sich kommunikativ häufiger gebrauchen, weil wir sie mit unspezifischeren Bedeutungen verbinden.

Verdoppelung, die (S. 40)**:** Ein Element oder eine Elementfolge wird dupliziert, meist zur Vereinfachung der Aussprache, vgl. *Traktor* und die vereinfachte Form *Tratro.*

Vereinfachung, die (S. 33)**:** Kann aus kommunikativen oder strukturellen Gründen erfolgen, z. B. Auslassung eines Subjekts, wenn aufgrund des Kontextes klar ist, was gemeint ist (kommunikative oder reduktive Vereinfachung). Eine Auslassung (oder Vereinfachung) kann aber auch erfolgen, weil der Lerner sich gerade um ein anderes (neues) sprachliches Phänomen bemüht und daher etwas vernachlässigt; so kann z. B. die Partikelregel vernachlässigt werden, wenn gerade die Inversion fokussiert wird. Vereinfachungen letzterer Art nennt man auch elaborative Vereinfachungen.

Zweitsprache, die (S. 15)**:** Jede Sprache, die nach der Erstsprache erlernt wurde. Oft wird damit auch auf eine Alternativsprache (d. h. auf eine zweite Sprache) verwiesen, die zum Überleben in einer fremden Gesellschaft (oder einer Majoritätsgesellschaft) notwendig ist und darum (z. B. von Angehörigen der Minoritäten) häufig fast so gut beherrscht wird wie die Erstsprache.

9 Literaturhinweise

9.1 Bibliographie zum Spracherwerb (Teil I) – Erstspracherwerb

ANDRESEN, H. (1985): *Schriftspracherwerb und die Entstehung von Sprachbewußtheit*. Opladen.

ANGLIN, J. M. (1977): *Word, object and conceptual development*. New York: Norton.

ANGLIN, J. M. (1978): *From reference to meaning*. In: *Child Development* 49, S. 969 – 976.

ANGLIN, J. M. (1986): *Semantic and conceptual knowledge underlying child's words*. In: KUCZAJ, S. A./BARRETT, M. D. (eds.): *The development of word meaning*. Berlin/New York, S. 83 – 97.

ANISFIELD, M./TUCKER, R. G. (1967): *Englische Pluralisationsregeln bei sechsjährigen Kindern*. In: EICHLER, W./HOFER, A. (Hrsg.) (1974): *Spracherwerb und linguistische Theorien*. München: Piper, S. 243 – 263.

APELTAUER, E. (1987 a): *Einführung in den gesteuerten Zweitspracherwerb*. In: APELTAUER, E. (Hrsg.): *Gesteuerter Zweitspracherwerb, Voraussetzungen und Konsequenzen*. München, S. 9 – 53.

ASHER, J. J./GARCIA, R. (1969): *The optimal age to learn a foreign language*. In: *Modern Language Journal* 53, S. 334 – 341.

AUGST, G. (Hrsg.) (1978): *Spracherwerb von 6 – 16*. Düsseldorf: Schwann.

AUSUBEL, D. (1963): *Adults versus children in second language learning: Psychological considerations*. In: *Modern Language Journal* 48.

BAUR, R. S./GRZYBEK, P. (1985): *Neuropsychologische Grundlagen des Fremdsprachenerwerbs*. In: DONNERSTAG, J./KNAPP-POTTHOFF, A. (Hrsg.): *Kongreßdokumentation der 10. Arbeitstagung der Fremdsprachendidaktiker*. Tübingen, S. 173 – 182.

BAUSCH, K. R./KÖNIGS, F. G. (1983): *Lernt oder erwirbt man Fremdsprachen im Unterricht?* In: *Die Neueren Sprachen* 12, H. 4/1983, S. 308 – 336.

BELLUGI, U. (1967): *The acquisition of negation*. Harvard.

BERKO, J. (1958): *Das Erlernen der englischen Morphologie durch das Kind*. In: EICHLER, W./HOFER, A. (Hrsg.) (1974): *Spracherwerb und linguistische Theorien*. München: Piper, S. 215 – 242.

BIERE, B. U. (1978): *Kommunikation unter Kindern, Methodische Reflexion und exemplarische Beschreibung*. Tübingen.

BIERWISCH, M. (1967): *Einige semantische Universalien in deutschen Adjektiven*. In: STEGER, H. (Hrsg.) (1970): *Vorschläge für eine strukturelle Grammatik des Deutschen*. Darmstadt, S. 269 – 275.

BIERWISCH, M. (1981): *Basic issues in the development of word meaning*. In: DEUTSCH, W. (ed.): *The child's construction of language*. London.

BLOOM, L. u. a. (1980): *Complex sentences: Acquisition of syntactic connectives and the semantic relations they encode*. In: *Journal of Child Language* 7, S. 235 – 261.

BLOOMFIELD, L. (1933): *Language*. New York.

BOURN, J. (1988): *„Natural acquisition" as a „masked pedagogy"*. In: *Applied Linguistics* 9, H. 1/1988, S. 83 – 99.

BOWERMAN, M. (1982): *Reorganizational processes in lexical and syntactic development.* In: WANNER, E./GLEITMAN, L. R. (1983), S. 319 – 346.

BOWERMAN, M. (1985): *What shapes children's grammars?* In: SLOBIN, D. I. (1985 b), S. 1257 – 1319.

BOWEY, J. A./TUNMER, W. E. (1984): *Word awareness in children.* In: TUNMER, W. E. u. a. (eds.): *Metalinguistic awareness in children. Theory, research and implications.* Berlin/Heidelberg/New York, S. 73 – 92.

BRITTON, J. (1973): *Die sprachliche Entwicklung in Kindheit und Jugend.* Düsseldorf: Schwann [engl. Original 1970].

BROWN, R. (1973): *A first language: The early stages.* Cambridge (Massachusetts).

BROWN, R. u. a. (1968): *Die Grammatik des Kindes von I - III.* In: HILL, J. P. (ed.): *Minnesota Symposia on child development.* Minneapolis [übersetzt in: PRILLWITZ, S. u. a. (Hrsg.) (1975): *Der kindliche Spracherwerb. Ein psycholinguistischer Reader.* Braunschweig, S. 144 – 189].

BROWN, R./HANLON, C. (1970): *Derivational complexity and order of acquisition in child speech.* In: HAYES (ed.): *Cognition and the development of language.* New York.

BRUNER, J. S. (1974/75): *Von der Kommunikation zur Sprache - Überlegungen aus psychologischer Sicht.* In: *Cognition* 3, H. 3/1974/75, S. 255 – 287 [übersetzt in: MARTENS, K. (Hrsg.) (1979): *Kindliche Kommunikation, Theoretische Perspektiven, empirische Analysen, methodolgische Grundlagen.* Frankfurt/M: Suhrkamp, S. 9 – 61].

BRUNER, J. (1987): *Wie das Kind sprechen lernt.* Bern/Stuttgart/Toronto.

CALLANAN, M. A. (1985): *How parents label objects for young children: The role of input in the acquisition of category hierarchies.* In: *Child Development* 56, S. 508 – 523.

CALVIN, W. H./OJEMAN, G. A. (1995): *Einsicht ins Gehirn. Wie Denken und Sprache entstehen.* München: Hanser.

CAREY, S. (1983): *Semantic development: the state of the art.* In: WANNER, E./ GLEITMAN, L. R. (1983), S. 347 – 389.

CAREY, S./BARTLETT, E. (1978): *Acquiring a single new word.* In: *Papers and Reports on Child Language Development* 15, S. 17 – 29.

CHOMSKY, N. (1958): *A Review of B. F. Skinners „Verbal Behavior".* In: *Language,* H. 35/1958, S. 26 – 58.

CLAHSEN, H. (1982): *Spracherwerb in der Kindheit: Eine Untersuchung zur Entwicklung der Syntax bei Kleinkindern.* Tübingen.

CLAHSEN, H. (1984): *Der Erwerb von Kasusmarkierungen in der deutschen Kindersprache.* In: *Linguistische Berichte,* H. 89/1984, S. 1 – 31.

CLARK, E. (1972): *Über den Erwerb von Antonymen in zwei semantischen Feldern durch das Kind.* In: EICHLER, W./HOFER, A. (Hrsg.) (1974): *Spracherwerb und linguistische Theorie.* München: Piper, S. 399 – 414.

CLARK, E. V. (1973 a): *What's in a word? On the child's acquisition of semantics in his first language.* In: MOORE, T. E. (ed.): *Cognitive development and the acquisition of language.* New York: Academic Press [wieder in: CLARK, E. V. (1979): *The Ontogenesis of Meaning.* Wiesbaden: Athenaion, S. 12 – 63].

CLARK, E. V. (1973 b): *Non-linguistic strategies and the acquisition of word meanings.* In: *Cognition* 2, H. 2/1973, S. 161 – 182.

CLARK, E. V. (1974): *Some aspects of the conceptual basis for first language acquisition.* In: SCHIEFELBUSCH, R. L./LLOYD, L. L. (eds.): *Language perspectives – Acquisition, retardation, and intervention.* Baltimore: Uni Park Press.

CLARK, E. V. (1987): *The principle of contrast: A constraint on language acquisition.* In: McWHINNEY, B. (ed.): *Mechanisms of language acquisition.* Hillsdale (New Jersey)/London, S. 1 – 33.

CLARK, E. V./GARNICA, O. K. (1974): *Is he coming or going? On the acquisition of deictic verbs.* In: *Journal of Verbal Learning and Verbal Behavior*, H. 13/1974, S. 559 – 572.

CLARK, E. V./SENGUL, C. J. (1978): *Strategies in the acquisition of deixis.* In: *Journal of Child Language* 5, S. 457 – 475.

CONDON, W. (1975): *Speech makes babies move.* In: LEWIN, R. (ed.): *Child alive.* New York, S. 75 – 85.

CONDON, W./SANDER L. W.(1974): *Synchrony demonstrated between movements of the neonate and adult speech.* In: *Child Development* , H. 45/1974, S. 456 – 462.

CORSARO, W. A. (1979): *Sociolinguistic patterns in adult-child interaction.* In: OCHS, E./SCHIEFFELIN, B. (1979), S. 373 – 389.

CROSS, T. G. (1978): *Mother's speech and its acquisition with rate of linguistic development in young children.* In: WATERSON, N./SNOW, C. E. (1978), S. 199 – 216, 233.

CROSS, T. G. (1981): *Parental speech as primary linguistic data.* In: DALE, P. S./ INGRAM, D. (1981), S. 315 – 328.

CURTISS, S. (1977): *Genie: A psycholinguistic Study of a modern day wild child.* New York.

CURTISS, S. (1981): *Dissociations between language and cognition: Cases and implications.* In: *Journal of Autism and Developmental Disorders* 11, S. 15 – 30.

CURTISS, S. u. a. (1979): *How independent is language? On the acquisition of formal parallels between action and grammar.* In: *UCLA Working Papers in Cognitive Linguistics* 1, S. 131 – 157.

DALE, P. S. (1976): *Language Development, Structure and Function.* New York/ Chicago: Holt Rinehart.

DALE, P. S./INGRAM, D. (eds.) (1981): *Child language – an international perspective.* Baltimore.

DE VILLIERS, J./DE VILLIERS, P. (1973): *A cross-sectional study of the acquisition of grammatical morphems in child speech.* In: *Journal of Psycholinguistic Research,* H. 2/1973, S. 267 – 278.

ECKMAN, F. R. u. a. (eds.) (1984): *Universals of second language acquisition.* Rowley (Massachusetts).

EICHLER, W./HOFER, A. (Hrsg.) (1974): *Spracherwerb und linguistische Theorien, Texte zur Sprache des Kindes.* München.

FELIX, S. W./HAHN, A. (1985): *Fremdsprachenunterricht und Spracherwerbsforschung. Eine Antwort an Bausch, K. R./Königs, F. G..* In: *Die Neueren Sprachen* 84, H. 2/1985, S. 191 – 206.

FERGUSON, C. A./FARWELL, C. B. (1975): *Words and sounds in early language acquisition.* In: *Language* 51, S. 439 – 491.

FERNALD, A. (1984): *The perceptual and affective salience of mother's speech to infants.* In: FEGANS, L. u. a. (eds.): *The origins and growth of communication.* Norwood (New Jersey).

FERNALD, A./KUHL, P. (1987): *Acoustic determinants of infant preference for motherese speech.* In: *Infant Behavior and Development* 10, S. 279 – 293.

FINKENSTAEDT, T./SCHRÖDER, K. (1990): *Sprachschranken statt Zollschranken?* Essen.

FOSS, D. J./HAKES, D. T. (1978): *Psycholinguistics. An introduction to the psychology of language.* Englewood Cliffs/London.

FRANCESCATO, G. (1973): *Spracherwerb und Sprachstruktur beim Kinde.* Stuttgart [ital. Original 1970].

FREDERICI, A. D. (1984): *Neuropsychologie der Sprache.* Stuttgart: Kohlhammer.

FRENCH, L. A./NELSON, K. (1985): *Young children's knowledge of relational terms: Some <ifs>, <ors>, and <buts>.* New York: Springer.

FROMKIN, V./RODMAN, R. (1974): *An introduction to language.* New York/Chicago.

GENO, T. H. (1981): *A chronicle: Political, professional and public activities surrounding the President's Commission on Foreign Language and International Studies.* In: *Northeast Conference Reports* (1981).

GENTNER, D. (1975): *Der experimentelle Nachweis der psychologischen Realität semantischer Komponenten: Die Verben des Besitzes.* In: NORMAN, D. A./RUMELHART, D. (Hrsg.): *Strukturen des Wissens, Wege der Kognitionsforschung.* Stuttgart, S. 213 – 248.

GLEITMAN, L. R. (1986): *Biological dispositions to learn language.* In: DEMOPOULOS, W./MARRAS, A. (eds.) (1986): *Language learning and concept acquisition.* Norwood (New Jersey), S. 3 – 28.

GLEITMAN, L. R./WANNER, E. (1982): *Language acquisition: the state of the art.* In: WANNER, E./GLEITMAN, L. R. (1983), S. 3 – 48.

GOODGLASS, H. (1983): *A neuropsychological approach.* In: SUTDDERT-KENNEDY, M. (ed.): *Psychobiology of language.* Cambridge (Massachusetts), S. 20 – 25.

GRIMM, H. (1977): *Psychologie der Sprachentwicklung.* Stuttgart: Kohlhammer [2 Bände].

GRIMM, H. (1982): *Sprachentwicklung: Voraussetzungen, Phasen und theoretische Interpretationen.* In: OERTER, R./MONTADA, L. (Hrsg.): *Entwicklungspsychologie.* München/Wien/Baltimore, S. 506 – 567.

HAKES, D. T. (1980): *The Development of metalinguistic abilities in children.* Berlin/Heidelberg/New York: Springer.

HALLIDAY, M. A. K. (1975): *Learning how to mean: Explorations in the development of language.* London: Edward Arnold.

HAVILAND , S. E./CLARK, E. (1974): *„This man's father is my father's son": A study of the acquisition of English kin terms.* In: *Journal of Child Language* 1, S. 23 – 47.

HEATH, S. B. (1986): *What no bedtime story means: narrative skills at home and school.* In: SCHIEFFELIN, B. B./OCHS, E. (1986), S. 97 - 127.

HIRSCH-PASEK, K. u. a. (1984): *Brown and Hanlon revisited: Mother's sensitivity to ungrammatical forms.* In: *Journal of Child Language* 11, S. 81 – 88.

HÖRMANN, H. (1981): *Einführung in die Psycholinguistik.* Darmstadt: Wissenschaftliche Buchgesellschaft.

HÜLLEN, W. (1984): *Streitbare Anmerkungen zu Sasche W. Felix' „Psycholinguistische Aspekte des Zweitspracherwerbs".* In: *Studium Linguistik* 15, S. 102 – 109.

HUFEISEN, B. (1991): *Englisch als erste und Deutsch als zweite Fremdsprache.* Frankfurt/M./Bern.

HUGHES, M./GRIEVE, R. (1980): *On asking children bizarre questions*. In: *First Language* 1, S. 149 – 160.

HUNT, M. (1984): *Das Universum in uns*. München: Piper.

ILLICH, I. (1982): *Vom Recht auf Gemeinheit*. Reinbek b. Hamburg: rororo.

JACKSON, J. (1974): *Language identity of the Colombian Vaupé Indians*. In: BAUMANN, R./SHERZER, J. (eds.): *Explorations in the ethnography of speaking*. Cambridge (Massachusetts), S. 50 – 65.

JACOBS, B. (1988): *Neurobiological Differentiation of Primary and Secondary Language acquisition*. In: *Studies in Second Language Acquisition*, Bd.10, H. 3/1988, S. 303 – 339.

JAKOBSON, R. (1972): *Kindersprache, Aphasie und allgemeine Lautgesetze*. Frankfurt/M.: Suhrkamp [Original 1941].

JESPERSEN, O. (1921): *Language, its nature, development and origin* [zitiert nach der Ausgabe der Norton Library von 1964].

JOCIC, M. (1978): *Adaption in adult speech during communication with children*. In: WATERSON, N./SNOW, C. E. (1978), S. 159 – 171.

KARMILOFF-SMITH, A. (1979): *Language development after five*. In: FLETCHER, P./GARMAN, M. (eds.): *Language Acquisition*. Cambridge: University Press.

KEGEL, G. (1974): *Sprache und Sprechen des Kindes*. Reinbek b. Hamburg: rororo studium 59.

KIELHÖFER, B./JONEKEIT, S. (1983): *Zweisprachige Kindererziehung*. Tübingen.

KLATZSKY, R. L. u. a. (1973): *Asymmetries in the acquisition of polar adjectives. Linguistic or conceptual?* In: *Journal of Experimental Child Psychology* 16, S. 32 – 46.

KLEIN, W. (1984): *Zweitspracherwerb. Eine Einführung*. Königstein/Ts.

KÖNIG, G. (1972): *Strukturen kindlicher Sprache. Zum Schreibstil zehn- bis zwölfjähriger Schüler*. Düsseldorf.

KUCZAJ, S. A. (1979): *Evidence for a language learning strategy: On the relative ease of acquisition of prefixes and suffixes*. In: *Child Development* 50, S. 1 – 13.

KUCZAJ, S. A./BARRETT, M. D. (eds.) (1986): *The development of wordmeaning*. New York/Berlin.

KÜPPERS, W. (1980): *Psychologie des Deutschunterrichts, Spracherwerb, sprachlicher Ausdruck, Verständnis für literarische Texte*. Stuttgart.

LANDAU, B./GLEITMAN, L. R. (1985): *Language and experience*. Cambridge (Massachusetts).

LANE, H. (1976): *Das wilde Kind von Aveyron*. Frankfurt/M./Berlin [zitiert nach der Ullstein-Ausgabe von 1985].

LANGER, I. u. a. (1981): *Sich verständlich ausdrücken*. München.

LEECH, G./SVARTVIK, J. (1975): *A communicative grammar of English*. London.

LENNEBERG, E. H. (1967): *Biological foundations of language*. New York.

LEWIS, M. M. (1970): *Sprache, Denken und Persönlichkeit im Kindesalter*. Düsseldorf: Schwann [Engl. Original 1963].

LIST, D. (1996): *Zwei Sprachen und ein Gehirn. Befunde aus der Neuropsychologie und Überlegungen zum Zweitspracherwerb*. In: *Fremdsprache Deutsch* (Sondernummer 1995), S. 27 – 35.

LURIJA, A. R./JUDOWITSCH, F. I. (1959): *Die Funktion der Sprache in der geistigen Entwicklung des Kindes*. Düsseldorf (1970).

MALSHEEN, B. (1980): *Two hypotheses for phonetic clarification in the speech of mother's to children*. In: YENI-KOMSHIAN, G. u. a. (eds.): *Child phonology*. New York, Bd. 2, Perception.

MARATSOS, M. P. (1974): *When is a high thing a big one?* In: *Developmental Psychology* 10, S. 367 – 375.

MARLER, P. (1970): *A comparative approach to vocal learning: Song develompent in white-crowned sparrows*. In: *Journal of Comparative and Physiological Psychology* 71, S. 1 – 25.

MAZURKEWICH, I./WHITE, L. (1984): *The acquisition of the dative-alternation: Unlearning overgeneralizations*. In: *Cognition* 16, S. 261 – 283.

McLAUGHLIN, B. (1984): *Second language acquisition in childhood: Vol.1: Preschool children*. Hillsdale (New Jersey) [Second edition].

McLAUGHLIN, B./NAYAK, N. (1989): *Processing a new language: Does knowing other languages make a difference?* In: DECHERT, H. W./RAUPACH, M. (eds.): *Interlingual processes*. Tübingen, S. 5 – 16.

MERVIS, C. B./MERVIS, C. A. (1982): *Leopards are kitty-cats: Object labelling by mothers for their thirteen-month-olds*. In: *Child Development* 53, S. 267 – 273.

MILLER, G. A./JOHNSON-LAIRD, P. N. (1976): *Language and Perception*. Cambridge (Massachusetts).

MILLER, M. (1976): *Zur Logik der frühkindlichen Sprachentwicklung*. Stuttgart: Klett.

MILLER, M./WEISSENBORN, J. (1978): *Pragmatische Voraussetzungen für den Erwerb lokaler Referenz*. In: MARTENS, K. (Hrsg.): *Kindliche Kommunikation, Theoretische Perspektiven, empirische Analysen, methodologische Grundlagen*. Frankfurt/M., S. 61 – 76.

MILLS, A. E. (1985): *The Acquisition of German*. In: SLOBIN, D. J. (1985 b), S. 141 – 254.

MÖHLE, D. (1989): *Multilingual interaction in foreign language production*. In: DECHERT, H. W./RAUPACH, M. (eds.): *Interlingual processes*. Tübingen.

MONTADA, L. (1982): *Die geistige Entwicklung aus der Sicht Jean Piagets*. In: OERTER, R./MONTADA, L. (Hrsg.): *Entwicklungspsychologie*. München/Wien/Baltimore, S. 375 – 425.

MÜHLFELD, C. (1975): *Sprache und Sozialisation*. Hamburg.

NATION, R./McLAUGHLIN, B. (1986): *Experts and novices: An information-processing approach to the „good language learner" problem*. In: *Applied Linguistics* 7/1986, S. 41 – 56.

NELSON, K. E. (1973): *Structure and strategie in learning to talk*. In: *Monographs of the Society for Research in Child Development* 38, S. 66.

NELSON, K. E. (1974): *Concept, word and sentences: interrelations in acquisition and development*. In: *Psychological Review* 81, S. 267 – 285.

NELSON, K. E. (1981): *Toward a rare-event cognitive comparison theory of syntax acquisition*. In: DALE, P. S./INGRAM, D. (eds.): *Child language – an international perspective*. Baltimore, S. 228 – 240.

NEUFELD, G. G. (1978): *On the acquisition of prosodic and artikulatory features in adult language learning*. In: *Canadian Modern Language Review*, S. 163 – 194 [wieder in: FELIX, S. W. (ed.) (1980): *Second language development, trends and issues*. Tübingen, S. 137 – 151, danach zitiert].

NEWMAN, D. (1982): *Perspective taking versus content in understanding lies*. In: *Quarterly Newsletter of the Laboratory of Comparative Human Cognition*, H. 4/1982, S. 26 – 29.

NORMAN, D. A./RUMELHART, D. E. (1978): *Referenz und Verständnis.* In: NORMAN, D. A./RUMELHART, D. E. (Hrsg.): *Strukturen des Wissens, Wege der Kognitionsforschung.* Stuttgart: Klett-Cotta, S. 78 – 96.

OCHS, E./SCHIEFFELIN, B. (eds.) (1979): *Developmental pragmatics.* New York u. a.

OESER, E./SEITELBERGER, F. (1988): *Gehirn, Bewußtsein und Erkenntnis.* Darmstadt: Dimensionen der modernen Biologie 2.

OKSAAR, E. (1977): *Spracherwerb im Vorschulalter. Eine Einführung in die Pädolinguistik.* Stuttgart: Kohlhammer [zitiert nach der 2. Auflage von 1987].

OLMSTED, D. L. (1971): *Out of the mouth of babes.* The Hague.

OLSON, D./ASTINGTON, J. W. (1986): *Children's acquisition of metalinguistic and metacognitive verbs.* In: DEMOPOULOS, W./MARRAS, A. (eds.): *Language learning and concept acquisition.* Norwood (New Jersey), S. 184 – 199.

OLSON, D./FILBY, N. (1972): *On the comprehension of active and passive sentences.* In: *Cognitive Psychology* 3, S. 361 – 381.

OOMEN-WELKE, I. (1988): *Sprachstrukturen lernen: Der Genitiv im Munde türkischer Kinder oder: ein Schafes Fell.* In: OOMEN-WELKE, I./RHÖNECK, C. v. (Hrsg.): *Schüler: Persönlichkeit und Lernverhalten, Methoden des Messens und Deutens in der fachdidaktischen Unterrichtsforschung.* Tübingen, S. 160 – 200.

OSKARSSON, M. (1973): *Assesing the relative effectiveness of two methods of teaching English to adults. A replication experiment.* In: *International Review of Applied Linguistics* (IRAL), 1/3, H. 10/1973, S. 251 – 261.

OYAMA, S. (1976): *A sensitive period for the acquisition of a nonnative phonological system.* In: *Journal of Psychological Research* 5, S. 261 – 285.

PAPANDROPOULOU, I./SINCLAIR, H. (1974): *What is a word? Experimental study of children's idea on grammar.* In: *Human Development* 17, S. 241 – 258.

PAPROTTÉ, W. (1977): *Zum Erwerb der lokativ / direktionalen Präpositionen „in, auf, über, unter".* In: *Kongreßberichte der 8. Jahrestagung der Gesellschaft für angewandte Linguistik.* Mainz, S. 167 – 180.

PENNER, S. (1987): *Parental responses to grammatical and ungrammatical child utterances.* In: *Child Development* 58, S. 376 – 384.

PETERS, A. M. (1983): *The units of language acquisition.* Cambridge: University Press.

PIAGET, J. (1947): *Psychologie der Intelligenz.* Zürich.

PIAGET, J. (1983): *Sprechen und Denken des Kindes.* Frankfurt/M./Berlin: Ullstein [Franz. Original 1923].

PINKER, S. (1984): *Language Learnability and Language Development.* Cambridge (Massachusetts)/London.

PLATT, M. (1986): *Social norms and lexical acquisition: a study of deictic verbs in Samoan child language.* In: SCHIEFFELIN, B. B./OCHS, E. (1986), S. 127 – 153.

PORSCHÉ, D. C. (1983): *Die Zweisprachigkeit während des primären Spracherwerbs.* Tübingen.

QUINE, W. O. (1960): *Word and Object.* Cambridge (Massachusetts).

RAFFLER-ENGEL, W. v. (1980): *Developmental Kinesics: The Acquisition of Conversational nonverbal Behavior.* In: RAFFLER-ENGEL, W. v. (ed.): *Aspects of nonverbal communication.* Lisse, S. 133 – 159.

RAMGE, H. (1973): *Spracherwerb, Grundzüge der Sprachentwicklung des Kindes.* Tübingen [zitiert nach der 2. Auflage 1975].

RICKHEIT, G. (1975): *Zur Entwicklung der Syntax im Grundschulalter.* Düsseldorf.

ROBINSON, E. J. (1980): *Mother-child interaction and the child's understanding about communication.* In: *International Journal of Psycholinguistics* 7, S. 85 – 101.

ROSCH, E./MERVIS, C. B. (1975): *Family resemblances: Studies in the internal structure of categories.* In: *Cognitive Psychology* 7, S. 573 – 605.

ROSCH, E. u. a. (eds.) (1978): *Cognition and Categorization.* Hillsdale (New Jersey).

RUOFF, A. (1981): *Häufigkeitswörterbuch gesprochener Sprache.* Tübingen: Niemeyer [zitiert nach der 2. Auflage 1990].

RUTHERFORD, W. E. (ed.) (1984): *Language universals and second language acquisition.* Amsterdam/Philadelphia.

SACHS, J. B./JOHNSON, M. L. (1981): *Language learning with restricted input: Case studies of two hearing children of deaf parents.* In: *Applied Psycholinguistics* 2, S. 33 – 54.

SACKS, O. (1987): *Der Mann, der seine Frau mit einem Hut verwechselte.* Reinbek b. Hamburg.

SCARRY, R. (1982): *Mein allerschönstes Wörterbuch.* Zürich, S. 55.

SCHEIBEL, M. A. u. a. (1985): *Dentritic organization of the anterior speech area.* In: *Experimental Neurology* 87, S. 109 – 117.

SCHIEFFELIN, B. B./OCHS, E. (eds.) (1986): *Language socialization across cultures.* Cambridge (Massachusetts).

SCHNELLE, H. (Hrsg.) (1981): *Sprache und Gehirn, Roman Jacobson zu Ehren.* Frankfurt/M.: Suhrkamp.

SCUPIN, E./SCUPIN, G. (1907): *Bubis erste Kindheit.* Leipzig.

SELIGER, H. W. (1982): *On the possible role of the right hemisphere in second language acquisition.* In: *Tesol Quarterly* 16, S. 307 – 314.

SINCLAIR, H. (1967): *Acquisition du langage et development de la pensée.* Paris.

SKINNER, B. F. (1957): *Verbal behavior.* New York.

SLOBIN, D. I. (1973): *Cognitive prerequisites for the development of grammar.* In: FERGUSON, C. A./SLOBIN, D. I. (eds.): *Studies of child language development.* New York/Chicago u. a., S. 175 – 208.

SLOBIN, D. I. (1977): *Language change in childhood and in history.* In: MACNAMARA, J. (ed.): *Language learning and thought.* New York/San Francisco u. a., S. 185 – 215.

SLOBIN, D. I. (1982): *Universal and particular in the acquisition of language.* In: WANNER, E./GLEITMAN, L. (ed.): *Language acquisition: The state of the art.* Cambridge/London, S. 128 – 170.

SLOBIN, D. I. (1985 a): *Crosslinguistic evidence for the language-making capacity.* In: SLOBIN, D. I. (1985 b), S. 1157 – 1256.

SLOBIN, D. I. (ed.) (1985 b): *The crosslinguistic study of language acquisition.* Hillsdale (New Jersey) [2 Bände].

SNOW, C. E. (1977): *Mother's speech research: from input to interaction.* In: SNOW, C. E./FERGUSON, C. A. (eds.) (1977): *Talking to children, language input and acquisition.* Cambridge (Massachusetts), S. 31 – 49.

SNOW, C. E. u. a. (1976): *Mother's speech in three social classes.* In: *Journal of Psycholinguistic Research* 5, S. 1 – 19.

SNOW, C. E./FERGUSON, C. A. (eds.) (1977): *Talking to children: language input and acquisition*. Cambridge (Massachusetts).

SONDERGAARD, B. (1981): *Decline and fall of an individual bilingualism*. In: *Journal of Multilingual and Multicultural Development*, S. 297 – 302.

STERN, C./STERN, W. (1987): *Die Kindersprache. Eine psychologische und sprachtheoretische Untersuchung*. Darmstadt [Erstauflage Leipzig 1907].

SZAGUN, G. (1980): *Sprachentwicklung beim Kind. Eine Einführung*. München: Urban & Schwarzenberg [zitiert nach der 3. Aufl. 1986].

SZAGUN, G. (1983): *Bedeutungsentwicklung beim Kind. Wie Kinder Wörter entdekken*. München.

SWAIN, M. u. a. (1990): *The role of mother tongue literacy in third language learning*. In: *Language Culture Curriculum* 3, H. 1/1990, S. 65 – 81.

TAESCHNER, T. (1983): *The sun is feminine. A study on language acquisition in bilingual children*. Berlin u. a.

VILLIERS, P. DE /VILLIERS, J. DE (1973): *A cross-sectional study of the acquisition of grammatical morphems in child speech*. In: *Journal of Psycholinguistic Research*, H. 2/1973, S. 267 – 278.

WANNER, E./GLEITMAN, L. R. (eds.) (1983): *Language acquisition, the state of the art*. Cambridge u. a.

WATERSON, N./SNOW, C. E. (eds.) (1978): *The development of communication*. Chichester/New York.

WEBER, U. (1975): *Kognitive und kommunikative Aspekte der Sprachentwicklung*. Düsseldorf.

WILKINS, D. A. (1972): *Linguistics in language teaching*. London.

WIRTH, G. (1983): *Sprachstörungen, Sprechstörungen, kindliche Hörstörungen, Lehrbuch für Ärzte, Logopäden und Sprachheilpädagogen*. Köln.

WODE, H. (1976): *Some stages in the acquisition of questions by monolingual children*. In: *Word* 27, S. 261 – 310.

WYGOTSKI, L. S. (1969): *Denken und Sprechen*. Frankfurt/M. [Russ. Original 1934].

9.2 Bibliographie zum Spracherwerb (Teil II) – Aneignung einer fremden Sprache

ABRAHAM, R. G. (1983): *Relationships between use of the strategy for monitoring and the cognitive style*. In: *Studies in Second Language Acquisition* 6/1, S. 17 – 32.

ABRAMSON, L. Y. u. a. (1978): *Learned helplessness in Humans: Critique and reformulation*. In: *Journal of Abnormal Psychology* 87/1 (1978), S. 49 – 74.

AHUKANNA, J. G. W. u. a. (1981): *Inter- and Intra-lingual interference effects in learning a third language*. In: *Modern Language Journal* 65, S. 281 – 287.

AKSU-KOC, A. A./SLOBIN, D. I. (1985). *The acquisition of Turkish*. In: SLOBIN, D. I. (ed.) (1985): *The cross-linguistic study of language acquisition. Vol.1: The data*. Hillsdale (New Jersey), S. 839 – 878.

ALBERT, M. L./OBLER, L. K. (1978): *The bilingual brain. Neuropsychological and neurolinguistic aspects of bilingualism*. New York/San Francisco.

ANDERSEN, R. W. (ed.) (1981): *New Dimensons in second language acquisition research*. Rowley (Massachusetts).

ANDERSEN, R. W. (1984): *The one to one principle of interlanguage construction.* In: *Language Learning* 34, S. 77 – 95.

ANDERSON, J. R. (ed.) (1981): *Cognitive skills and their acquisition.* Hillsdale (New Jersey).

ANDERSON, J. R. (1983): *The architecture of cognition.* Cambridge (Massachusetts).

ANDERSON, J. R. (1985): *Cognitive psychology and it's implications.* New York: (2nd ed., 1st ed. 1980).

ANTOS, G. (1988): *Interlanguage-Systeme, Erwerbssynchrone bzw. -diachrone Analysen von Lernersprachen.* In: ANTOS, G. (Hrsg.): *„Ich kann ja Deutsch!" Studien zum ‚fortgeschrittenen' Zweitspracherwerb von Kindern ausländischer Arbeiter.* Tübingen, S. 27 – 81.

APELT, W. (1986): *Tendenzen und Erkenntnisse der Motivationsforschung.* In: *Deutsch als Fremdsprache,* H. 23/1986, S. 24 – 29.

APELTAUER, E. u. a. (1983 a): *Anfangsunterricht mit ausländischen Schülern.* Tübingen.

APELTAUER, E. (1983 b): *Vorurteile und Stereotype und Möglichkeiten zu ihrem Abbau bzw. zu ihrer Differenzierung in der Ausbildung von Lehrern für Ausländerkinder.* In: LÄHNEMANN, J. (Hrsg.): *Kulturbegegnung in Schule und Studium.* Hamburg, S. 237 – 254.

APELTAUER, E. (1985): *Verbale und nonverbale Bewertungshandlungen türkischer und deutscher Grundschullehrer im Unterricht mit türkischen Schülern.* In: REHBEIN, J. (Hrsg.): *Interkulturelle Kommunikation.* Tübingen, S. 242 – 257.

APELTAUER, E. (1986): *Kultur, nonverbale Kommunikation und Zweitspracherwerb.* In: ROSENBUSCH, H./SCHOBER, O. (Hrsg.): *Körpersprache und schulische Erziehung.* Baltmannsweiler, S. 134 – 169.

APELTAUER, E. (Hrsg.) (1987 a): *Gesteuerter Zweitspracherwerb, Voraussetzungen und Konsequenzen für den Unterricht.* München.

APELTAUER, E. (1987 b): *Indikatoren zur Sprachstandsbestimmung ausländischer Schulanfänger.* In: APELTAUER, E. (Hrsg.) (1987): *Gesteuerter Zweitspracherwerb, Voraussetzungen und Konsequenzen für den Unterricht.* München, S. 207 – 235.

APELTAUER, E. (1988): *Der Einfluß von Lerngewohnheiten und kognitiven Stilen auf den Zweitspracherwerb.* In: *Deutsch lernen,* H. 1/1988, S. 3 – 14.

APELTAUER, E. (1992): *Sind Kinder bessere Sprachenlerner?* In: *Lernen in Deutschland,* H. 1/1992, S. 6 – 20.

APELTAUER, E. (1993): *Mehrsprachigkeit in einer Gesellschaft der Zukunft.* In: *Flensburger Papiere zur Mehrsprachigkeit und Kulturenvielfalt im Unterricht,* H. 1/1993, 45 S.

APELTAUER, E. (1994): *Nonverbale Aspekte interkultureller Kommunikation.* In: ROSENBUSCH, H./SCHOBER, O. (Hrsg.): *Körpersprache in der schulischen Erziehung.* Baltmannsweiler, S. 100 – 165.

ARD, J./HOMBURG, T. (1983): *Verification of language transfer.* In: GASS, S./ SELINKER, L. (eds.): *Language transfer in language learning.* Rowley (Massachusetts).

ARNBERG, L. (1987): *Raising children bilingually: The pre-school years.* Clevedon.

ARNDT, H. u. a. (1984): *Trimodale Interaktion: Grundlagen zur integrierten Interpretation von Sprache, Prosodie und Gestik.* In: *Die Neueren Sprachen* 83/5, S. 489 – 512.

ASHER, J. J. (1977): *Learning another language through actions*. Los Gatos (California).

ASHER, J. J./PRICE, B. (1967): *The learning strategy of the Total Physical Response: Some age differences*. In: *Child Development* 38, S. 1219 – 1227.

ASHER, J. J./GARCIA, R. (1969): *The optimal age to learn a foreign language*. In: *Modern Language Journal* 53, S. 334 – 341.

AUGST, G. (1978): *Metakommunikation als Element des Spracherwerbs*. In: *Wirkendes Wort* 28/5, S. 328 – 339.

BAECHER, R. E. (1981): *Matching the cognitive styles of bilingual students*. In: PADILLA, R. V. (ed.): *Bilingual education technology*. Ypsilanti, S. 321 – 348.

BAHNS, J. u. a. (1986): *The pragmatics of formulas in L2 learner speech: Use and development*. In: *Journal of Pragmatics*, S. 693 – 723.

BAUR, R. S./MEDER, G. (1989): *Die Rolle der Muttersprache bei der schulischen Sozialisation ausländischer Kinder*. In: *Diskussion Deutsch*, H. 106/1989, S. 119 – 135.

BAUSCH, K. R. u. a. (Hrsg.) (1989): *Handbuch Fremdsprachenunterricht*. Tübingen.

BEN-ZEEV, S. (1977): *The influence of bilingualism on cognitive strategy and cognitive development*. In: *Child Development* 48, S. 1009 – 1018.

BIALYSTOK, E. (1981): *Some evidence for the integrity and interaction of two knowledge sources*. In: ANDERSEN, R. W. (ed.): *New dimensions in second language acquisition research*. Rowley (Massachusetts), S. 62 – 75.

BIAYLSTOK, E. (1985): *The compatibility of teaching and learning strategies*. In: *Applied Linguistics* 6/3, S. 255 – 262.

BÖRSCH, S. (1986): *Some ideas concerning the emotional dimension of foreign language learning*. In: KASPER, G. (ed.): *Learning, teaching and communication in the foreign language classroom*. Aarhus: University Press, S. 71 – 83.

BODMER, F. (1955): *Die Sprachen der Welt*. Köln.

BOLTEN, H. (Hrsg.) (1986): *Aspekte gesteuerten Zweitspracherwerbs*. In: *Osnabrücker Beiträge zur Sprachtheorie* 34/1986. Bremen.

BONGAERT, T./POULISSE, N. (1989): *Communication strategies in L 1 and L 2 : Same or different?* In: *Applied Linguistics*, Bd.10, No. 3, S. 253 – 268.

BRISLIN, R. W. (1981): *Cross-cultural encounters. Face to face interaction*. New York u. a.

BROWN, A. L. u. a. (1983): *Learning, remembering, and understanding*. In: FLAVELL, J. H./MARKMAN, E. M. (eds.): *Mussen's Handbook of Child Psychology, Vol. III: Cognitive development*. New York.

BROWN, D. H. (1980): *Principles of language learning and teaching*. Englewood Cliffs (New Jersey).

BÜHLER, U. (1972): *Empirische und lernpsychologische Beiträge zur Wahl des Zeitpunktes für den Fremdsprachenunterrichtsbeginn*. Zürich.

BULLENS, H. (1982): *Zur Entwicklung des begrifflichen Denkens*. In: OERTER, R./MONTADA, L. (Hrsg.): *Entwicklungspsychologie. Ein Lehrbuch*. München/Wien/Baltimore.

BUTZKAMM, W. (1989): *Psycholinguistik des Fremdsprachenunterrichts*. Tübingen.

CARROLL, J. B. (1967): *Foreign language proficiency levels attaind by language majors near graduation from college*. In: *Foreign Language Annals* 1, S. 131 – 151.

CECI, S./HOWE, M. (1982): *Metamemory and effects of intending, attending, and intending to attend.* In: UNDERWOOD, G. (ed.): *Aspects of consciousness, Vol. 3: Awareness and self-awareness.* New York/London: Academic Press, S. 147 – 164.

CHAMOT, A. U. (1978): *Grammatical problems in learning English as a third language.* In: HATCH, E. M. (ed.): *Second language acquisition, a book of readings.* Rowley (Massachusetts), S. 175 – 189.

CHAPELLE, C./ROBERTS, C. (1986): *Ambiguity tolerance and field independence as predictors of proficiency in English as a second language.* In: *Language Learning* 36, S. 27 – 45.

CHASE, W. C./SIMON, H. A. (1975): *Perception in chess.* In: *Cognitive Psychology* 4, S. 55 – 81.

CHAUDRON, C. (1988): *Second language classrooms, research on teaching and learning.* Cambridge (Massachusetts).

CHESTERFIELD, R./BARROWS-CHESTERFIELD, K. (1985): *Natural order in children's use of second language learning strategies.* In: *Applied Linguistics* 6/1, S. 45 – 59.

CLAHSEN, H. u. a. (1983): *Deutsch als Zweitsprache, Der Spracherwerb ausländischer Arbeiter.* Tübingen.

CLANCY, P. M. (1986): *The acquisition of communicative style in Japanese.* In: SCHIEFFELIN, B. B./OCHS, E. (eds.): *Language socialization across cultures.* Cambridge/London, S. 213 – 250.

CLÉMENT, R./KRUIDENIER, B. G. (1985): *Aptitude, attitude and motivation in second language proficiency: a test of CLÉMENT's model.* In: *Journal of Language and Social Psychology* 4/1, S. 21 – 39.

CLEVELAND, H. u. a. (1960): *The overseas Americans.* New York.

COOK, V. (1977): *Cognitive processes in second language learning.* In: *International Review of Applied Linguistics* (IRAL), H. 15/1973, S. 1 – 20.

COULMAS, F. (1981): *Routine im Gespräch, Zur pragmatischen Fundierung der Idiomatik.* Wiesbaden: Athenaion.

CROPLEY, A. J. (1984): *Sprachkonflikt aus sozialpsychologischer Sicht.* In: OKSAAR, E. (Hrsg.): *Spracherwerb – Sprachkontakt – Sprachkonflikt.* Berlin/New York, S. 180 – 196.

CUMMINS, J. (1979): *Linguistic interdependence and the educational development of bilingual children.* In: *Review of Educational Research* 49, H. 2/1979, S. 222 – 251.

CUMMINS, J. (1981): *Age on arrival and immigrant second language learning in Canada: A reassessment.* In: *Applied Linguistics* 2, H. 2/1981, S. 132 – 149.

CUMMINS, J. (1984): *Bilingualism and special education: Assessment and Pedagogy.* Clevedon.

DAHL, Ö. (1979): *Typology of sentence negation.* In: *Linguistics* 17, S. 79 – 106.

DANIELS, K./MEHN, I. (1985): *Konzepte emotionalen Lernens in der Deutsch-Didaktik.* Bonn: Dürr.

DECHERT, H./RAUPACH, M. (1989): *Transfer in production.* Norwood (New Jersey).

DESGRANGES, I. u. a. (1983): *Linguistische und interaktionelle Aspekte der Selbstkorrektur bei italienischen und türkischen Gastarbeiterkindern.* In: RATH, R. (Hrsg.): *Sprach- und Verständigungsschwierigkeiten bei Ausländerkindern in Deutschland.* Frankfurt/M., S. 89 – 104.

DETWEILER, R. A. (1980): *Intercultural interaction and the categorization process: A conceptual analysis and behavioral outcome.* In: *International Journal of Intercultural Relations* 4/3+4, S. 275 – 294.

DEVEREUX, G. (1976): *Angst und Methode in den Verhaltenswissenschaften.* Frankfurt/M. [Franz. Original 1967].

DIETRICH, R. (1982): *Selbstkorrekturen. Fallstudien zum mündlichen Gebrauch des Deutschen als Fremdsprache durch Erwachsene.* In: *Zeitschrift für Literaturwissenschaft und Linguistik,* H. 12/1982, 45, S. 120 – 149.

DITTMAR, N. (1978): *Ordering adult learners according to language abilities.* In: FELIX, S. W. (ed.): *Second language development, trends and issues.* Tübingen, S. 205 – 233.

DULAY, H./BURT, M. (1974): *Natural sequences in child second language acquisition.* In: *Language Learning* 24, S. 37 – 53.

DULAY, H. u. a. (1982): *Language two.* New York/Oxford.

DUNCAN, S. E./DE AVILA, E. A. (1979): *Bilingualism and cognition: Some recent findings.* In: *NABE Journal* 4, S. 15 – 50.

ECKMAN, F. R. (1985): *Some theoretical and pedagogical implications of the markedness differential hypothesis.* In: *Studies in Second Language Acquisition* 7, S. 189 – 307.

EISENSTEIN, M./STARBUCK, R. (1989): *The efffect of emotional investment on L 2 production.* In: GASS, S. u. a. (eds.): *Variation in second language acquisition: Psycholinguistic issues.* Clevedon, S. 125 – 137.

ELLIS, R. (1986): *Understanding second language acquisition.* Oxford: University Press.

ELLIS, R. (ed.) (1987): *Second language acquisition in context.* Englewood Cliffs (New Jersey)/London.

ELLIS, R. (1988): *Classroom second language development.* New York u. a.

ENGELKAMP, J. (1985): *Die Verarbeitung von Bedeutung: Behalten.* In: SCHWARZE, C./WUNDERLICH, D. (Hrsg.): *Handbuch der Lexikologie.* Königstein/Ts., S. 333 – 347.

ERVIN-TRIPP, S. (1974): *Is second language learning like the first?* In: *TESOL Quarterly* 8, S. 111 – 127.

ESSER, U./NOWAK, U. (1986): *Verbesserung der Lexiklernleistung durch effektivere Nutzung und Training von Lernstrategien.* In: *Deutsch als Fremdsprache,* H. 23/1986, S. 219 – 225.

EUBANK, L. (1987): *The acquisition of German negation by formal language learners.* In: VAN PATTEN, B. u. a. (eds.): *Foreign language learning: A research perspective.* Cambridge (Massachusetts), S. 33 – 51.

EUBANK, L. (1990): *Linguistic theory and the acquisition of German negation.* In: VAN PATTEN, B./LEE, J. F. (eds.): *Second language acquisition – Foreign language learning.* Clevedon/Philadelphia, S. 73 – 94.

FAERCH, C./KASPER, G. (1980): *Plans and strategies in foreign language communication.* In: FAERCH, C./KASPER, G. (eds.) (1983): *Strategies in interlanguage communication.* London, S. 20 – 60.

FAERCH, C./KASPER, G. (eds.) (1983): *Strategies in interlanguage communication.* London.

FAERCH, C. u. a. (1984): *Learner language and language learning.* Clevedon.

FAERCH, C./KASPER, G. (1986): *Cognitive dimensions of language transfer.* In: KELLERMAN, E./SHARWOOD-SMITH, M. (eds.): *Crosslinguistic influence in second language acquisition.* New York/Oxford, S. 49 – 65.

FATHMAN, A. (1979): *The value of morpheme order studies for second language learning*. In: *Working Papers on Bilingualism*, No 18, S. 180 – 199.

FELIX, S. W. (ed.) (1980): *Second language development, trends and issues*. Tübingen: Narr.

FELIX, S. W. (1982): *Psycholinguistische Aspekte des Zweitsprachenerwerbs*. Tübingen.

FILLMORE, C. J. u. a. (eds.) (1979): *Individual differences in language ability and language behavior*. New York/San Francisco/London.

FLAVELL, J. H. (1979): *Kognitive Entwicklung*. Stuttgart: Klett.

FLICK, W. (1980): *Error types in adult English as a second Language*. In: CLAIR, R. S./KETTERMAN, B. (eds.): *New approaches to language acquisition*. Heidelberg: Groos.

FROMKIN, V./RODMAN, R. (1974): *An introduction to language*. New York/ Chicago.

FTHENAKIS, W. u. a. (1985): *Bilingual-bikulturelle Entwicklung des Kindes. Ein Handbuch für Psychologen, Pädagogen und Linguisten*. Ismaning b. München: Hueber.

GARDNER, R. C. (1983): *Learning another language: A true social psychological experiment*. In: *Journal of Language and Social Psychology* 2/2, 3 & 4, S. 219 – 241.

GARDNER, R. C. u. a. (1989): *Second language learning in an immersion programme: Factors influencing acquisition and retention*. In: *Journal of Language and Social Psychology* 8/5, S. 287 – 307.

GARVEY, C. (1977): *Play with language and speech*. In: ERVIN-TRIPP, S./MITCHELL-KERNAN, C. (eds.): *Child discourse*. New York.

GASS, S. M. (1990): *Second and foreign language learning: same, different or none of the above?* In: PATTEN, B. v./LEE, J. F. (eds.) (1990): *Second language acquisition – foreign language learning*. Clevedon, S. 34 – 44.

GASS, S. u. a. (eds.) (1989): *Variation in second language acquisition: Psycholinguistic issues*. Clevedon.

GASS, S. u. a. (eds.) (1989): *Variation in second language acquisition: Discourse and pragmatics*. Clevedon.

GASS, S./SELINKER, L. (eds.) (1983): *Language transfer in language learning*. Rowley (Massachusetts).

GENESEE, F. (1976): *The role of intelligence in second language learning*. In: *Language Learning* 26, S. 267 – 280.

GENESEE, F. (1982): *Experimental neuropsychological research on second language processing*. In: *TESOL Quarterly* 16, S. 315 – 324.

GENO, T. H./LOEW, H. Z. (eds.) (1981): *Northeast Conference Reports.*

GEORGE, H. (1972): *Common errors in language learning: Insights from English*. Rowley (Massachusetts).

GILES, H./CLAIR, R. S. (eds.) (1979): *Language and social psychology*. Oxford.

GINGRAS, R. C. (ed.) (1978): *Second language acquisition and foreign language teaching*. Washington D.C.

GIVON, T. (1979): *On understanding grammar*. New York/London.

GIVON, T. (1984 a): *Syntax. A functional-typological introduction, Vol. I*. Amsterdam/Philadelphia.

GIVON, T. (1984 b): *Universals of discourse structure and second language acquisition.* In: RUTHERFORD, W. E. (ed.): *Language universals and second language acquisition.* Amsterdam, S. 109 – 139.

GIVON, T. (1985): *Function, structure and language acquisition.* In: SLOBIN, D. I. (ed.): *The cross-linguistic study of language acquisition, Vol. 2: Theoretical Issues.* Hillsdale: Erlenbaum.

GÖBEL, R. (1987): *Arbeit mit leistungsheterogenen Gruppen im Zweitsprachunterricht.* In: APELTAUER, E. (Hrsg.): *Gesteuerter Zweitsprachunterricht, Voraussetzungen und Konsequenzen für den Unterricht.* Ismaning b. München: Hueber, S. 235 – 261.

GRANDCOLAS, B./SOULÉ-SUSBIELLE, N. (1986): *The analysis of the foreign language classroom.* In: *Studies in Second Language Acquisition* 8, H. 3/1986, S. 293 – 309.

GRAUBERG, W. (1971): *An error analysis in the German of first-year university students.* In: PERREN, G./TRIM, J. (eds.): *Applications of linguistics.* Cambridge, S. 257 – 263.

GREENBERG, J. H. (1974): *Language typology. A historical and analytic overview.* The Hague/Paris.

GREGG, K. R. (1984): *Krashen's monitor and Occam's razor.* In: *Applied Linguistics* 5, S. 79 – 100.

HAASTRUP, K. (1989): *The learner as wordprocessor.* In: *AILA Review* 6, S. 34 – 47.

HAEKI-BUHOFER, A. (1989): *Zum alltäglichen Sprachbewußtsein von Erwachsenen.* In: *Osnabrücker Beiträge zur Sprachtheorie,* H. 40/1989, S. 161 – 175.

HAKUTA, K. (1974 a): *A preliminary report of the development of grammatical morphems in a Japanese girl learning English as a second language.* In: *Working Papers on Bilingualism* 3, S. 18 – 43.

HAKUTA, K. (1974 b): *Prefabricated patterns and the emergence of structure in second language acquisition.* In: *Language Learning* 24, S. 287 – 297.

HAKUTA, K. (1976): *Becoming bilingual: A case study of a Japanese child learning English.* In: *Language Learning* 26, S. 321 – 351.

HAKUTA, K. u. a. (1987): *Bilingualism and cognitive development: three perspectives.* In: ROSENBERG, S. (ed.): *Advances in applied psycholinguistics, Vol. 2: Reading, writing and language learning.* Cambridge/New York, S. 284 – 320.

HANSEN, J./STANSFIELD, C. (1981): *The relationship between field dependent-independent cognitive styles and foreign language achievement.* In: *Language Learning* 31, S. 349 – 367.

HANSEN, L. (1984): *Field dependence-independence and language testing: evidence from six pacific island cultures.* In: *TESOL Quarterly* 18, S. 311 – 324.

HARDER, P. (1980): *Discourse as self-expression – on the reduced personality of the second language learner.* In: *Applied Linguistics* 1/3, S. 262 – 270.

HARLEY, B. (1986): *Age in second language acquisition.* Clevedon.

HATCH, E. (1974): *Second language learning-universals.* In: *Working Papers on Bilingualism* 3, S. 1 – 18.

HATCH, E./WAGNER-GOUGH, J. (1976): *Explaining sequence and variation in second language acquisition.* In: *Language Learning* 4/1976, S. 39 – 57 [zitiert nach dem Wiederabdruck in: ROBINETT, W. B./SCHACHTER, J. (eds.) (1983): *Second language learning, contrastive analysis, error analysis and related aspects.* Ann Arbor, S. 334 – 353].

HATCH, E. M. (ed.) (1978): *Second language acquisition, a book of readings.* Rowley (Massachusetts).

HEATH, S. B. (1986): *What no bedtime story means: narrative skills at home and school.* In: SCHIEFFELIN, B. B./OCHS, E. (eds.): *Language socialization across cultures.* Cambridge/London u. a., S. 97 – 124.

HENRICI, G./HERLEMANN, B. (1986): *Mündliche Korrekturen im Fremdsprachenunterricht.* München.

HENRICI, G./ZÖFGEN, E. (Hrsg.) (1993): *Fremdsprache lehren und lernen, Themenheft: Fehleranalyse und Fehlerkorrektur.* Tübingen.

HERINGER, H. J. (1987): *Wege zum verstehenden Lesen, Lesegrammatik für Deutsch als Fremdsprache.* Ismaning b. München: Hueber.

HERRLITZ, W. (1986): *Zum Konzept des Lernens im Sprachunterricht.* In: *Osnabrücker Beiträge zur Sprachtheorie,* H. 34/1986, S. 46 – 73.

HINNENKAMP, V. (1982): *Foreigner Talk und Tarzanisch, Eine vergleichende Studie über die Sprechweise gegenüber Ausländern am Beispiel des Deutschen und des Türkischen.* Hamburg.

HORWITZ, E. K. (1983): *The relationship between conceptual level and communicative competence in French.* In: *Studies in Second Language Acquisition* 5, S. 65 – 73.

HUFEISEN, B. (1991): *Englisch als erste und Deutsch als zweite Fremdsprache.* Frankfurt/M./Bern.

HULSTIJN, J. H. (1986): *Kognitive Perspektiven in der Zweitspracherwerbsforschung.* In: *Osnabrücker Beiträge zur Sprachtheorie,* H. 34/1986, S. 24 – 35.

JACKSON, J. (1974): *Language identity of the colombian Vaupé Indians.* In: BAUMAN, R./SHERZER, J. (eds.): *Explorations in the ethnography of speaking.* Cambridge (Massachusetts), S. 50 – 65.

JACKSON, K./WHITNAM, R. (1971): *Evaluation of the predictive power of contrastive analysis of Japanese and English, Final Report* (US Office of Health, Education and Welfare).

JACOBS, B. (1988): *Neurobiological differentiation of primary and secondary language acquisition.* In: *Studies in Second Language Acquisition* 3, S. 303 – 339.

JANUSCHEK, F./STÖLTING, W. (Hrsg.) (1982): *Handlungsorientierung im Zweitspracherwerb von Arbeitsmigranten.* In: *Osnabrücker Beiträge zur Sprachtheorie,* H. 22/1982.

JOHN-STEINER, V. (1985): *The road to competence in an alien land: a Vygotskian perspective on bilingualism.* In: WERTSCH, J. V. (ed.) (1985): *Culture, communication and cognition: Vygotskian perspectives.* Cambridge (Massachusetts), S. 348 – 371.

JORDENS, P. (1983): *Das deutsche Kasussystem im Fremdsprachenerwerb.* Tübingen.

KARMILOFF-SMITH, A. (1986): *Stage / structure versus phase / process in modelling linguistic and cognitive development.* In: LEVIN (ed.): *Stage and structure: Reopening the debate.* Norwood (New Jersey), S. 164 – 190.

KEENAN, E./COMRIE, B. (1977): *Noun phrase accessibility and universal grammar.* In: *Linguistic Inquiry* 8/1977, S. 63 – 99.

KELLERMAN, E. (1991): *Compensatory strategies in second language research: A critique, a revision, and some implications for the classroom.* In: PHILLIPSON, R. et al. (eds.): *Foreign/Second language pedagogy research.* Clevedon: Multilingual Matters.

KELLERMAN, E./SHARWOOD-SMITH, M. (eds.) (1986): *Crosslinguistic influence in second language acquisition*. Oxford.

KELZ, H. P. (1984): *Typologische Verschiedenheit der Sprachen und daraus resultierende Lernschwierigkeiten: Dargestellt am Beispiel der sprachlichen Integration von Flüchtlingen aus Südostasien*. In: OKSAAR, E. (Hrsg.): *Spracherwerb – Sprachkontakt – Sprachkonflikt*. Berlin/New York, S. 92 – 106.

KELZ, H. P./MIEMIETZ, B. (1986): *Soziokulturelle und psychopädagogische Aspekte des Deutschunterrichts mit heterogenen Gruppen: Zur Integration von Spätaussiedlern und Kontingentflüchtlingen*. In: HESS-LÜTTICH, E. W. B. (Hrsg.): *Integrität und Identität*. Tübingen, S. 87 – 105.

KIELHÖFER, B./JONEKEIT, S. (1983): *Zweisprachige Kindererziehung*. Tübingen.

KLEIN, W. (1984): *Zweitspracherwerb, Eine Einführung*. Königstein/Ts.

KLEINSTEUBER, H. J.(1991): *Stereotype, Images und Vorurteile – Die Bilder in den Köpfen der Menschen*. In: TRAUTMANN, G. (Hrsg.): *Die häßlichen Deutschen?* Darmstadt, S. 60 – 69.

KLEPPIN, K./KÖNIGS, F. G. (1991): *Der Korrektur auf der Spur, Untersuchungen zum mündlichen Korrekturverhalten von Fremdsprachenlehrern*. Bochum.

KNAPP-POTTHOFF, A./KNAPP, K. (1982): *Fremdsprachenlernen und -lehren*. Stuttgart.

KÖNIGS, F. (1989): *Die Dichotomie Lernen / Erwerben*. In: BAUSCH, K. R. u. a. (Hrsg.): *Handbuch Fremdsprachenunterricht*. Tübingen, S. 356 – 359.

KOSKENSALO, A. (1988): *Fehleranalyse auf der Grundlage finnisch-deutscher Interferenz am Beispiel von Schüleraufsätzen*. In: KÜHLWEIN, W./SPILLNER, B. (Hrsg.): *Sprache und Individuum, Kongreßbeiträge zur 17. Jahrestagung der Gesellschaft für Angewandte Linguistik*. Tübingen.

KRASHEN, S. (1981): *Second language acquisition and second language learning*. Oxford.

KRASHEN, S. (1982): *Accounting for child-adult differences in second language rate attainment*. In: KRASHEN, S. u. a. (eds.): *Child-Adult differences in second language acquisition*. Rowley (Massachusetts), S. 202 – 226.

KRASHEN, S. (1985): *The input hypothesis: Issues and implications*. London.

KRASHEN, S. u. a. (eds.) (1982): *Child-Adult differences in second language acquisition*. Rowley (Massachusetts).

KUMP, S. u. a. (1987): *Angst und Erfolgszuversicht in der ersten Hälfte des Studiums*. In: DIPPELHOFER-STIEM, B./LIND, G. (Hrsg.): *Studentisches Lernen im Kulturvergleich: Ergebnisse einer international vergleichenden Längsschnittstudie zur Hochschulsozialisation*. Weinheim [darin Kap. 4].

KUTSCH, S. (1985 a): *Methoden, Daten und Verfahren: Probleme der Beschreibung von Interimsprachen und ihrer Entwicklung*. In: KUTSCH, S./DESGRANGES, I. (Hrsg.): *Zweitsprache Deutsch – ungesteuerter Erwerb*. Tübingen, S. 27 – 47.

KUTSCH, S. (1985 b): *Die Funktion kommunikativer und semantischer Partikeln als Probleme des ungesteuerten Zweitspracherwerbs ausländischer Kinder*. In: KUTSCH, S./DESGRANGES, I. (Hrsg.): *Zweitsprache Deutsch – ungesteuerter Erwerb*. Tübingen, S. 88 – 165.

KUTSCH, S. (1989): *Sprachreflexive Fähigkeiten im Zweitspracherwerb*. In: *Osnabrücker Beiträge zur Sprachtheorie,* H. 40/1989, S. 143 – 159.

LABOV, W. (1971): *Sociolinguistic patterns*. Philadelphia.

LADO, R. (1957): *Linguistics across cultures: Applied linguistics for language teachers*. Ann Arbor (Michigan).

LAING, R. D. (1961): *Self and others*. Harmondsworth [zitiert nach der Ausgabe von 1969].

LALLEMAN, J. (1987): *The relation between acculturation and second language acquisition in the classroom. A study of Turkish immigrant children born in the Netherlands*. In: *Journal of Multilingual and Multicultural Development* 8, 5, S. 409 – 431.

LAMBERT, R. D./FREED, B. F. (eds.) (1982): *The loss of language skills*. Rowley (Massachusetts).

LAMBERT, W. E./TUCKER, G. R. (1972): *The bilingual education of children*. Rowley (Massachusetts).

LAMENDELLA, J. T. (1977): *General principles of neurofunctional organization and their manifestations in primary and nonprimary language acquisition*. In: *Language Learning* 27, 1, S. 55 – 96.

LAMENDELLA, J. T. (1979): *The neurofunctional basis of pattern practice*. In: *TESOL Quarterly* 3, S. 5 – 19.

LARSEN-FREEMAN, D. (ed.) (1980): *Discours analysis in second language research*. Rowley (Massachusetts).

LEHMANN, C. (1984): *Der Relativsatz*. Tübingen.

LENNEBERG, E. H. (1967): *Biological foundations of language*. New York [dt. Übersetzung Frankfurt/M. 1972].

LEOPOLD, W. (1939 – 1950): *Speech development of a bilingual child*. Evanston [4 Bände].

LIGHTBOWN, P. M. (1985): *Input and Acquisition for second language learners in and out of classroom*. In: *Applied Linguistics* 6/3, S. 263 – 273.

LIND, G. (1987): *Soziale Aspekte des Lernens: Ambiguitätstoleranz*. In: DIPPELHOFER-STIEM, B./LIND, G. (Hrsg.): *Studentisches Lernen im Kulturvergleich: Ergebnisse einer international vergleichenden Längsschnittstudie zur Hochschulsozialisation*. Weinheim [darin: Kap. 5].

LIST, G. (1982): *Neuropsychologie und das Lernen und Lehren fremder Sprachen*. In: *Die Neueren Sprachen*, H. 81/1982, S. 149 – 172.

LIST, G. (1987): *Neuropsychologische Voraussetzungen des Spracherwerbs*. In: APELTAUER, E. (Hrsg.): *Gesteuerter Zweitspracherwerb, Voraussetzungen und Konsequenzen für den Unterricht*. Ismaning b. München: Hueber, S. 87 – 99.

LITTLEWOOD, W. (1984): *Foreign and second language learning, language acquisition research and its implications for the classroom*. Cambridge: University Press.

LONG, M. H. (1982): *Adaption an den Lerner: Die Aushandlung verstehbarer Eingaben in Gesprächen zwischen muttersprachlichen Sprechern und Lernern*. In: *Zeitschrift für Literaturwissenschaft und Linguistik*, H. 45/1982, S. 100 – 119.

LONG, M. H. (1988): *Instructed interlanguage development*. In: BEEBE, L. M. (ed.): *Issues in second language acquisition, multiple perspectives*. New York/ Philadelphia u.a., S. 113 – 141

LONG, M. H. (1990): *Maturational constraints on language development (State of the art)*. In: *Studies in Second Language Acquisition* 12, 3, S. 251 – 285.

LOTT, D. (1983): *Analysing and counteracting interference errors*. In: *English Language Teaching Journal* 37, 3, S. 256 – 261.

MÄGISTE, E. (1985): *Gibt es ein optimales Alter für den Zweitspracherwerb?* In: *Psychologie in Erziehung und Unterricht*, Jg. 32, S. 184 – 189.

MARKEFKA, M. (1974): *Vorurteile, Minderheiten, Diskriminierung*. Neuwied [6. Auflage].

MASLOW, A. A. (1973): *Psychologie des Seins*. München [engl. Original 1968].

MASLOW, A. A. (1981): *Motivation und Persönlichkeit*. Reinbek b. Hamburg [engl. Original 1954].

McKEITHEN, K. u. a. (1981): *Knowledge organization and skill differences in computer programmers*. In: *Cognitive Psychology* 13, S. 207 – 325.

McLAUGHLIN, B. (1984): *Second language acquisition in childhood. Vol. 1: Preschool children*. Hillsdale (New Jersey) [2nd edition].

McLAUGHLIN, B. (1985): *Second language acquisition in childhood. Vol. 2: School-age children*. Hillsdale (New Jersey) [2nd edition].

McLAUGHLIN, B. (1987): *Theories of second language learning*. London.

McLAUGHLIN, B. (1990): *Restructuring*. In: *Applied Linguistics* 11/2, S. 113 – 128.

MEARA, P. (1978): *Learner's word associations in French*. In: *Interlanguage Studies Bulletin* 3/2, S. 192 – 211.

MEISEL, J. M. (1977): *Linguistic simplification*. In: FELIX, S. W. (ed.) (1980): *Second language development, trends and issues*. Tübingen, S. 13 – 41.

MEISEL, J. M. (1980): *Strategies of second language acquisition*. In: *Wuppertaler Arbeitspapiere zur Sprachwissenschaft* 3, S. 1 – 53.

MEISEL, J. M. u. a. (1981): *On determining developmental stages in natural second language acquisition*. In: *Studies in Second Language Acquisition* 3/2, S. 109 – 136.

MILLER, G. A. u. a. (1973): *Strategien des Handelns, Pläne und Strukturen des Verhaltens*. Stuttgart [engl. Original 1960].

MÜLLER, K. (1985): *Deixis und Interimsprache*. In: KUTSCH, S./DESGRANGES, I. (Hrsg.): *Zweitpsrache Deutsch – ungesteuerter Erwerb*. Tübingen, S. 182 – 210.

MUKATTASH, L. (1977): *Problematic areas in English syntax for Jordanian students*. Amman [zitiert nach ELLIS 1986].

MUNRO, P. W. (1986): *State-dependent factors influencing neural plasticity: A partial account of the critical period*. In: McCELLAND, J. L. u. a. (eds.): *Parallel distributed processing. Explorations in the microstructure of cognition, Vol. 2: Psychological and biological models*. Cambridge (Massachusetts)/ London, S. 471 – 501.

NAIMAN, N. u. a. (1978): *The good language learner*. Toronto.

NATION, R./McLAUGHLIN, B. (1986): *Experts and novices: An information-processing approach to the „good language learner" problem*. In: *Applied Psycholinguistics,* H. 7/1986, S. 41 – 56.

NEMETZ-ROBINSON, G. L. (1985): *Crosscultural understanding, Processes and approaches for foreign language, English as a second language and bilingual educators*. New York u. a.

NEMOIANU, A. M. (1980): *The boat's gonna leave: A study of children learning a second language from conversations with other children*. Amsterdam.

NEUFELD, G. G. (1978): *On the acquisition of prosodic and articulatory features in adult language learning*. In: *Canadian Modern Language Review*, S. 163 – 194.

OBLER, L. K. (1984): *The neuropsychology of bilingualism*. In: CAPLAN, D. u. a. (eds.): *Biological perspectives on language*. Cambridge (Massachusetts), S. 194 – 210.

OBLER, L. K. (1989): *Exceptional second language learners.* In: GASS, S. u. a. (eds.): *Variation in second language acquisition: Psycholinguistic issues.* Clevedon/Philadelphia, S. 141 – 159.

ODLIN, T. (1989): *Language transfer, cross-linguistic influence in language learning.* Cambridge/New York u. a.

OLSEN, L./SAMUELS, S. (1973): *The relationship between age and accuracy of foreign language pronunciation.* In: *Journal of Educational Research* 66, S. 263 – 267.

OLSHTAIN, E. u. a. (1990): *Factors predicting sucess in EFL among culturally different learners.* In: *Language Learning* 40, S. 23 – 44.

OJEMANN, G./WHITAKER, H. (1978): *The bilingual brain.* In: *Archives of Neurology* 35, S. 409 – 412.

OKSAAR, E. (Hrsg.) (1984): *Spracherwerb – Sprachkontakt – Sprachkonflikt.* Berlin/New York.

OKSAAR, E. (Hrsg.) (1987): *Soziokulturelle Perspektiven von Mehrsprachigkeit und Spracherwerb.* Tübingen.

O'MALLEY, J. M. u. a. (1985): *Learning strategies used by beginning and intermediate ESL students.* In: *Language Learning* 35, S. 21 – 46.

O'MALLEY, J. M. u. a. (1987): *Some applications of cognitive theory to second language acquisition.* In: *Studies in Second Language Acquisition* 9/3, S. 287 – 306.

OOMEN-WELKE, I. (1985): *Innenansicht einer Türkenklasse: Erfahrungen und Reflexionen aus der Arbeit in einem „nationalen Modell".* In: *Deutsch lernen,* H. 2/1985, S. 3 – 45.

OOMEN-WELKE, I. (1987): *Türkische Grundschüler erzählen und schreiben: „da macht der raus – Er riß den Baum aus".* In: *Osnabrücker Beiträge zur Sprachtheorie,* H. 36/1987, S. 110 – 133.

OOMEN-WELKE, I. (1988): *Sprachstrukturen lernen: Der Genitiv im Munde türkischer Schüler oder: „ein Schafes Fell".* In: OOMEN-WELKE, I./RHÖNECK, C. v. (Hrsg.): *Schüler, Persönlichkeit und Lernverhalten – Methoden des Messens und Deutens in der fachdidaktischen Unterrichtsforschung.* Tübingen, S. 160 – 200.

OOMEN-WELKE, I. (1991): *Umrisse einer interkulturellen Didaktik für den gegenwärtigen Deutschunterricht.* In: *Der Deutschunterricht,* H. 2/1991, S. 6 – 27.

OSTERMANN, A./NICKLAS, H. (1982): *Vorurteile und Feindbilder.* München.

OYAMA, S. (1976): *A sensitive period for the acquisition of a nonnative phonological system.* In: *Journal of Psycholinguistic Research* 5, S. 261 – 285.

OXFORD, R. L. (1990): *Language learning strategies. What every teacher should know.* New York: Newbury.

PALMBERG, R. (1985): *How much English vocabulary do Swedish-speaking primary-school pupils know before starting to learn English at school?* In: RINGBOM, H. (ed.): *Foreign language learning and bilingualism.* Abo, S. 89 – 97.

PARADIS, M. (1985): *On the representation of two languages in one brain.* In: *Language Sciences, an interdisciplinary forum.* Vol. 7/1, S. 1 – 39.

PATAKOWSKI, M. (1980): *The sensitive period for the acquisition of syntax in a second language.* In: *Language Learning* 30, S. 449 – 472.

PETERS, A. M. (1983): *The units of language acquisition.* Cambridge/London.

PETZOLD, H. (1968): *Überforderungserlebnis und nostalgische Reaktion als pädagogische Probleme an Auslandsschulen.* In: *Der deutsche Lehrer im Ausland,* H. 1/1968, S. 2 – 10.

PFAFF, C. (1986): *Functional approaches to interlanguage.* In: PFAFF, C. (ed.): *First and second language acquisition processes.* Cambridge/New York, S. 81 – 103.

PIENEMANN, M. (1981): *Der Zweitspracherwerb ausländischer Arbeiterkinder.* Bonn.

PLATT, M. (1986): *Social norms and lexical acquisition: a study of deictic verbs in Samoan child language.* In: SCHIEFFELIN, B. B./OCHS, E. (eds.): *Language socialization across cultures.* Cambridge/London u. a., S. 127 – 153.

POZZI-ESCOT, I. (1987): *Student's preferences in learning English in Lima, Peru.* In: *System* 15/1, S. 77 – 80.

PRATOR, C. (1967): *Hierarchy of difficulty* [zitiert nach BROWN, D. H. C. 1980].

QUASTHOFF, U. (1989): *Ethnozentrische Verarbeitung von Informationen: Zur Ambivalenz der Funktionen von Stereotypen in der interkulturellen Kommunikation.* In: MATUSCHE, P. (Hrsg.): *Wie verstehen wir Fremdes?* München, S. 37 – 63.

RAASCH (Hrsg.) (1983): *Handlungsorientierter Fremdsprachenunterricht und seine pragmalinguistische Begründung.* Tübingen.

RAITH, J. (1984): *Die Funktion und Relevanz prosodischer Systeme im Interaktionsprozeß.* In: *Die Neueren Sprachen,* H. 5/1984, S. 513 – 544.

RAMIREZ, M./CASTANEDA, A. (1974): *Cultural democracy, bicognitive development and education.* New York.

RAMIREZ, M. A. u. a. (1974): *The relationship of acculturation to cognitive style among Mexican Americans.* In: *Journal of Cross-Cultural Psychology* 5, S. 424 – 433.

RAMSAY, R. M. G. (1980): *Language-learning approach styles of adult multilinguals and successful language learners.* In: *Annals of the New York Academy of Sciences* 345, S. 73 - 96.

RATH, R. (1983): *Grammatische Abweichungen und interaktioneller Erfolg in der Kommunikation von Gastarbeiterkindern.* In: RATH, R. (Hrsg.): *Sprach- und Verständigungsschwierigkeiten bei Ausländerkindern in Deutschland.* Frankfurt/M., S. 19 – 41.

REHBEIN, J. (1982): *Worterklärungen türkischer Kinder.* In: *Osnabrücker Beiträge zur Sprachtheorie,* H. 22/1982, S. 122 – 157.

REHBEIN, J. (1984): *Reparative Handlungsmuster und ihre Verwendung im Fremdsprachenunterricht.* Roskilde (Rolig Papier 30, 83).

REHBEIN, J. (1987 a): *Diskurs und Verstehen: Zur Rolle der Muttersprache bei der Textverarbeitung in der Zweitsprache.* In: APELTAUER, E. (Hrsg.): *Gesteuerter Zweitspracherwerb, Voraussetzungen und Konsequenzen für den Unterricht.* Ismaning b. München: Hueber, S. 113 – 172.

REHBEIN, J. (1987 b): *Multiple formulae. Aspects of Turkish migrant workers' German in intercultural communication.* In: KNAPP, K. u. a. (eds.): *Analyzing intercultural communication.* Berlin u. a., S. 215 – 248.

REINERT, H. (1976): *One picture is worth a thousand words? Not necessarily!* In: *Modern Language Journal* 60, S. 160 – 168.

REISS, M. (1981): *Helping the unsuccessful language learner.* In: *The Modern Language Journal* 65, S. 121 – 128.

REISS, M. (1985): *The good language learner: another look.* In: *Canadian Modern Language Review* 41, S. 511 – 523.

REUTER, B. (1985): *Die pragmatische Funktion von Formeln im Spracherwerb von Kindern in der Phase der mittleren Kindheit.* In: KUTSCH, S./DESGRANGES, I. (Hrsg.): *Zweitsprache Deutsch – ungesteuerter Erwerb.* Tübingen, S. 165 – 182.

RICHARDS, J. (ed.) (1978): *Understanding second and foreign language learning, issues and approaches.* Rowley (Massachusetts).

RINGBOM, H. (1987): *The Role of the first language in foreign language learning.* Clevedon.

RITCHIE, W. C. (ed.) (1978): *Second language acquisition research. Issues and implications.* New York u. a.

RONJAT, J. (1913): *Le développement du langage observé chez un enfant bilingue.* Paris.

RÖSLER, D. (1986): *Leistung und Grenzen metakommunikativer Elemente in Lehrwerken für Deutsch als Fremdsprache.* In: WIERLACHER, A. u. a. (Hrsg.): *Jahrbuch Deutsch als Fremdsprache 1985*, Ismaning b. München: Hueber, S. 36 – 59.

ROSANSKY, E. (1975): *The critical period for the acquisition of the language: Some cognitive developmental considerations.* In: *Working Papers on Bilingualism* 6, S. 93 – 100.

ROSENTHAL, R. (1966): *Experimenter effects in behavioral research.* New York.

RUBEN, B./KEALEY, D. (1979): *Behavioral assessment of communication competency and the prediction of cross cultural adaptation.* In: *International Journal of Intercultural Relations* 3/1, S. 15 – 47.

RUBIN, J. (1975): *What the 'Good Language Learner' can teach us.* In: *TESOL Quarterly* 9/1 [zitiert nach dem Wiederabdruck in: PRIDE, J. B. (ed.) (1979): *Sociolinguistic aspects of language learning and teaching.* Oxford, S. 17 – 27].

RUKE-DRAVINA, V. (1967): *Mehrsprachigkeit im Vorschulalter.* Lund.

RUTHERFORD, W. E. (1989): *Preemption and the learning of L2 grammars.* In: *Studies in Second Language Acquisition* 11/4, S. 441 – 457.

SADOWNIK, B./VOGEL, T. (1991): *Natürliche Erwerbsprozesse im Fremdsprachenunterricht: Der Erwerb der deutschen Negation durch polnische Schüler.* In: *Info DaF*, H. 2/1991, S. 159 – 169.

SALISBURY, R. (1962): *Notes on bilingualism and linguistic change in New Guinea.* In: *Anthropological Linguistics* 4, 7, S. 1 – 13.

SAUNDERS, G. (1982): *Bilingual children: Guidance for the familiy.* Clevedon.

SCARCELLA, R. C./KRASHEN, S. (eds.) (1980): *Research in second language acquisition.* Rowley (Massachusetts).

SCHACHTER, J. (1974): *An error in error analysis.* In: *Language Learning* 24, S. 205 – 214.

SCHACHTER, J. (1986): *Three approaches to the study of input.* In: *Language Learning* 36, 2, S. 211 – 225.

SCHACHTER, J. (1988): *Second language acquisition and its relationship to universal grammar.* In: *Applied Linguistics* 9/3, S. 219 – 235.

SCHEPPING, M. T. (1985): *Das Lexikon im Sprachvergleich.* In: SCHWARZE, C./WUNDERLICH, D. (Hrsg.): *Handbuch der Lexikologie.* Königstein/Ts., S. 184 – 195.

SCHLENKER, B. R./LEARY, M. R. (1985): *Social anxiety and communication about the self.* In: *Journal of Language and Social Psychology* 4/3 & 4, S. 171 – 192.

SCHMIDT, R. W./FROTA, S. N. (1986): *Developing basic conversational ability in a second language. A case study of an adult learner of Portuguese.* In: DAY, R. R. (ed.): *Talking to learn: Conversation in second language acquisition.* Rowley (Massachusetts), S. 237 – 249, 281.

SCHMIDT, R. W. (1990): *The role of consciousness in second language learning.* In: *Applied Linguistics* 11, 2, S. 129 – 158.

SCHNEIDER, W./SHIFFRIN, R. M. (1977): *Controlled and automatic human information processing: I. Detection, search, and attention.* In: *Psychological Review* 84, S. 1 – 66.

SCHÜRER-NECKER, E. (1986): *Die Wirkung emotionaler Textfaktoren auf die Gedächtnisleistung.* München.

SCHUMANN, J. H. (1986): *Research on the acculturation model for second language acquisition.* In: *Journal of Multilingual and Multicultural Development.* Vol. 7, No. 5, S. 379 – 393.

SELIGER, H. (1977): *Does practice make perfect? A study of interaction patterns and L 2 competence.* In: *Language Learning* 27, S. 263 – 278.

SELIGER, H. W./LONG, M. H. (eds.) (1983): *Classroom oriented research in second language acquisition.* Rowley (Massachusetts).

SHIFFRIN, R./SCHNEIDER, W. (1977): *Controlled and automatic human information processing. II: Perceptual learning, automatic attending and a general theory.* In: *Psychological Review* 84, S. 127 – 190.

SINGLETON, D. (1989): *Language acquisition. The age factor.* Clevedon/Philadelphia.

SKEHAN, P. (1989): *Individual differences in second-language learning.* London/New York.

SKUTNABB-KANGAS, T./TOUKOMAA, P. (1976): *Teaching migrant children's mother tongue and learning the language of the host country in the context of the socio-cultural situation of the migrant family.* Helsinki (Bericht für die UNESCO).

SNOW, A. M. u. a. (1989): *A conceptual framework for the integration of language and content in second/foreign language instruction.* In: *TESOL Quarterly* 23, No. 2, S. 201 – 217.

SNOW, C./HOEFNAGEL-HOHLE, M. (1978): *Age differences in second language acquisition.* In: HATCH, E. (ed.): *Second language acquisition.* Rowley (Massachusetts), S. 333 – 344.

SNOW, C. E. u. a.(in press): *Second language learner's formal definitions: An oral language correlate of school literacy* [to appear in: BLOOM, D. (ed.): *Literacy in functional settings*].

SOLMECKE, G. (Hrsg.) (1976): *Motivation im Fremdsprachenunterricht.* Paderborn.

SOLMECKE, G./BOOSCH, A. (1981): *Affektive Komponenten der Lernerpersönlichkeit und Fremdsprachenerwerb: Ergebnisse eines Forschungsprojekts.* Tübingen.

SPERBER, H. G. (1989): *Mnemotechniken im Fremdsprachenerwerb.* München.

STEINMÜLLER, U. (1984): *Muttersprache.* In: AUERNHEIMER, G. (Hrsg.): *Handwörterbuch Ausländerarbeit.* Weinheim, S. 241 – 244.

STEVICK, E. W. (1976): *Memory, meaning and method.* Rowley (Massachusetts): Newbury, S. 34ff.

STÖLTING, W. (1974): *Zur Zweisprachigkeit ausländische Kinder – Probleme und Aufgaben.* In: MÜLLER, H. (Hrsg.): *Ausländerkinder in deutschen Schulen.* Stuttgart, S. 143 – 157.

STÖLTING, W. (1987): *Affektive Faktoren im Fremdsprachenerwerb.* In: APELTAUER, E. (Hrsg.): *Gesteuerter Zweitspracherwerb, Voraussetzungen und Konsequenzen für den Unterricht.* Ismaning b. München, S. 99 – 113.

STÖRIG, H. J. (1987): *Abenteuer Sprache. Ein Streifzug durch die Sprachen der Erde.* Berlin/München: Langenscheidt.

SWAIN, M. (1981): *Bilingual education for majority and minority language children.* In: *Studia Linguistica* 35/AILA 81 Proceedings II, S. 15 – 32.

SZEMERENYI, O. (1970): *Einführung in die vergleichende Sprachwissenschaft.* Darmstadt [zitiert nach der 3. Auflage 1989].

TAESCHNER, T. (1983): *The sun is feminin. A study on language acquisition in bilingual children.* Berlin u. a.

TAJFEL, H./TURNER, J. C. (1986): *An integrative theory of intergroup conflict.* In: WORCHEL, S./HOUSTON, W. G. (eds.): *Psychology of intergroup relations.* Chicago, S. 7 – 24 [zitiert nach der 2. Auflage].

TARONE, E. (1977): *Conscious communication strategies in Interlanguage: A progress report.* In: BROWN, D. H. u. a. (eds.): *On TESOL '77. Teaching and learning English as a second language.* Washington D. C.

TARONE, E. (1988): *Variation in Interlanguage.* London/Baltimore.

TAYLOR, I. (1976): *Similarity between French and English words – a factor to be considered in bilingual language behavior?* In: *Journal of Psycholinguistic Research* 5, 1, S. 85 – 94.

TERMAINE, R. V. (1975): *Syntax and Piagetian operational thought.* Washington D.C.

THOMAS, J. (1985): *The role played by prior linguistic experience in second and third language learning.* In: HALL, R. (ed.): *The Eleventh Linguistic Association of Canada and United States Forum 1984.* Columbia, S. 511 – 518.

THOMAS, J. (1988): *The role played by metalinguistic awareness in second and third language learning.* In: *Journal of Multilingual and Multicultural Development*, Vol. 9, No. 3, S. 235 – 246.

TÖNSHOFF, W. (1990): *Bewußtmachung – Zeitverschwendung oder Lernhilfe? Ausgewählte Aspekte sprachbezogener Kognitivierung im Fremdsprachenunterricht.* Bochum (Manuskripte zur Sprachlehrforschung).

TOLLEFSON, J. W./FIRN, J. T. (1983): *Fossilization in second language acquisition: An intermodel view.* In: *RELC Journal* (Regional Language Center Singapore) 14, S. 19 – 34.

TOWELL, R. (1987): *An analysis of the oral language development of British undergraduate learners of French.* Diss. University of Salford [zitiert nach SINGLETON 1989].

TRAN-CHI-CHAU (1975): *Error analysis, contrastive analysis and students'perception: a study of difficulty in second language learning.* In: *International Review of Applied Linguistics* XIII, S. 119 – 143.

VAN PATTEN, B. (1990): *Theory and research in second language acquisition and foreign language learning: On producers and consumers.* In: VAN PATTEN, B./LEE, J. F. (eds.): *Second language acquisition – foreign language learning.* Clevedon/Philadelphia, S. 17 – 27.

VOGEL, K. (1990): *Lernersprache – Linguistische und psycholinguistische Grundfragen zu ihrer Erforschung.* Tübingen: Narr.

VOGEL, K. (1991): *Lernen Kinder eine Fremdsprache anders als Erwachsene? Zur Frage des Einflusses des Alters auf den Zweitspracherwerb.* In: *Die Neueren Sprachen* 90/1991, 5, S. 539 – 550.

WAGNER, D. (1978): *The effects of formal schooling on cognitive style.* In: *Journal of Social Psychology*, 106, S. 145 – 151.

WAGNER, D. (1981): *Culture and memory development.* In: TRIANDIS, H./HERON, A. (eds.): *Handbook of cros-cultural psychology.* Boston u. a., Vol. 4, S. 187 – 232.

WAGNER, J. (1986): *Einige Beobachtungen zur Langzeitwirkung von Fremdsprachenunterricht.* In: *Osnabrücker Beiträge zur Sprachtheorie,* H. 34/1986, S. 73 – 95.

WATERSON, N. (1987): *The role of patterns in language acquisition.* In: OKSAAR, E. (Hrsg.): *Soziokulturelle Perspektiven von Mehrsprachigkeit und Spracherwerb.* Tübingen, S. 101 – 127.

WATSON-GEGEO/GEGEO (1986): *Calling-out and repeating routines in Kwara'ae children's language socialization.* In: SCHIEFFELIN, B. B./OCHS, E. (eds.): *Language socialization across cultures.* Cambridge u. a., S. 17 – 50.

WEINERT, R. (1987): *Processes in classroom second language development: the acquisition of negation in German.* In: ELLIS, R. (ed.): *Second language acquisition in context.* Englewood Cliffs (New Jersey) u. a., S. 83 – 99.

WENDEN, A. (1987): *Incorporating learner training in the classroom.* In: WENDEN, A./RUBIN, J. (eds.): *Learner strategies in language learning.* Englewood Cliffs (New Jersey): Prentice Hall, S. 158 – 168.

WENDEN, A. (1991): *Learner strategies for learner autonomy.* New York/London: Prentice Hall.

WILDNER-BASSET, M. (1984): *Improving pragmatic aspects of learners' interlanguage.* Tübingen.

WITKIN, H. A. (1962): *Psychological differentiation.* New York.

WITKIN, H. A. u. a. (1977): *Field-dependent and field-independent styles and their educational implication.* In: *Review of Educational Research* 47, S. 1 – 64.

WITKIN, H. A. u. a. (1979): *Psychological differentiation: Current status.* In: *Journal of Personality and Social Psychology* 37, S. 1127 – 1145.

WODE, H. (1981): *Learning a second language. An integrated view of language acquisition.* Tübingen.

WODE, H. (1988): *Einführung in die Psycholinguistik, Theorien, Methoden, Ergebnisse.* Ismaning b. München: Hueber.

WONG-FILLMORE, L. (1979): *Individual differences in second language acquisition.* In: FILLMORE, C. J. u. a. (eds.): *Individual differences in language ability and language behavior.* New York, S. 203 – 228.

ZIMMER, H. D. (1988): *Gedächtnispsychologische Aspekte des Lernens und Verarbeitens von Fremdsprache.* In: *Info DaF,* H. 2/1988, S. 149 – 163.

YATES, F. A. (1990): *Gedächtnis und Erinnern, Mnemotechnik von Aristoteles bis Shakespeare.* Weinheim.

10 Quellenangaben

AITCHISON, J. (1987): *Words in the Mind.* London, S. 54.

GENTNER, D. (1975): *Der experimentelle Nachweis der psychologischen Realität semantischer Komponenten: Die Verben des Besitzes.* In: NORMAN, D. A./ RUMELHART, D. (Hrsg.): *Strukturen des Wissens, Wege der Kognitionsforschung.* Stuttgart: Klett, S. 242.

JACOBS, B. (1988): *Neurobiological Differentiation of Primary and Secondary Language acquisition.* In: *Studies in Second Language Acquisition,* Bd, 10, H. 3/1988, S. 325.

SCARRY, R. (1982): *Mein allerschönstes Wörterbuch.* Zürich: Delphinverlag (13. Aufl.), S. 55.

SCHNELLE, H. (1981): *Einführung.* In: SCHNELLE, H. (Hrsg.): *Sprache und Gehirn, Roman Jacobson zu Ehren.* Frankfurt/M.: Suhrkamp, S. 13.

WESTHOFF, G. J. (1987): *Didaktik des Leseverstehens: Strategien des voraussagenden Lesens.* Ismaning b. München: Hueber, S. 31, Foto: C. James.

Angaben zum Autor

Ernst Apeltauer ist Professor für Deutsch als Zweit- und Fremdsprache an der Universität Bildungswissenschaftliche Hochschule Flensburg.

Arbeitsschwerpunkte: Sprachenerwerb, Mehrsprachigkeit, interkulturelle Kommunikation, Landes- und Kulturkunde, Schreiben in zwei Sprachen.

Veröffentlichungen in den genannten Bereichen, u. a. Mitautor von *Sprachstunden* (Unterrichtswerk für den Deutschunterricht in der Grundschule mit spezifischen Angeboten für ausländische Schüler; 3 Bände, 1985 f.), Herausgeber von *Gesteuerter Zweitspracherwerb, Voraussetzungen und Konsequenzen für den Unterricht* (1987); *Aus Erfahrung lernen, Exkursionen und Auslandspraktika im Bereich Deutsch als Zweit- und Fremdsprache* (1984); Herausgeber der *Flensburger Papiere zur Mehrsprachigkeit und Kulturenvielfalt im Unterricht* (1993 ff.).

Das Fernstudienprojekt DIFF – UNIK – GI

Fernstudienprogramme des Goethe-Instituts

Fernstudienprogramm „Deutsch unterrichten"

Mit diesem Fernstudienkurs des Goethe-Instituts verbessern Sie Ihren Deutsch-Unterricht und erwerben eine wertvolle Zusatzqualifikation, die vom Bundesamt für Migration und Flüchtlinge anerkannt wird. Diesen Kurs können Sie buchen

- als **reinen Fernstudienkurs**

  Abschluss: Zertifikat des Goethe-Instituts bzw. der Ludwig-Maximilians-Universität München. Sie können sich jederzeit einschreiben.

  ➤ Weitere Informationen finden Sie unter

  http://www.goethe.de/fernlernen

„Fremdsprachlicher Deutschunterricht in Theorie und Praxis"

Mit diesem Fernstudienkurs des Goethe-Instituts verbessern Sie Ihren Deutsch-Unterricht und erwerben eine wertvolle Zusatzqualifikation, die vom Bundesamt für Migration und Flüchtlinge anerkannt wird.

- Dieser Kurs ist ein **kombinierter Kurs** mit **Präsenz- und Fernstudienphasen**. Der Kurs wird in vielen Ländern von den dortigen Goethe-Instituten angeboten und oft mit Partneruniversitäten vor Ort betreut.

  Abschluss: Hochschulzertifikat (Goethe-Institut; Partneruniversität Kassel; kooperierende Hochschule in Ihrem Land). Die Kurse beginnen in der Regel einmal pro Jahr.

  ➤ Weitere Informationen finden Sie unter

  http://www.goethe.de/dll/fsb/deindex.htm

- Der gleiche Kurs wird auch von unserem Partner, der Universität Kassel, in Deutschland angeboten und zertifiziert.

  ➤ Weitere Informationen finden Sie unter

  http://www.uni-kassel.de/fb9/daf/fernstudium_daf.htm

Weitere Informationen erhalten Sie bei:

Goethe-Institut, München Bereich Fernlehre Goethestr. 20 80336 München	Goethe-Institut, München Bereiche 312 und 313 Dachauer Str. 122 80637 München	Universität Kassel FB 02 DaF Fernstudienkurs 34109 Kassel